不 败

避开创业路上的 81 个坑

李书文 著

江苏凤凰文艺出版社

果麦文化 出品

目　录

第一篇 战略相关 38 坑

第 1 坑　未评估 ································· 2
第 2 坑　闭眼干 ································· 7
第 3 坑　借贷坑 ································· 11
第 4 坑　三把火 ································· 15
第 5 坑　忘天条 ································· 19
第 6 坑　无系统 ································· 24
第 7 坑　无标杆 ································· 29
第 8 坑　完美派 ································· 33
第 9 坑　不聚焦 ································· 38
第 10 坑　未找缝 ································· 42
第 11 坑　追风口 ································· 46
第 12 坑　集中度 ································· 50
第 13 坑　天花板 ································· 54
第 14 坑　非刚需 ································· 59
第 15 坑　低复购 ································· 63

第 16 坑	定价权	67
第 17 坑	护城河	71
第 18 坑	高溢价	75
第 19 坑	高杠杆	79
第 20 坑	先透支	84
第 21 坑	低门槛	88
第 22 坑	长周期	92
第 23 坑	低毛利	96
第 24 坑	不造血	99
第 25 坑	无战略	102
第 26 坑	远规划	107
第 27 坑	拼关系	110
第 28 坑	均股权	113
第 29 坑	许干股	116
第 30 坑	股代持	120
第 31 坑	代法人	124
第 32 坑	虚注资	129
第 33 坑	减免税	133
第 34 坑	选总部	137
第 35 坑	无画像	141
第 36 坑	全抄袭	146
第 37 坑	颠覆式	150
第 38 坑	唯流量	153

第二篇 组织人力相关 23 坑

第 39 坑	高学历	158
第 40 坑	空降兵	162
第 41 坑	多股东	166
第 42 坑	夫妻店	171
第 43 坑	萧墙祸	175
第 44 坑	同质化	179
第 45 坑	画大饼	183
第 46 坑	奖股权	187
第 47 坑	奖现金	191
第 48 坑	纯物质	196
第 49 坑	低薪酬	200
第 50 坑	金字塔	204
第 51 坑	滥用人	208
第 52 坑	高大上	212
第 53 坑	徇私情	216
第 54 坑	民主制	220
第 55 坑	作息制	224
第 56 坑	唯业绩	228
第 57 坑	马屁精	232
第 58 坑	造明星	236
第 59 坑	冗制度	239
第 60 坑	弱团队	243
第 61 坑	雇佣制	248

第三篇 资本相关 20 坑

第 62 坑　靠融资 ············ 254
第 63 坑　滥融资 ············ 258
第 64 坑　纯股权 ············ 262
第 65 坑　纯债权 ············ 266
第 66 坑　连带坑 ············ 270
第 67 坑　互担保 ············ 274
第 68 坑　签对赌 ············ 279
第 69 坑　骗融资 ············ 283
第 70 坑　多套账 ············ 287
第 71 坑　招投标 ············ 290
第 72 坑　口袋罪 ············ 294
第 73 坑　私侵公 ············ 298
第 74 坑　失信人 ············ 302
第 75 坑　应收款 ············ 306
第 76 坑　高库存 ············ 310
第 77 坑　低周转 ············ 314
第 78 坑　应付款 ············ 318
第 79 坑　轻财管 ············ 322
第 80 坑　不融资 ············ 326
第 81 坑　投降派 ············ 330

结　　语　纵使遍体鳞伤，我们仍能笑着与命运对饮 ············ 334

第一篇

战略相关 38 坑

第1坑　未评估

创业是个生死场，成功往往只青睐那些有准备的人。然而，许多创业者却像愣头青一样，仅凭一时的冲动与热情，就一头扎进了创业大潮，结果往往是折戟沉沙，黯然退场。任何一个想要创业的人，在创业之前，都需要对自己进行一个深刻的灵魂拷问——你真的适合创业吗？

一　创业者的自我审视：你具备这些特质吗

1　创新精神：创业的灵魂

创业者的创新精神就像是创业的灵魂。拥有创新精神的创业者能够敏锐地捕捉到市场中的潜在机会，敢于突破传统思维的束缚，提出新颖的商业理念和解决方案，从而在激烈的市场竞争中脱颖而出。例如，苹果公司的创始人史蒂夫·乔布斯，他凭借着对创新的极致追求，不断推出具有划时代意义的产品，如 iPhone、iPad 等，彻底改变了人们的生活方式和通信方式，引领了全球科技潮流。

2　强大的内驱力：创业的燃料

创业过程中充满了各种困难和挑战，只有具备坚定的决心和强大的内驱力，创业者才能在面对挫折时不屈不挠，始终保持对创业目标的执着追求。以特斯拉和 SpaceX 的创始人埃隆·马斯克为例，他致力于推动电动汽车和太空探索技术的发展，尽管在创业过程中遭遇了无数次的失败和质疑，但他始终没有放弃，凭借着坚定的决心和强大的内驱力，成功将特斯拉打造成为全球最具价值的汽车制造商之一，SpaceX 也在太空探索领域取得了举世瞩目的成就。

二　创业者的能力清单：你具备这些能力吗

1　领导力：创业的指挥棒

领导力是创业者至关重要的能力之一。创业者需要能够有效地领导和管理团队，激发团队成员的潜力，使团队成员能够紧密协作，共同为实现创业目标而努力。优秀的领导力能够帮助创业者明确团队的发展方向，合理分配任务，协调团队成员之间的关系，提高团队的工作效率和执行力。例如，阿里巴巴的创始人马云，他以卓越的领导力凝聚了一批优秀的人才，带领团队打造了全球知名的电子商务平台，使阿里巴巴成为中国互联网行业的领军企业。

2　决策能力：创业的指南针

决策能力也是创业者必备的能力之一。在创业过程中，创业者需要面对各种复杂的决策情境，需要在有限的时间内做出正确的决策。准确的决策能力能够帮助创业者把握市场机遇，及时调整企业的发展战略，应对各种风险和挑战。以腾讯公司为例，在互联网行业的发展过程中，腾讯公司的管理层凭借着敏锐的市场洞察力和果断的决策能力，及时布局社交网络、游戏、金融科技等领域，使腾讯公司在激烈的市场竞争中始终保持领先地位。

三　创业者的资源盘点：你拥有这些资源吗

1　资金：创业的血液

资金是创业不可或缺的资源之一，充足的资金能够支持企业的日常运营、产品研发、市场推广等活动。在创业初期，创业者需要有足够的启动资金来租赁场地、购买设备、招聘员工等；在企业发展过程中，还需要不断投入资金进行技术创新、市场拓展等，以保持企业的竞争力。例如，许多互联网创业企业在发展初期都需要大量的资金投入，通过吸引风险投资、天使投资等方式来获取资金支持，从而实现企业的快速发展。

2　人脉资源：创业的桥梁

人脉资源同样重要，广泛的人脉关系能够为创业者提供各种信息、合作机会和支持。创业者可以通过人脉资源了解市场动态、行业趋势，获取潜在客户和合作伙伴的信息；还可以借助人脉关系解决创业过程中遇到的各种问题，如技术难题、资金短缺等。例如，一些创业者通过参加行业展会、创业活动等方式结识了众多行业专家、投资人、企业家等，这些人脉资源为他们的创业项目提供了重要的支持和帮助。

四　创业前的全面审视：你真的准备好了吗

1　明确创业方向：找到你的北极星

在创业前，对自身的兴趣、优势、价值观等进行全面审视，能够帮助创业者找到真正适合自己的创业方向。每个人都有自己独特的兴趣爱好和擅长领域，将创业与个人兴趣和优势相结合，能够使创业者在创业过程中充满激情和动力，充分发挥自己的潜力。例如，一位对美食有着浓厚兴趣且擅长烹饪的创业者，选择进入餐饮行业创业，他在菜品研发、店铺运营等方面就能够充分发挥自己的专业知识和技能，为顾客提供优质的美食和服务，从而在竞争激烈的餐饮市场中站稳脚跟。

2　评估自身能力：找到你的短板

全面审视自身能力，包括专业技能、管理能力、沟通能力等，能够让创业者清楚地了解自己的优势和不足，进而判断自己是否具备开展创业项目所需的能力。如果发现自身能力与创业需求存在差距，创业者可以有针对性地进行学习和提升，或者寻找具备相应能力的合作伙伴来弥补不足。例如，一位技术出身的创业者计划开展一个互联网创业项目，他在技术研发方面具有优势，但在市场营销和团队管理方面相对薄弱。通过全面审视自身能力，他意识到了这些问题，于是积极学习市场营销和管理知识，同时招聘了具有丰富市场营销和管理经验的团队成员，从而提高了创业项目的成功率。

3　分析资源状况：找到你的弹药库

对自身所拥有的资源，如资金、人脉、技术等进行全面梳理和评估，能够帮助创业者确定创业项目的可行性和规模。如果资源有限，创业者可以选择一些成本较低、风险较小的创业项目；如果资源较为丰富，则可以考虑开展一些规模较大、发展潜力较大的项目。例如，一位创业者拥有一定的资金和人脉资源，但缺乏技术研发能力。在创业决策时，他可以选择与具有技术研发能力的团队或企业合作，开展一些技术含量较低、市场需求较大的项目，如代理销售某种产品或开展服务类业务。

4　避免盲目跟风：找到你的定海神针

在当今的创业环境中，各种创业热点和潮流层出不穷，如共享经济、人工智能、区块链等。如果创业者没有对自身进行全面审视，很容易受到外界因素的影响，盲目跟风热门创业项目，而忽视了自身的实际情况和市场需求。全面审视自身能够让创业者保持清醒的头脑，不被一时的热点所迷惑，根据自己的实际情况和市场需求做出理性的创业决策。例如，在共享经济热潮中，许多创业者看到共享单车、共享充电宝等项目的火爆，便盲目跟风进入该领域，却没有充分考虑自身的运营管理能力、资金储备以及市场竞争态势。最终，随着市场的逐渐饱和与竞争的加剧，许多共享经济创业项目纷纷倒闭，创业者血本无归。

总结：创业前的灵魂拷问必不可少

未对自己是否适合创业进行全面审视评估，盲目创业极易陷入各种困境，导致创业失败。在创业过程中，创业者必须高度重视自我评估与审视，借助科学的评估工具，从多个维度对自身进行全面分析，明确自己的优势和劣势，找准创业方向。同时，要加强市场调研与分析，深入了解市场需求、竞争状况和行业趋势，为创业项目的定位和规划提供有力依据。此外，创业者还应不断提升自身能力，积极整合各种资源，以应对创业过程中的各种挑战。

因此，创业前的灵魂拷问必不可少，只有真正了解自己，才能在创业过程中少走弯路，少跳坑！

第 2 坑　闭眼干

自信是必不可少的武器，但过度自信就是盲目自信，可能成为创业路上的绊脚石。许多创业者在创业过程中，对自己的能力、市场判断和风险认知产生了不切实际的高估，结果往往是"自信满满，失败收场"。不少创业者就像闭着眼睛一样胡干瞎干，蒙眼干最终会一步步毁掉创业梦。

一　过度自信的三大表现：能力高估、市场误判、风险忽视

1　能力高估：你以为你是超人吗

创业者常常过度相信自己的能力，认为自己具备解决各种复杂问题的能力，能够应对创业过程中出现的各种挑战。他们可能会高估自己的领导能力、管理能力、创新能力以及市场开拓能力等。在实际创业中，一些创业者在没有充分的市场调研和行业经验的情况下，就贸然进入一个新的领域，自信能够凭借自己的能力在短时间内取得成功。

然而，现实往往是残酷的。创业者可能会忽视自身在某些关键领域的不足，如缺乏专业的技术知识、管理经验或行业人脉等，从而导致创业项目在实施过程中遇到重重困难。例如，某位创业者自信满满地进入了一个全新的行业，结果发现自己对行业规则一窍不通，最终导致项目陷入困境。

2 市场误判：你以为市场是你的后花园吗

创业者对市场的判断往往存在偏差，他们可能会过于乐观地估计市场需求和潜力，而忽视市场竞争的激烈程度和市场变化的不确定性。一些创业者在看到某个市场领域的潜在机会时，就盲目地认为自己的产品或服务能够迅速占领市场，获得大量的客户和利润。

然而，市场并不是创业者的后花园。创业者可能会对市场需求进行过度的预测，而没有充分考虑到市场的饱和度、消费者的购买意愿和购买能力等因素。同时，他们也可能会低估竞争对手的实力和应对策略，从而在市场竞争中处于劣势。例如，某位创业者自信地推出了一款新产品，结果发现市场上已经有大量类似产品，最终产品滞销。

3 风险忽视：你以为风险是纸老虎吗

过度自信的创业者往往对风险的认知不足，他们倾向于低估创业过程中可能面临的风险和挑战，而高估自己应对风险的能力。他们可能会认为自己的创业项目具有独特的优势，能够避免各种风险。在制订创业计划时，他们可能会忽视一些潜在的风险因素，如市场风险、技术风险、资金风险、政策风险等。

然而，风险并不是纸老虎。当这些风险真正发生时，创业者往往缺乏有效的应对措施，从而导致创业项目陷入困境。例如，某位创业者在创业初期忽视了资金风险，结果在项目进行到一半时资金链断裂，最终项目失败。

二 过度自信的失败案例

1 某户外旅行俱乐部：自信满满的滑铁卢

某户外旅行俱乐部成立于 2011 年，由几位热爱户外运动的创业者共同发起，旨在为广大户外爱好者提供独特的半自助特色旅行服务。团队成员包括具有丰富户外经验的领队、旅游产品策划人员以及市场营销人员。项目启动初期，合伙人投入40万元资金，主要用于公司注册、办公室租赁与装修、网站建设以及旅游产品研发等。

然而，合伙人对自身能力过度自信，认为凭借在原公司的相关项目经验以及对户外旅行的热爱，足以应对创业过程中的各种挑战。他们在没有充分进行市场调研和风险评估的情况下，盲目乐观地推进项目。在旅游产品设计方面，没有充分考虑市场需求和竞争对手的情况，仅凭自己的主观判断就推出了一系列旅行线路，认为这些线路具有独特性，能够吸引大量客户。在营销推广上，过于依赖基础的网络推广营销方式，如在一些旅游论坛发帖、利用社交媒体进行简单宣传等，自信这些方式能够有效吸引客户，而忽视了更广泛、更深入的市场推广策略。

结果，项目启动半年后，虽然收回了前期投入的40万元成本，但随后便陷入困境。由于旅游产品不符合市场需求，客户投诉增多，口碑受损，导致客源逐渐减少。同时，在运营过程中，因缺乏专业的财务知识和风险管控意识，遭遇税务问题，被税务局罚款，公司元气大伤。最终，合伙人撤资，团队解散，创业以失败告终。

2 布莱恩·亨特：明星交易员的自信滑铁卢

布莱恩·亨特在能源期货投资领域有着丰富的经验。2004年，他加入美国对冲基金Amaranth，成为天然气交易员。2005年夏天，美国天然气价格因需求下降和库存积压而大幅下滑，亨特认为这是投资的好机会。他判断民众对天然气的总体需求稳定，冬季取暖需求会增加，天然气价格将会回升并大涨。于是，他买入大量价格低廉、执行价远高于当下天然气价格的期权。2005年8月末，飓风卡特里娜袭击美国，天然气供应大受打击，价格爆发式上涨，亨特获得了巨额回报，为公司赚取了大量利润，自己也收获了高达

1.13 亿美元的奖金，成为华尔街的明星交易员。

然而，2006年1月，美国遭遇暖冬，天然气需求不如往年，价格日益走低。亨特再次判断明年冬天会迎来寒冬，天然气需求将大幅上升，价格会大涨。于是，他开始做空短期天然气合约，做多远期天然气合约。截至2006年2月底，在纽约商品交易所的相关合约中，他的持仓占比极高。然而，到了当年8月底9月初，新资金的涌入使得天然气期货合约走势与他的预期相反，他的亏损越来越大。但亨特因之前的成功而过度自信，非但没有减仓止损，反而说服老板增加头寸，结果导致基金在短短一个多月内亏损高达65亿美元，Amaranth公司被迫宣告破产。

总结：过度自信是创业的隐形杀手

过度自信会导致创业者在市场机会判断上出现偏差，高估市场需求和自身产品或服务的竞争力，从而盲目投入资源。在资源配置方面，过度自信使创业者无法合理分配资金、人力等资源，造成资源浪费和运营成本过高。同时，过度自信的创业者对风险评估与应对不足，容易忽视潜在风险，当风险发生时又缺乏有效的应对措施，最终导致创业失败。因此，创业者必须认识到过度自信的危害，保持理性和谨慎，如此才能提高创业成功率。

第 3 坑　借贷坑

创业就像一场刺激的冒险之旅，而必要的启动资金则是这场旅途中的燃料，没有足够的燃料，创业的战车根本跑不起来。然而，有些创业者在获取资金时却像个莽撞的赌徒，一不小心就陷入了靠四处举债创业的泥潭。

一　创业中借贷创业的常见类型及风险

1　向亲戚朋友借款

创业初期，资金短缺是常有的事儿，很多创业者就把目光投向了亲戚朋友。他们拍着胸脯保证："这项目前景一片光明，以后回报大大的！只是暂时周转一下，很快就还。"心里想着亲戚朋友看在亲情友情的分上，肯定会帮忙，而且自己对创业成功那是信心满满，还钱那都不是事儿。

可现实往往很残酷。一旦创业失败，还不上钱，原本亲密的关系就可能变得剑拔弩张。就像温州姑娘小陈，借了亲友 200 万元去非洲开中餐馆，结果因为各种问题赔了钱，和亲友的关系也变得紧张。而且，过度依赖亲友借款，项目赚钱能力又不行，很容易就陷入拆东墙补西墙的恶性循环，再加上没有规范的借款协议，纠纷说来就来。

2　动用家庭保命资金

父母的养老钱是他们晚年的依靠，要是拿去创业还失败了，那家庭可就乱套了。经济上，父母可能没钱养老，生活质量直线下降，生病时无力承担医疗费用；感情上，父母失望又无助，创业者自己也愧疚得不行，家庭氛围变得压抑极了。宁波有个中年男子，用父母的养老钱和自己的积蓄开奶茶店，开始生意还不错，可后来就不行了，最后店关门大吉，不仅自己的钱没了，父母的养老钱也打水漂了，家庭关系变得很僵。

孩子的教育钱也不能随便动。张先生挪用孩子上大学的学费去创业，结果创业失败，孩子学费没了，到处借钱，压力大得不得了，学业和未来都受到了影响，张先生后悔得肠子都青了。

3　其他高风险借贷行为

有些创业者还会找非正规金融机构借钱，这些机构简直就是吸血鬼，利息高得离谱，催收手段还暴力。高利息让创业者还款压力山大，一旦项目收益不够还利息，就会掉进债务的深渊。暴力催收更是可怕，不仅威胁创业者的人身安全，还影响心理健康，正常生活和工作都没法好好过。新闻里经常报道，有些非正规借贷公司设各种陷阱，让借款人不知不觉就欠了一屁股债，还不上就各种威胁恐吓，严重扰乱社会秩序。

二　正确的创业资金获取与管理策略

1　合理规划创业资金需求

初创企业的资金需求主要集中在产品研发、市场调研、团队组建和办公场地租赁等方面。比如互联网创业项目，研发软件、做技术测试得花钱；了解用户需求和市场竞争情况，市场调研也不能少；组建专业团队，招人、培训、发工资都需要资金；办公场地和设备也得花钱。创业者得把各项开支列清楚，结合市场行情和自身情况，算出启动资金。

企业进入运营阶段，资金需求就变了。运营资金成了关键，包括原材料采购、生产制造、市场推广、客户服务和日常开销等。制造企业要持续采购原材料，生产过程中设备维护、能源消耗、工人工资都是成本；为了卖产品，广告宣传、参加展会都得花钱；客户服务也得投入人力物力；还有水电费、物业费等日常费用也不能忽视。创业者要根据企业规模、业务增长和市场变化，合理预测资金需求，留些弹性资金应对突发情况。

2 多元化的资金获取渠道

用自己的积蓄创业是个比较靠谱的办法。这说明创业者对项目有信心，还能避免借贷带来的债务压力和风险。比如有个创业者工作多年攒了些钱，创业时就用这些钱当启动资金，花起钱来会更谨慎，资金使用效率也更高。

找合适合伙人一起出资创业也不错。合伙人能带来不同的资源和技能，实现优势互补，还能减轻单个创业者的资金压力。比如一个有技术的创业者和一个懂市场的创业者合作，懂技术的负责研发，懂市场的负责销售，公司在技术和市场方面都有竞争力，资金问题也解决了。不过，和合伙人合作得把权利和义务说清楚，签好合伙协议，避免以后闹矛盾。

3 政府扶持政策与创业基金

政府为了鼓励创业，出台了很多扶持政策，还设立了创业基金。创业者得时刻关注政府发布的政策信息，看看自己的项目符合哪些条件，积极申请。

不同地区的政策和基金不一样。有些地方为了鼓励大学生创业，有创业补贴、场地租金减免、小额贷款贴息等政策。大学生创业者符合条件就能申请补贴，减轻场地租赁成本，贷款还能享受贴息。还有些地方有专项创业基金，针对特定领域的项目投资。创业者申请时要准备好详细的商业计划书，把项目的优势说清楚，提高成功率。

4　股权融资的合理运用

股权融资就是企业股东让出部分所有权，引进新股东来增资。这种融资方式不用还本付息，新股东和老股东一起分享企业盈利和增长。

股权融资的好处很多。它能给企业提供长期稳定的资金，让企业可以做长远规划。新股东还能带来行业经验、人脉和技术。比如一家生物科技公司通过股权融资，引入了专业投资者，不仅拿到了钱，还解决了技术难题，拓展了市场。

不过，股权融资也有缺点。它会稀释原有股东的股权，可能导致控制权减弱，新股东的决策可能和原有股东的想法相冲突。而且投资者对企业业绩期望高，会给企业带来经营压力。所以创业者要根据企业发展阶段和需求，谨慎选择融资时机和规模，和投资者谈好权利义务，保障各方利益。

总结：切不可赌上身家性命的赌博式创业

过度借贷创业一旦失败，创业者不仅会陷入经济困境，还会影响家庭和人际关系。而成功的创业往往是合理规划资金需求，采用多元化的资金获取渠道，做好资金管理和风险控制。创业不是赌博，不能拿身家性命去冒险，创业是一门科学，不是一场赌局。

第 4 坑　三把火

创业者在创业初期就像初出茅庐的侠客，怀揣着梦想和热情，急欲闯出一片属于自己的天地。然而，不少创业者在这个阶段容易犯一个毛病——不能做到实事求是。其中"招兵买马、租赁高档办公室、许愿吹牛"这三把火，烧得那叫一个热闹，但最终却可能把自己的创业之路烧成一片灰烬。

有些创业者在还没搞清楚商业模式和市场需求的时候，就开始大规模招兵买马。想象一下，一支浩浩荡荡的队伍，却没有明确的作战目标，这不是瞎折腾吗？结果就是人力成本飙升，企业被压得喘不过气来。还有些创业者特别在乎外在形象，花大价钱租高档办公室，办公室装修得那叫一个奢华，可企业实际运营需求和资金状况却被抛到了九霄云外。另外，部分创业者喜欢许下不切实际的承诺，把企业的发展前景和盈利能力吹得天花乱坠，以为这样就能吸引投资者和合作伙伴。殊不知，这就像吹气球，吹得越大，爆得越响，不仅损害了企业信誉，还为后续发展埋下了定时炸弹。

就拿某互联网创业企业 A 来说吧。公司拿到天使投资后，创始人就像打了鸡血一样，迅速大规模招人。几个月时间，员工从十几人增加到了上百人，各个部门一应俱全。可业务呢？并没有随着人员的增加而蒸蒸日上。市场竞争太激烈，产品得不到用户认可，收入增长像蜗牛一样慢。而庞大的员工队伍带来了巨额的人力成本，工资、社保、福利，哪一样不要钱？同时，人员增长太快，管理体系跟不上，内部沟通像一团乱麻，协作效率低得可怜，团队凝聚力也没了。最后，钱花光了，只能大规模裁员，员工走的走散的散，业务也停摆了，公司彻底破产。

一　不实事求是行为产生的原因

1　创业者心态问题

现在的社会节奏让创业者们压力很大。媒体天天报道那些成功的创业案例，就像在创业者面前挂了一块大肥肉，让他们恨不得一夜之间就复制别人的成功，实现财富自由，得到社会认可。这种急于求成的心态，让他们只盯着短期利益，把企业长期发展需要的基础建设和核心竞争力培养都抛到脑后了。好多创业者在创业初期，不花时间打磨产品、深耕市场，而是把精力和资源都砸到市场推广和营销活动上，就想靠炒作吸引用户和投资者。可这就像建在沙滩上的房子，风一吹就倒，市场热度一退，企业就因为没核心竞争力而陷入困境。

2　缺乏创业经验

很多创业者在创业初期，对市场需求和竞争态势的了解就像蜻蜓点水，只知道个皮毛，缺乏深入的市场调研和分析。他们常常凭自己的主观判断或者一些片面的信息来确定创业方向和产品定位，结果产品或服务与市场实际需求根本毫无关系。比如看到某个行业热门，就不管不顾地冲进去，也不看看自己有啥优势，更不了解市场竞争有多激烈。他们对竞争对手的产品特点、营销策略和市场份额一无所知，制定不出有效的竞争策略，在市场竞争中只能被打得落花流水。

3　对创业困难估计不足

创业路上充满了各种风险，需要创业者有应对困难的能力和心理准备。但缺乏创业经验的创业者往往把创业前景想得太美好，对可能遇到的困难估计不足，制订创业计划的时候，根本没考虑到资金短缺、技术难题、人才流失、市场变化等因素会带来什么影响。结果在实际创业过程中，一遇到困难就傻眼了，束手无策。资金方面，没合理规划资金使用，钱早早地就花光了；技术方面，遇到难题解决不了，影响产品开发进度；人才方面，没有有效的管理和激励机制，人才像流水一样往外走。这些问题就像绊脚石，严重阻碍了创业项目的发展。

二　不实事求是行为产生的后果

1　资金浪费、资金链断裂风险

在创业初期，不实事求是的行为就像一个无底洞，把企业的资金大把大把地吞进去。过度招兵买马，企业在人员薪酬、培训等方面的支出像坐火箭一样往上蹿。有些创业企业业务还不稳定，就招了一堆高薪员工，这些员工短期内根本没法给企业创造价值，人力成本成了企业的沉重负担。租赁高档办公室也是个烧钱的事儿。高档写字楼的租金、物业费贵得离谱，对于资金本来就紧张的初创企业来说，这些钱就像流水一样，花出去就没了，导致企业在其他关键领域没钱投入。盲目许愿吹牛虽然短期内可能吸引一些投资者和合作伙伴，但企业要是兑现不了承诺，就得付出更高的代价，比如支付违约金、赔偿损失，这进一步加重了企业的资金压力。资金链断裂对创业企业来说，就像心脏病发作，是最严重的风险之一。而不实事求是的行为往往是引发这场心脏病的罪魁祸首。由于过度开支，企业的资金储备就像干涸的水库，迅速减少。一旦企业的收入增长跟不上预期，就会出现资金缺口。要是企业没法及时获得外部融资或其他资金支持，资金链就会像脆弱的绳子一样断掉。这时候，企业连员工工资、供应商货款都付不起，只能等着倒闭。就像前面说的某互联网创业企业，为了扩大市场份额，疯狂招人、租高档办公室、搞市场推广，结果市场竞争太激烈，收入增长慢，运营成本高，钱花光了又融不到资，最后只能破产。

2　人才流失

企业在创业初期不实事求是，员工看在眼里，急在心里，对企业的发展前景就会产生怀疑，然后就会拍拍屁股走人。当企业兑现不了之前许下的承诺，如高额薪酬、良好的职业发展机会，员工就会觉得自己被忽悠了，心里又失望又不满。比如某创业企业，招聘的时候给员工画了大饼，说有高额的股权激励和广阔的职业发展空间。结果员工干着干着发现，现实和承诺差距十万八千里，股权激励兑现不了，职业发展也受限。于是，优秀员工都走了，公司业务也受到了严重影响。

总结：创业一定要实事求是

在创业初期，过度招兵买马、租赁高档办公室和盲目许愿吹牛这些行为，就像隐藏在创业道路上的陷阱，一不小心就会让创业者摔得鼻青脸肿。这些行为源于创业者急于求成、盲目自信的心态，以及对市场认知不足、缺乏创业经验等因素。它们不仅会让企业陷入财务困境，如资金浪费和资金链断裂风险，还会引发团队管理问题。所以啊，创业者们一定要保持理性心态，就像驾驶一艘船，要稳稳地掌舵，不能被风浪冲昏头脑。企业要制定合理规划，就像盖房子要有好的设计图纸一样，一步一个脚印地往前走。最重要的是，把创业当成一件严肃的事情，实实在在地做事，这样才能提高创业的成功率。

第 5 坑　忘天条

对于初创企业来说，活着就是天条，也是最关键的挑战。只有在竞争激烈的市场里先能活下去，企业才有机会发展壮大，把创新想法变成实实在在的商业价值，为社会创造财富和提供就业岗位。但很多初创企业却忽视了活着这个基本道理，大多出师未捷身先死，看不到明天的太阳。

一　忘记先活着的天条对初创企业的危害

1　资金链断裂风险增加

好高骛远的初创企业特别容易陷入资金链断裂的困境。在创业中，资金就像企业的血液，维持着企业的运转。要是资金链断了，企业就没法给供应商付款、发员工工资，也没办法搞研发和生产，最后只能倒闭。有些初创企业业务拓展太激进，只想着大规模、高速度，却不考虑自己有多少资金和盈利能力。它们到处开分支机构、招员工，花大笔钱做市场推广。这样一来，资金需求一下子就增加了，可收入却跟不上，资金缺口越来越大。

O2O 行业的一些初创企业就是例子。行业刚开始的时候，很多企业为了抢市场，大量补贴用户。虽然短时间内吸引了不少人，但运营成本也大幅上升。由于商业模式不赚钱，最后资金链断裂，像爱鲜蜂、美味七七等企业都失败了。

2　市场定位偏差与客户流失

初创企业想要在市场立足，精准的市场定位很重要。可那些好高骛远的企业，老是在市场定位上出偏差，结果客户都跑了，企业生存和发展都成问题。这些企业总想着满足所有人的所有需求，提供大而全的产品或服务，却没有自己的核心竞争力和独特价值。这样模糊的定位，让它们在竞争中根本没法脱颖而出，留不住客户。

电商领域有些初创企业，一上来就想模仿大电商平台，做综合性电商。但因为资金、技术和供应链资源不够，商品种类、价格和服务都比不过大平台。客户需求满足不了，客户自然就流失了，最后被市场淘汰。

3　团队凝聚力下降与人才流失

初创企业的成功离不开团结高效的团队。可那些不切实际的发展战略，会让团队内部矛盾重重，凝聚力下降，人才也留不住，这对企业打击很大。过高的企业目标超出了团队的能力和资源范围，团队成员压力山大，对企业前景也没信心。当大家觉得目标实现不了，就会不信任企业决策和领导，团队沟通协作也就出现问题了。

4　亿唐网：盲目扩张的恶果

亿唐网1999年成立，创始人是哈佛商学院的高才生，团队也都是名校MBA，还拿到了5000万美元的融资。拿到钱后，亿唐网在全国到处扩张，建分公司、招员工、搞宣传。但它从一开始就定位不清，虽然目标是年轻人，可服务和内容大而全，没核心竞争力，也不了解年轻人的真实需求，用户根本不买账。2000年，互联网寒冬来了，亿唐网因为前期扩张太猛，钱烧得快，又不赚钱，遭受重创。后来几次转型也都失败了。到2008年就只剩空壳，团队成员都走了。2009年，域名也被拍卖了。亿唐网的失败，就是盲目扩张、定位不清的典型例子。

二 初创企业应如何坚守活着天条

1 合理规划与稳健发展

合理规划和稳健发展是初创企业活下去的基础，这涉及战略规划、目标设定和业务拓展等方面。初创企业制定战略时，要清楚自己有多少资金、技术、人才和市场渠道，知道自己的优势和劣势。还要关注宏观经济、行业趋势和政策法规，抓住机遇，规避风险。

在定目标时，要务实一些，短期目标要能衡量、能操作，让企业日常运营有方向，能提升业绩和市场份额。长期目标要有前瞻性和战略性，和企业的愿景使命相符，为长远发展指明方向。

2 精准市场定位与需求满足

精准的市场定位和需求满足是初创企业立足市场的关键，这关系到产品或服务能不能被市场接受，能不能赚钱。初创企业定位市场时，要先做市场调研，了解市场需求、竞争情况和消费者行为。通过调研，找出适合自己的目标市场。选好目标市场后，要深入了解目标客户的需求和痛点。可以通过问卷调查、用户访谈等方式和客户沟通，掌握第一手资料，为产品设计提供依据。

江小白在白酒市场就做得很好。传统白酒针对中老年人，江小白却瞄准年轻消费者。它发现年轻人喜欢个性化、时尚化的消费体验，就推出小瓶白酒，口感柔和顺口。在营销上，通过社交媒体和线下活动与年轻人互动，瓶身文案很有青春气息，引发年轻人关注和分享，提升了品牌知名度。

3 有效资金管理与风险控制

有效资金管理和风险控制是初创企业持续发展的保障，关系到资金链稳定和企业生存。初创企业管理资金，要先制定科学的财务预算，规划好各项收入和支出，包括运营成本、研发投入等，避免资金浪费。要提高资金使用效率，把钱用在关键业务和核心项目上，还要加强日常监控，建立财务管理制度，防范资金风险。在风险控制方面，企业要有风险意识，识别和评估市场、技术、竞争、财务等风险，针对不同风险制定应对策略，降低风险影响。

元气森林就很重视资金管理和风险控制。它有严格的财务预算制度，研发阶段根据市场需求投入资金，避免盲目研发。市场推广时选择合适渠道，提高资金使用效率。还关注市场动态，调整策略应对风险，和供应商合作确保原材料稳定，降低价格波动风险。

4　团队建设与人才培养

团队建设和人才培养是初创企业发展的核心动力。优秀的团队能带来创新思维、强大执行力和持续发展动力。初创企业建设团队，要明确核心价值观和目标，让团队成员思想统一、行动一致，增强团队的凝聚力。

选拔人才时，要选有专业技能、创新能力、团队合作精神和责任感的人，综合考虑学历、经验、技能和品质等因素，确保人才和企业发展需求匹配。在人才培养方面，企业要给员工提供发展空间和培训机会，通过内部培训、外部培训等方式帮助员工成长。还要建立激励机制，如薪酬、股权、晋升激励，激发员工的积极性和创造力，留住优秀人才。

总结：坚守活着的天条

好高骛远的初创企业在战略规划上不切实际，盲目扩张，资金链断裂风险大增。市场定位不准，客户流失，市场份额难以扩大。团队管理也出问题，凝聚力下降，人才流失，核心竞争力被削弱。

而坚守活着天条的初创企业，注重合理规划和稳健发展，根据自身情况制定目标和路径。它们精准定位市场，满足客户需求，赢得市场份额。在资金管理和风险控制上，建立制度，合理用资，控制风险，确保资金链稳定。还重视团队建设和人才培养，打造高效团队，为企业发展提供人才支撑。所以，初创企业一定要坚守活着这个天条，才能在市场中走得更远。

第 6 坑　无系统

在创业初期，无数怀揣梦想的创业者如勇士般踏上征程，然而，不少人却在短时间内折戟沉沙，黯然退场。这背后，市场风云变幻、资金捉襟见肘、竞争激烈如战场等因素交织，但缺乏一套科学有效的创业初期方法论体系，无疑是他们失败的重要原因。

一套系统的初创方法论，就像航海中的灯塔，能为创业者照亮前行的道路。它能帮助创业者更清楚地洞察市场需求，精准定位目标客户群体，开发出更有针对性和竞争力的产品或服务。科学的方法论还能助力创业者搭建高效的团队管理机制，吸引和留住优秀人才，提升团队的执行力和创新能力。而且，在企业融资、财务、税务管理等方面，它也能提供实用的解决方案。可以说，拥有一套科学的创业系统，是提高创业成功率、实现创业梦想的关键。

一　HOPE 创学院创业闭环系统

1 "路—人—钱"创三角理论

"路—人—钱"创三角理论构成了企业创业发展的闭环系统。"路"，就像是企业的方向，它包含了企业在市场中的定位、战略方向的选择、产品体系的搭建以及业务拓展的规划等关键要素。企业得清楚自己的核心竞争力在哪，找准市场的切入点，制定出既符合市场趋势又契合自身资源条件的发展战略，这可是企业发展的基石。

"人"是企业发展的核心要素,这里代表着企业的组织建设和团队管理。这里不仅有企业内部的员工团队,还涉及外部的客户、合作伙伴等利益相关者。在企业内部,优秀的人才团队是企业创新和发展的动力源泉。比如华为公司,特别注重人才的培养和引进,拥有一支高素质、富有创新精神的研发团队,这为其在通信技术领域的持续创新和发展提供了有力支撑。而在外部,客户是企业价值的最终实现者,满足客户需求、提升客户满意度是企业生存和发展的关键。同时,合作伙伴能为企业提供资源、技术、渠道等方面的支持,促进企业的协同发展。

"钱"是企业运营的血液,涉及资金的筹集、使用、盈利、投资、财税等方面。企业要通过合理的融资渠道筹集资金,确保有足够的弹药支持企业的发展。同时,要优化资金的使用效率,把钱合理分配到研发、生产、营销等各个环节,提高企业的运营效率。小米公司在创业初期,通过引入风险投资等方式筹集资金,快速发展壮大。在盈利方面,企业要通过有效的商业模式和营销策略,实现产品或服务的价值变现,获取利润。在投资方面,企业要谨慎选择投资标的,可不能让企业盈利因为投资失败而打水漂。在财税管理方面,要严格执行财税法律的要求,合理避税但绝对不能逃税。

"路—人—钱"三者相互关联、相互影响。正确的发展路径能够吸引到合适的人才和资金,优秀的人才团队能够推动企业沿着正确的道路发展,实现资金的有效利用和增值,而充足的资金则为企业的发展路径选择和人才的引进与培养提供了保障。

2 HOPE 创学院的生意模型

HOPE 创学院的生意模型聚焦于企业日常经营中的"产品—流量—转化"环节,这三个环节构成了企业实现商业价值的微观闭环。

"产品"是企业提供给市场的核心价值载体,是满足客户需求的关键要素。优质的产品得有独特的价值主张,能够解决客户的痛点,提供良好的用户体验。就说戴森的无叶风扇，以其独特的设计和高效的性能，解决了传统风扇存在的安全隐患和风力不均匀等问题，为用户带来了全新的体验，从而在市场中获得了竞争优势。

"流量"代表着潜在客户的引入，是企业获取商业机会的前提。企业需要通过各种渠道和营销策略，吸引潜在客户的关注。比如企业可以通过社交媒体营销、内容营销等方式，在抖音、视频号、小红书、微博等新媒体平台发布图文、短视频，进行直播来提高品牌知名度，吸引用户积累粉丝。

"转化"是将流量转化为实际销售和利润的过程，这是企业实现商业价值的关键环节。企业需要通过有效的销售策略、客户服务等手段，提高转化率。例如电商平台通过提供个性化的推荐、优惠活动、便捷的购物流程等方式，促进用户的购买行为。淘宝就通过大数据分析，为用户提供个性化的商品推荐，提高了用户的购买转化率。

"产品—流量—转换"三者之间相互协同，优质的产品能够吸引更多的流量，而丰富的流量为转换提供了更多的机会，高效的转换又能够为产品的优化和流量的获取提供资金支持，形成一个良性循环。

二 零食量贩店："抖音—门店—微信私域"的生意闭环

以零食很忙、赵一鸣零食等为代表的零食量贩店，近年来通过线上渠道构建了"抖音—门店—微信私域"的生意闭环，取得了良好的市场效果。

在引流方面，零食量贩店主要借助抖音平台。头部零食量贩品牌在抖音上采取矩阵账号的运营模式，由多个官方账号加大量门店账号组成。门店直播大多很简单，店员在兼顾收银的同时进行直播，直播设备固定在靠近门店门口的收银台处，方便展示门店客流量。直播间镜头多定格在代金券宣传板上，以背景音乐或机器人重复讲解代替叫卖式讲解。不同品牌的代金券力度不同，以此吸引消费者。此外，还引入达人直播，在搭建好的直播间或门店内，由双人主播讲解商品，直播间购物车内为门店代金券、商品折扣券。比如零食很忙通过抖音营销活动，短时间内为品牌带来427万新客和4亿元销售额。抖音的兴趣电商逻辑能够帮助门店精准匹配到周边6公里内的潜在人群，相比品牌官方营销活动更下沉、更精准。

在门店消费环节，消费者在抖音平台购买购物券后，需到附近门店核销使用。零食量贩店位于社区、学校附近的位置优势，降低了用户的优惠券核销成本。店内商品售价较低，再加上发放代金券、抵扣券等，给消费者双重实惠的感觉，降低了消费者的决策成本。

在微信私域运营方面，门店引导消费者成为会员并加入微信社群。通过私域社群运营，持续引导消费者进店和复购，进一步提升了单店营收。例如赵一鸣零食通过在抖音上发布门店活动信息，发放会员日专属代金券，吸引用户到店消费，单店会员日业绩增长41%。用户到店消费后，再引导其加入品牌私域，通过私域运营提升用户的复购率和忠诚度。

零食量贩店"抖音—门店—微信私域"闭环模式的优势在于，通过抖音实现了线上引流，精准触达潜在客户；利用门店的实体体验和便捷位置，促进消费者购买；借助微信私域运营，提高用户黏性和复购率。然而，该模式也面临一些挑战，如抖音平台的竞争日益激烈，流量获取成本逐渐增加；私域运营需要投入较多的人力和时间成本，对运营团队的专业能力要求较高；不同地区门店的运营水平参差不齐，可能影响整体闭环的效果。

总结：创业路上的指南针

在创业的征程中，一套科学有效的方法论就像是创业者的指南针，不可或缺。它涵盖了市场调研、商业模式设计、团队管理、财务管理等多个关键领域，为创业活动提供了全面而系统的指导。

相反，缺乏系统的创业初期方法论往往会让创业者像无头苍蝇一样，导致创业失败或陷入困境。许多创业企业就是因为目标不明确、市场认知不足、团队管理不善以及资金与财务风险控制不力等问题，最终走向失败。

第 7 坑　无标杆

在我们的 HOPE 创学院，笔者被师生们戏称为"李三标"。所谓"李三标"，就是笔者觉得任何一个创业者在创业初期，必须想明白你想成为现有市场的哪一个，就是要有一个标杆，有了这个标就是立标，然后不断研究它拆分它，这就是对标，仅仅模仿它学习它不是最终的目标，最终的目标是超越它，就是超标，以上统称为"李三标"，这可是创业者必须修炼的武功秘籍。创业者能不能用好这招，对创业成功那可是起着至关重要的作用。

一　"李三标"的内涵

1　创业立标：成功大厦的基石

立标就像是给创业这艘船装上了导航系统，为它指明方向。从战略方向看，有了明确的标杆，创业者就知道自己的目标在哪儿，制定战略和做决策时就不会像无头苍蝇一样乱撞，能避免资源和精力的浪费。比如一家新兴的互联网科技创业企业，把腾讯、阿里巴巴当作标杆，就清楚自己在技术研发、产品创新、市场拓展等方面该往哪使劲儿，努力提升技术实力、拓展业务领域、扩大市场份额。

立标还能像胶水一样凝聚团队的力量。当团队成员都清楚创业的标杆和目标时，就会有共同的使命感和归属感，觉得自己的工作是在为一个伟大的目标奋斗，自然就会更积极主动地投入工作。从市场定位来说，立标能帮助创业者明确自己在市场中的位置，打造独特的品牌形象，就像给店铺挂上一个独特的招牌，让人一眼就能记住。

2 创业对标：找准差距的透视镜

对标在创业过程中就像一把精准的标尺，能帮创业者看清自己和行业优秀者之间的差距，为创业之路提供改进的方向。它能让创业者清楚地知道自己的不足。在创业的路上，创业者很容易陷入自己的思维和运营模式中，看不到自己的弱点。通过和标杆细致对比，能从产品质量、服务水平、运营效率、营销策略等多个方面审视自己的项目。比如一家餐饮创业企业和知名连锁品牌对标，可能就会发现自己在菜品研发速度、食材采购成本控制、门店服务标准化等方面存在问题。有了这种清晰的认识，创业者就能有针对性地制定改进措施，把资源用在刀刃上，避免盲目努力。

对标还能让创业者把握市场趋势，提前布局，抢占先机。行业标杆企业就像市场的先知，能率先察觉到市场的变化。创业者通过对标，就能了解行业最新动态，及时调整创业策略，以适应市场变化。

3 创业超标：实现飞跃的助推器

超标是立标、对标之后的关键进阶阶段。企业要通过不断努力和创新，在产品、服务、商业模式等方面超越标杆，形成自己独特的竞争优势，在市场中脱颖而出。这种超越可不是简单的规模扩大，而是在质量、效率、用户体验等方面实现质的飞跃。

超标对企业发展非常重要，它是企业在激烈竞争中胜出的关键。在竞争激烈的市场环境中，如果只是达到标杆水平，很难在众多对手中崭露头角。只有实现超标，企业才能凭借独特优势吸引更多客户，提高市场份额，实现可持续发展。就像在智能手机市场，苹果公司一直是行业领先者，很多手机品牌把它当作标杆。华为公司通过持续的技术研发和创新，在拍照技术、

5G 通信技术等方面超越了苹果，推出有竞争力的产品，在全球智能手机市场占据了重要地位。

二　阿里巴巴：立标、对标、超标的宝贵经验

阿里巴巴是中国互联网行业的大巨头，它的发展就像是一部精彩的逆袭剧，充分展示了立标、对标、超标在创业中的关键作用。

阿里巴巴刚创立的时候，把 eBay 当作标杆，模仿它的商业模式，搭建电子商务平台，为中小企业提供在线交易服务。但阿里巴巴可没满足于简单的模仿，而是深入研究中国市场特点和需求，不断创新改进，最后实现了对 eBay 的超越。

在市场定位上，eBay 主要盯着全球高端市场，而阿里巴巴发现中国中小企业数量多，市场潜力大。于是，它把目标市场定位为中国中小企业，为它们提供低成本、高效率的交易平台，满足了企业拓展市场、降低交易成本的需求。这样一来，阿里巴巴迅速在中国市场获得了大量用户和商家资源，为后续发展打下了坚实基础。

在交易模式方面，中国市场信用体系不完善，阿里巴巴就创新性地推出了支付宝这个第三方支付工具。支付宝通过担保交易服务，解决了买卖双方的信任问题，极大地促进了电子商务发展。而 eBay 进入中国市场时，没解决好支付和信用问题，发展受到严重制约。支付宝的推出，让阿里巴巴在电子商务交易模式上超越了 eBay，还开创了中国电子商务行业的新模式，成为数字金融领域的重要创新成果。

在服务内容和生态建设上，阿里巴巴不断拓展业务领域，构建了一个庞大的电子商务生态系统。除了核心电商业务，还涉足物流、金融、云计算、大数据等领域，为商家和用户提供全方位、一站式服务。比如菜鸟网络整合

了物流资源，提高了物流配送效率，解决了物流瓶颈问题；阿里云为企业提供强大的云计算服务，帮助企业降低技术成本，提升运营效率。通过完善服务内容和生态建设，阿里巴巴打造了强大的商业生态，全面超越了 eBay 等竞争对手。

凭借在市场定位、交易模式、服务内容和生态建设等方面的创新和超越，阿里巴巴成为全球知名的电子商务巨头，在全球电商市场占据重要地位，引领着行业发展潮流。它的成功充分证明了超标策略在创业中的有效性和重要性，给其他创业者提供了宝贵经验。

总结：“李三标”对创业者有巨大的帮助

"李三标"这一策略体系对创业者和整个创业行业都价值巨大。对创业者来说，它就像一本科学的创业指南。立标让创业者有努力方向，不会盲目摸索；对标促使创业者反思改进，提升自身能力；超标激励创业者突破自我，追求卓越，实现创业成功。从行业角度看，当众多创业者都用这一策略时，行业竞争会更激烈。企业为了超越标杆，会加大技术研发、产品创新、服务提升等方面的投入，从而推动整个行业的技术水平、产品质量和服务质量提升，让行业朝着更健康、更有序的方向发展。所以，创业者们要是能掌握好"李三标"，说不定就能在江湖里闯出一片属于自己的天地。

第 8 坑 完美派

有两种截然不同的创业秘籍，一种是"完美主义心经"，另一种则是"干就是一切，战争中学习战争"。这两种理念就像两位性格迥异的武林高手，在创业的舞台上各自施展拳脚，演绎着不同的故事。

一 完美主义：看似华丽，暗藏危机

完美主义者就像是精益求精的工匠，对自己和身边的人都设定了极高的标准，一心追求极致的完美。在他们眼中，创业就像雕琢一件稀世珍宝，每一个细节都容不得半点瑕疵。然而，这种看似严谨的态度，在创业的战场上却可能成为致命的弱点。

首先，完美主义容易让创业者错失市场时机。想象一下，市场就像一场激烈的赛车比赛，机会的赛道转瞬即逝。而完美主义者在车库里反复打磨自己的赛车，追求每一个零件的完美，却忽略了比赛已经开始。他们花费大量时间在内部优化上，等产品或服务终于推出时，市场的热度早已过去，最佳时机已经溜走。

其次，资金链断裂也是完美主义者常常面临的困境。为了实现心中的完美目标，他们不惜投入大量资金进行研发、生产和供应链整合。就像一个赌徒把所有的筹码都押在一张牌上，一旦产品未能及时获得市场认可，销售业绩不佳，资金就无法有效回笼，最终导致资金链断裂，企业陷入绝境。

最后，完美主义者往往会忽视市场需求。他们过于关注自身对完美的追求，沉浸在自己的理想世界中，却没有充分考虑市场和消费者的实际需求。这就好比一个设计师设计了一件美轮美奂的衣服，但不考虑人们是否愿意穿它，最终只能让这件衣服成为无人问津的展品。

锤子科技就是一个典型的例子。锤子科技是中国智能手机行业中的一家创业企业，由知名网红罗永浩于 2012 年创立。罗永浩在产品打造上秉持着极致的完美主义理念。以智能手机 SmartisanT1 为例，为了追求极致的设计，采用了高难度的三明治结构，这种设计虽然在外观上实现了独特的美感，但却给生产带来了极大的挑战，导致富士康代工良品率极低，出货延迟了三个月。在产品细节上，锤子科技也力求做到最好，例如为了匹配 SmartisanOS 的设计风格，专门设计了三个使用不便、与整个机身格格不入的长条实体按键。此外，锤子科技在产品创新上也过度追求完美，如 TNT 桌面计算的研发，投入了大量的资金和时间，但由于技术不成熟，最终未能得到市场的认可。这一系列的决策失误，让锤子科技逐渐走向了衰落。

二 "干就是一切，战争中学习战争"：实战出真知

与完美主义相反，"干就是一切，战争中学习战争"的创业理念则像一位勇猛无畏的战士，强调在实践中积极行动，通过实际操作来积累经验、获取知识和提升能力。

这种理念的优势十分明显。首先，它能够让创业者快速适应市场变化。在创业的战场上，市场环境就像变幻莫测的天气，随时都可能发生变化。而秉持这种理念的创业者就像机智的天气预报员，能够在实践中及时调整战略和业务模式，以满足市场和用户的需求。

其次，通过不断实践，创业者可以积累丰富的经验，提升团队的能力和

竞争力。就像一名运动员，只有通过不断的训练和比赛，才能提高自己的竞技水平。在创业过程中，每一次解决问题的过程都是一次学习和成长的机会，团队也会在这个过程中变得更加成熟和强大。

最后，"干就是一切，战争中学习战争"的理念鼓励创业者在实践中勇于创新，敢于尝试新的业务领域和商业模式。这就好比探险家在未知的领域中勇敢地前行，为企业的发展开辟新的道路。

美团的创业历程就是这种理念的生动写照。在成立初期，美团专注于团购业务，通过与商家合作，为消费者提供优惠的团购服务。在这个过程中，美团团队深入了解市场需求和商家痛点，不断优化业务模式。随着市场竞争的加剧和用户需求的多样化，美团开始拓展业务领域，进军外卖市场。进入外卖市场后，美团面临着配送效率、商家管理、用户体验等众多挑战。为了解决这些问题，美团投入大量资源进行技术研发，建立了智能配送系统，通过算法优化配送路线，提高配送效率。同时，美团加强与商家的合作，为商家提供运营支持和数据分析服务，帮助商家提升经营效率。在酒店预订、旅游等业务领域，美团也通过不断实践和学习，积累经验，提升服务质量，逐渐形成了完整的本地生活服务生态体系。

三 完美主义创业者的转型之路

对于那些深受完美主义影响的创业者来说，要想在创业的道路上走得更远，就需要进行深刻的转型。

1 心态调整：从追求完美到接受不完美

完美主义创业者首先要做的就是调整心态，学会接受产品和创业过程中的不完美。在创业的世界里，没有绝对完美的产品或方案，市场环境瞬息万变，消费者需求也在不断演化。创业者如果一味地追求产品在各个方面都达到极致，可能会陷入无尽的打磨和优化中，错失最佳的市场推广时机。就像画画一样，有时候适当的留白反而能给人更多的想象空间，创业也是如此，接受不完美才能有更多的发展机会。

2　行动策略：快速迭代与持续学习

快速迭代是应对市场变化的有效策略，也是完美主义创业者需要掌握的关键能力。创业者应摒弃传统的线性开发模式，采用敏捷开发的理念，快速推出最小可行产品（MVP），然后通过市场反馈和数据分析，对产品进行优化和改进。这种迭代式的开发过程能够让创业者在短时间内验证产品的可行性，及时调整方向，避免在错误的道路上越走越远。同时，持续学习是创业者在实践中不断成长的关键。创业过程中会遇到各种各样的问题，从技术难题到市场竞争，从团队管理到财务管理，创业者需要不断学习新知识、新技能，提升自己的综合能力。

3　团队建设：打造适应变化的创业团队

打造一支适应变化的创业团队对于完美主义创业者来说至关重要。团队成员应具备灵活性和学习能力，能够快速适应市场变化和项目需求的调整。在团队组建过程中，创业者要注重选拔具有创新思维和适应能力的人才，避免过度追求成员在专业技能上的完美，而忽视了其对变化的适应能力和团队协作精神。一个充满活力和适应性的团队，就像一支训练有素的军队，能够在创业的战场上应对各种挑战。

总结：干就完了

在创业的道路上，"干就是一切，战争中学习战争"的理念无疑为创业者们指明了方向。秉持这种理念的企业，通过快速行动、在实践中不断学习和调整策略，成功适应市场变化，实现了企业的快速发展。这表明在创业过程中，创业者应摒弃过度追求完美的心态，积极行动，快速推出产品或服务，在实践中不断优化和改进，以适应市场的动态变化。就像一句流行语说的那样："干就完了！"

第9坑　不聚焦

初创企业甚至是发展中的企业，一定要牢牢记住"聚焦、聚焦、聚焦"（重要的事情说三遍）二字。忘记这两个字，不断的麻烦就会接踵而来。

创业成功就像是一座闪耀着光芒的山峰，吸引着无数创业者奋力攀登。然而，当他们好不容易站在成功的山顶，却可能因为一个小小的失误而跌入万丈深渊，这个失误就是创业成功后盲目扩张、业务不聚焦。

一　不聚焦，创业的隐形杀手

企业的资源就像是一个有限的宝藏盒子，里面装着资金、人力、时间、技术等珍贵的宝贝。当创业者在取得成功后，就像一个突然拥有了很多财富的冒险家，开始变得贪心起来，想要涉足多个业务领域。可这就好比把宝藏盒子里的宝贝分散到了各个地方，每个业务能分到的宝贝就少得可怜。就拿资金来说，原本这些钱可以用来给核心业务做研发，让产品变得更厉害，或者去拓展市场，吸引更多的客户。但现在，这些钱被拿去启动和运营新业务了，结果核心业务因为没钱进行技术升级，新业务也因为资金不足没办法好好发展。

核心竞争力是企业在市场这片江湖中立足的独门秘籍。专注于核心业务就像是苦练一门绝世武功，时间越久，这门武功就越厉害。但是，创业不聚焦就像是一个贪多求快的练武之人，一会儿学这个武功，一会儿学那个武功，结果每门武功都只学了个皮毛。企业也是一样，分散了精力，没办法集中资源提升核心竞争力。时间一长，原本在核心业务上的优势就慢慢消失了，被竞争对手打得落花流水。比如说，有一家企业原本靠优质的产品质量和贴心的服务在市场上站稳了脚跟，可后来开展多元化业务后，把大部分精力都放在了新业务上，对原来的产品质量和服务就没那么上心了，客户的满意度降低，企业的核心竞争力也就被削弱了。

进入多个不相关的业务领域，就像是一个人突然要同时管理好几个不同的王国。不同的业务领域有着不同的市场特点、运营模式和管理要求，这就需要企业有足够的管理能力和经验。创业不聚焦就像是一个没有经验的国王，面对这么多不同的王国，根本不知道该怎么管理，结果就会出现管理混乱、决策效率低下等问题。举个例子，有一家原本专注于制造业的企业，突然进入金融领域，但是它对金融行业的专业知识和管理经验一窍不通，在风险管理、资金运作、合规经营等方面就很容易出现失误，影响企业的整体运营和发展。

企业在市场中就像是一个明星，需要有一个明确的形象和定位，才能吸引粉丝（客户）。当企业不聚焦，涉足多个不相关业务时，就像是一个明星一会儿演喜剧，一会儿演悲剧，一会儿又去唱歌，观众都不知道他到底擅长什么。消费者对企业的认知变得模糊，很难形成清晰的品牌印象。这就会影响企业在市场中的口碑和影响力，客户的忠诚度和购买意愿也会随之降低。比如，一家原本以生产运动鞋闻名的企业，突然推出手机产品，消费者可能就会对这家企业的专业能力产生怀疑，在运动鞋市场和手机市场的销售业绩都会受到影响。

二 杨某与其房地产集团：从辉煌到覆灭的警示

杨某出生于 1952 年，早年是一名报社记者。1993 年，在国内下海创业浪潮的影响下，41岁的杨某毅然辞去稳定的报社工作，投身房地产领域，创办了某房地产集团有限公司。

创业初期，杨某面临着资金短缺的巨大难题。他就像一个机智的探险家，想出了一系列大胆的办法。他用一辆借来的车抵押到银行获得贷款，买了一块地皮。然后，他用自己凑的10万元从砖厂买砖，堆放在地皮上，还立起牌子售卖别墅。他利用在报社工作时积累的人脉关系，登广告宣传楼盘，甚至约定等房子卖出去再付广告费。在建材采购方面，他也采用类似的方式，约定用建好的房子来付款。

杨某的房地产集团以价格低廉的策略迅速打开市场，当时石家庄的平均房价是2500元一平方米，而该房地产集团的房子只要1500元一平方米，房子开盘后大受欢迎，有人连夜排队购买。就这样，杨某成功赚取了自己的第一桶金4600万元。此后，该房地产集团在房地产市场上不断发展壮大，拿下了许多重要项目。2001年，杨某凭借21亿元的身家登上福布斯排行榜。

然而，随着该房地产集团在房地产领域的成功，杨某的野心就像吹气球一样不断膨胀，开始了大规模的盲目扩张。2004年，该房地产集团筹划上市，但由于资金和回报率不符合标准，上市失败。这次失败不但没有让杨某反思企业的发展战略，反而让他走上了更加激进的扩张道路。

杨某将目光投向了多个领域，包括教育、旅游、农业等。他在这些领域投入了大量资金，建设了大学城、太阳城等项目。可是，这些项目大多缺乏市场竞争力和盈利能力，就像是一个个无底洞，不仅没有为该房地产集团带来收益，反而成了沉重的负担。

为了获取资金支持扩张，杨某开始进行民间集资。他以高息为诱饵，向社会公众大量募集资金。同时，他还在公司内部制造假订单，虚构业务业绩，欺骗投资者和合作伙伴。此外，杨某还大搞民间借贷与理财产品，从老百姓手中骗取钱财。他甚至对身边的亲戚朋友下手，编造大项目的谎话，从他们手中骗钱。

该房地产集团的盲目扩张和违规操作最终导致了企业的覆灭。由于资金链断裂，该房地产集团无法按时偿还债务，陷入了严重的财务危机。众多投资者血本无归，引发了社会的广泛关注和不满。2019年5月18日，杨某主动向石家庄市公安局裕华分局投案自首。随后，警方迅速行动，将杨某下属诸多骨干缉拿归案，并对该房地产集团一系列违法行为展开调查。曾经辉煌一时的房地产集团轰然倒塌，杨某也沦为阶下囚。

房地产集团的失败不仅给投资者带来了巨大的经济损失，也对当地房地产市场和社会稳定造成了负面影响。许多购房者的权益受到损害，引发了一系列社会问题。同时，房地产集团的案例也给其他企业敲响了警钟，盲目扩张和违规操作必将付出惨重的代价。

总结：创业成功后，切忌不聚焦多元化扩张

创业者在成功后就像是一个打了胜仗的将军，很容易骄傲自满，觉得自己无所不能，对自身能力和市场形势估计过于乐观，从而盲目决策。市场中各种看似有利可图的机会就像是一个个诱人的陷阱，吸引企业涉足新领域。资本为了追求高回报，也会推着企业快速扩张。而企业自身如果缺乏明确的战略规划和风险意识，就会像一艘没有舵的船，在茫茫大海中迷失方向，进一步加剧不聚焦带来的风险。

所以，创业者在成功之后，一定要保持清醒，不要被胜利冲昏了头脑。要像守护自己的宝藏一样，聚焦核心业务，稳步发展。

第 10 坑　未找缝

找缝是笔者在 20 余年的创业生涯里提得最多的一个词，也是 HOPE 创学院的核心创业理论之一。

中国的市场经济已经如火如荼地进行了几十年，可谓是八仙过海，各种牛人能人高人神人层出不穷，新进入市场的创业者如对此熟视无睹，还想着做平台甚至是独门生意，无疑是痴人说梦。

一　找缝的理论内涵

找缝理论，就是企业在创业或者拓展业务时，得找准自己熟悉、热爱、专业、想做且能做的一个非常垂直细分的领域。这五个因素就像五个圆圈，层层嵌套，组成一个同心圆，圆心就是创业者的核心优势和独特能力。处在这个同心圆范围内的业务，就是企业该做的事儿。

从理论角度看，现在关于企业创业决策的理论一大堆，但找缝理论就像一股清流，它把企业的内部因素和外部机会巧妙地结合起来，给创业理论体系添了新花样。它强调企业核心能力和创业方向要深度契合，让企业战略选择的理论更丰富了，也能推动学术界更深入地研究创业决策机制。

在实际操作中，很多企业在创业时就像没头苍蝇，不知道该往哪儿飞，资源也用得乱七八糟。找缝理论就像一盏明灯，给企业指明了方向，让企业别盲目跟风，避免资源分散，大大提高了创业成功的概率。企业只要精准定位自己的优势领域,集中火力,就能形成独特的竞争优势,更好地应对市场挑战,实现可持续发展。这对单个企业的成长意义重大,对整个行业的健康发展和经济稳定增长也有积极的推动作用。

二 五个同心圆的奥秘

1 不熟不做:别瞎凑热闹

这一点就是提醒企业,千万别轻易涉足自己没经验、没知识储备的领域。就拿恒大来说,恒大冰泉在市场推广和渠道建设上砸了不少钱,可对快消品行业的市场规律和消费特点了解不够,产品定位也不准,在娃哈哈、农夫山泉等巨头的挤压下,市场份额一直上不去,最后亏得一塌糊涂。恒大的文旅和健康业务也是,没有专业的运营团队和市场经验,不仅没赚到钱,还成了企业的累赘。这就说明,对新领域不熟悉,企业很容易掉进坑里。

2 不热爱不做:热爱是创业的燃料

创业者对所从事的事业充满热爱,那动力和毅力就像小宇宙爆发一样。青年菜君刚创立的时候,抓住了上班族下班后买菜做饭的痛点,主打半成品净菜,线上预订、线下自提的模式挺新颖,创业初期吸引了不少关注,还拿到了好几轮融资,业务发展得有声有色。可随着市场竞争越来越激烈,生鲜行业的供应链管理要求特别高,采购、保鲜、配送等环节都得投入大量精力和资源。但青年菜君的团队对生鲜行业缺乏真正的热爱,遇到供应链难题就没了持续改进和优化的动力。在市场拓展方面,碰到竞争对手的激烈竞争,也没有展现出足够的韧性。结果,2016年就经营不下去了,资金链断了,曾经的辉煌说没就没。

3　不专业不做：专业是立足之本

企业开展业务得有专业能力，这可是在市场竞争中的核心竞争力，体现在技术、管理、营销等各个方面。就拿机械制造业来说，有些企业靠专业的技术团队和精湛的制造工艺，在传统机械制造市场能站稳脚跟。但要是想进入高端智能装备制造领域，没有相关的智能控制技术、软件研发能力，也不了解高端市场需求，就算投了很多钱搞研发、开拓市场，也很难和行业领先企业竞争，最后只能铩羽而归。这说明，缺乏专业能力，企业在新领域很难建立竞争优势，更别说可持续发展了。

4　想做的不做：理性对待想法

企业要理性看待自己的想法和目标，别盲目追求不切实际或者与核心优势没关系的业务。有个互联网创业企业，一开始专注于移动应用开发，核心团队成员在软件开发领域经验丰富、技能专业。靠着一款创新的社交类移动应用，在市场上有了一定的用户基础和知名度。可公司创始人看到共享经济领域火得一塌糊涂，什么共享单车、共享汽车都拿到了大量投资，就心动了，也想让公司进入这个领域，拓展业务版图。但这种想法脱离了企业的核心优势，会导致资源分散，核心竞争力下降。

5　能做的不做：要有战略眼光

企业不能因为自己有能力做某件事就盲目去做，而应从战略高度审视业务选择。企业的资源和能力是有限的，得聚焦在符合长期战略和核心竞争力的业务上，才能实现可持续发展。大疆创新科技有限公司在无人机领域全球领先，技术研发能力超强，品牌影响力大，市场份额高。大疆有能力进入智能手机市场，技术上有先进的图像技术，品牌知名度高，资金充足。但大疆经过仔细分析和权衡，还是决定放弃进入智能手机市场，专注于无人机核心业务。事实证明，这个决策很明智，大疆巩固了在无人机领域的领先地位。

总结：寻找属于你的同心圆

总之，找缝理论就像企业创业和发展的法宝，企业只要遵循这五个原则，在熟悉、热爱、专业、想做且能做的领域里找机会，就能降低风险，提高成功的概率，在市场的海洋中乘风破浪，勇往直前。

第 11 坑　追风口

唯有热爱才是我们最大的风口。在过去的二十年里，中国创业领域风口论像是广为流传的成功秘籍误导了我们。雷军那句"站在风口上，猪也能飞起来"，如同武林中的一句神秘口诀，让无数怀揣创业梦想的人一头扎进追逐风口的浪潮里。从早期的电商风口，到后来的O2O、P2P、共享经济，再到如今的人工智能、区块链、元宇宙，每一个新风口的出现，都像是江湖中突然出现的宝藏之地，引得大量创业者蜂拥而至，仿佛只要站对了地方，就能一夜暴富，走向人生巅峰。但是创业者投身商海后发现风口往往是别人的风口，自己永远是那个被吹起来待宰的猪崽。

一　风口的诱惑与陷阱

1　竞争激烈与市场饱和

风口行业像是一场热闹的派对，一旦消息传开，所有人都想挤进去分一杯羹。大量的创业者和资本如同潮水一般涌入，原本宽敞的派对场地很快就变得拥挤不堪，市场竞争也变得异常激烈，没过多久就达到了饱和状态。

就拿智能手机行业来说吧，在智能手机市场快速发展的那几年，国内手机品牌如小米、oppo、vivo等纷纷崛起，就像一群年轻的侠客在江湖中崭露头角。同时，国外品牌如苹果、三星等也在中国市场占据着重要份额，如同江湖中的老牌高手，实力不容小觑。一时间，市场上的智能手机品牌多得让人眼花缭乱，据统计，2016年中国智能手机市场的品牌数量超过了100个。这就好比一场武林大会，参赛选手太多，每个人都想在赛场上脱颖而出，难度可想而知。

2　技术迭代与创新压力

在许多风口行业，技术就像江湖中的武功秘籍，更新换代的速度快得让人眼花缭乱。创业者们就像是一群追赶时间的人，需要不断投入大量的资金和人力进行技术研发，才能跟上技术发展的步伐。如果跟不上，就可能会被市场无情地淘汰，就像在江湖中武功没有进步，就会被其他高手打败一样。

以人工智能行业为例，这简直就是一个技术飞速发展的江湖。新的算法、模型和应用不断涌现，就像江湖中不断出现新的武功招式。创业者们需要时刻保持警惕，不断学习和创新，才能在这个江湖中立足。比如说在图像识别领域，随着深度学习技术的不断发展，新的图像识别算法不断涌现，准确率和效率不断提高。如果企业还抱着传统的图像识别技术不放，就像一个只会老一套武功的侠客，很难在江湖中立足。

3　政策风险与不确定性

政策就像是江湖中的规矩，对风口行业的影响是不可忽视的。政府的政策法规往往会对行业的发展方向、市场准入、竞争规则等产生重大影响。

以新能源汽车行业为例，政府对新能源汽车的补贴政策就像江湖中的一份丰厚奖励，对行业的发展起到了重要的推动作用。在补贴政策的支持下，新能源汽车市场迅速扩大，吸引了大量的创业者和资本进入，就像江湖中的宝藏之地吸引了众多侠客一样。然而，随着行业的发展，政府逐渐调整了补贴政策，补贴标准逐渐降低，这就像奖励突然减少了，对新能源汽车企业的发展产生了一定的影响。一些依赖补贴的新能源汽车企业，就像习惯了依赖奖励的侠客，由于无法适应补贴政策的变化，面临着巨大的经营压力。

二　从风口论看互联网金融

1　行业发展历程

互联网金融行业的兴起就像一场江湖中的变革,与信息技术的发展和社会经济的变革密切相关。随着互联网技术的日益普及和成熟,金融服务与互联网的融合逐渐加深,互联网金融应运而生,就像江湖中两种不同的武功流派融合在一起,产生了新的力量。

2　创业者的入局与困境

在互联网金融行业的发展过程中,许多创业者就像一群敏锐的江湖猎手,看到了其中的机遇,纷纷投身其中。他们的入局动机主要是看好互联网金融的发展前景,认为互联网金融能够打破传统金融的束缚,为用户提供更加便捷、高效、个性化的金融服务,具有巨大的市场潜力,就像看到了江湖中一个新的宝藏之地,觉得里面有无数的财富等待着他们去挖掘。

创业者们在入局后,主要致力于互联网金融产品和服务的创新。他们通过运用大数据、人工智能、区块链等技术,开发出了一系列具有创新性的金融产品和服务,如P2P网贷、第三方支付、智能投顾、数字货币等,就像江湖中的侠客们创造出了新的武功招式。比如说一些P2P网贷平台通过大数据分析,对借款人的信用状况进行评估,为其提供更加精准的贷款服务;一些第三方支付平台通过移动支付技术,为用户提供便捷的支付体验。

然而,创业者在发展过程中面临着诸多困境。首先是合规困境,互联网金融行业受到严格的监管,政策法规的变化对企业的发展影响较大。创业者们需要不断适应监管要求,加强合规建设,否则就像侠客违反了江湖规矩,将面临罚款、停业等风险。比如说在P2P网贷行业的整顿过程中,许多平台因不符合监管要求而被关闭。其次是风险困境,互联网金融行业面临着信用风险、市场风险、技术风险等多种风险。比如说P2P网贷平台面临着借款人违约的信用风险；数字货币市场面临着价格波动的市场风险；互联网金融平台还面临着网络安全、数据泄露等技术风险。创业者需要建立完善的风险管理体系，加强风险控制，以应对各种风险挑战，就像侠客需要不断提升自己的武艺，应对各种敌人。再者是信任困境，由于互联网金融行业的一些负面事件，如P2P网贷平台的跑路、非法集资等，导致用户对互联网金融的信任度下降。创业者们需要加强品牌建设和用户教育，提升用户的信任度，就像侠客需要在江湖中树立良好的名声，才能赢得他人的信任。

总结：理性看待风口，回归创业本质

在过去的20年里，中国创业者在追风口的过程中，更多的是失败的教训。大量的创业项目在风口过后迅速衰落，不仅浪费了创业者的时间、精力和资金，也对社会资源造成了极大的浪费。这表明，唯有热爱才是最大的风口，唯有找准自己熟悉、热爱、专业、想做且能做的一个非常垂直细分的领域，这才是真正的风口。同时，创业者还需要具备创新能力、扎实的行业基础、优秀的团队和管理能力以及长期的战略眼光等关键因素。

总之，风口只是创业路上的一个诱惑，创业者们不能被它迷惑，要保持清醒的认识，回归创业的本质，用自己的热爱和努力去创造真正有价值的事业。

第12坑　集中度

行业集中度就像是一个神秘的指南针，它指示着行业竞争态势和发展阶段，同时也深刻影响着创业者的机会和成功率。对于怀揣梦想的创业者来说，行业集中度就像一面镜子，能映照出进入某个行业是机遇满满还是荆棘丛生。在那些行业集中度过高的领域，就像是已经被巨头们瓜分完毕的地盘，新进入者想要在这里分得一杯羹，难度堪比攀登陡峭的山峰。

一　高行业集中度：行业的竞争壁垒

1　资金：难以跨越的鸿沟

资金壁垒是新进入企业面临的第一个拦路虎。在高集中度的行业里，那些大企业就像是财大气粗的武林盟主，有着雄厚的资金实力。它们可以大手大脚地进行大规模的市场推广、研发投入和生产扩张。就拿智能手机市场来说吧，苹果、三星这些巨头，每年在研发上的投入就像流水一样，高达数十亿美元。这些钱都用来开发新的技术和功能，让自己的产品性能更强大，用户体验更棒。同时，它们还会投入大量资金进行广告宣传、品牌建设和渠道拓展，就像在江湖中不断扩大自己的势力范围。新进入的企业要是想在这个市场里分一杯羹，就得投入巨额资金到研发、生产、营销等各个环节，才能有和现有企业竞争的资本。可是，对于大多数初创企业来说，筹集这么多钱就像是登天一样难。资金短缺就像一个金箍，限制着它们进入市场的脚步。

2　技术：难以攻克的堡垒

技术壁垒也是高集中度行业里难以突破的关键障碍。在这个科技飞速发展的时代，很多行业对技术的要求越来越高，技术更新换代的速度就像闪电一样快。在高集中度行业中，大企业就像是掌握了绝世武功秘籍的高手，凭借长期的技术研发投入和积累，掌握了大量的核心技术和专利，形成了强大的技术优势。比如在半导体芯片制造领域，台积电、英特尔等企业在先进制程技术方面就像是站在山顶的巨人，拥有众多的专利技术和技术诀窍。新进入的企业想要突破这些技术壁垒，就得投入大量的时间和资金进行技术研发，就像在黑暗中摸索寻找宝藏一样艰难。而且，就算新企业好不容易研发出新技术，还可能会面临知识产权纠纷等问题，这就像是在前进的路上突然冒出了一个程咬金，进一步增加了进入市场的难度。

3　渠道：难以搭建的桥梁

渠道壁垒同样不容忽视。高集中度行业通常都有成熟的销售渠道和供应链网络，大企业就像是精明的商人，通过长期的合作和投入，与供应商、经销商等建立了稳定的合作关系，形成了强大的渠道优势。就拿饮料行业来说，可口可乐和百事可乐就像是两个商业帝国，通过与全球各地的经销商建立紧密的合作关系，构建了庞大而高效的销售网络，它们的产品就像流水一样迅速覆盖到各个市场角落。新进入的企业想要进入这个市场，就得耗费大量的精力和资源来建立自己的销售渠道和供应链体系，这不仅需要投入大量的资金，还需要花费大量的时间和精力来维护渠道关系。在这个过程中，新企业可能会遇到供应商的不信任、经销商的拒绝合作等问题，就像在建造桥梁的过程中遇到了狂风暴雨，使得建立渠道的难度大大增加。

4　品牌：难以翻越的大山

品牌壁垒是新进入企业面临的又一个挑战。在高集中度行业中，消费者就像是忠诚的粉丝，往往对知名品牌具有较高的忠诚度和认可度。大企业就像是备受敬仰的明星，通过长期的品牌建设和市场推广，树立了良好的品牌形象，赢得了消费者的信任和喜爱。就拿汽车行业来说，奔驰、宝马等品牌凭借其悠久的历史、卓越的品质和高端的品牌形象，在消费者心中占据了重要地位。新进入的企业要想打破消费者对现有品牌的认知和依赖，建立自己的品牌知名度和美誉度，就得投入大量的资金进行广告宣传、市场推广和产品质量提升。

二 从行业集中度看智能手机制造行业

在智能手机制造这个热领域内，华为、苹果和三星就像是三位武功高强的大侠，凭借各自的核心竞争力，在市场中占据了重要地位。苹果以其独特的 iOS 操作系统和强大的品牌影响力，以及对产品设计和用户体验的极致追求，吸引了大量用户；三星凭借其在芯片、屏幕等核心零部件领域的垂直整合能力，以及丰富多样的产品线，满足了不同消费者的需求；华为在通信技术领域有着深厚的积累，以及不断提升的拍照技术、芯片研发能力和独特的鸿蒙操作系统，使其在全球智能手机市场中脱颖而出。

新企业进入智能手机制造行业就像是进入了一个充满挑战的战场，面临着重重困难。在技术研发方面，智能手机行业技术更新换代迅速，就像一场没有硝烟的战争，需要企业具备强大的研发能力和持续的创新投入。新进入企业需要投入大量资金用于研发先进的芯片技术、影像技术、操作系统等，以满足消费者对手机性能和功能的不断提升的需求。然而，技术研发不仅需要巨额资金，还需要大量的专业人才和技术积累，这对于新进入企业来说就像是一座难以逾越的高山。在品牌建设方面，华为、苹果和三星等品牌已经在消费者心中树立了极高的品牌知名度和美誉度，拥有大量的忠实用户。新进入企业要想在激烈的市场竞争中建立自己的品牌形象，吸引消费者的关注和认可，需要投入大量的资金进行广告宣传、市场推广等活动，并且需要长期的品牌培育和维护，这对于资金实力和市场经验相对不足的新进入企业来说，难度就像攀登珠穆朗玛峰。在供应链管理方面，智能手机制造涉及众多零部件的采购和生产，需要企业具备强大的供应链整合能力和供应商管理能力。华为、苹果和三星等企业通过长期的合作，已经与全球优质供应商建立了稳定的合作关系，能够确保零部件的稳定供应和质量控制。新进入企业需要花费大量的时间和精力来构建自己的供应链体系，寻找合适的供应商，协调供应链各环节的运作，这在一定程度上增加了企业的运营成本和风险。

总结：警惕在集中度高的行业里创业

在高行业集中度的行业中创业，就像是在布满陷阱的丛林中行走。市场份额获取困难，头部企业就像是占据了大片领地的霸主，凭借品牌、用户基础和渠道优势占据了绝大部分市场份额，新进入者就像是弱小的蚂蚁，难以在短期内突破。成本压力巨大，创业企业像是背着沉重包袱的行者，需要投入大量资金用于技术研发、市场推广和品牌建设，同时还面临着高进入壁垒带来的成本增加。创新与差异化挑战也不容忽视，现有企业在技术、产品和服务等方面已形成优势，创业企业就像是在高手林立的江湖中寻找独特的武功，要实现创新和差异化，需要克服资金、技术和市场认知等多方面的障碍。所以，创业者一定要警惕高行业集中度的行业，谨慎前行。

第13坑　天花板

在创业的广阔天地里，市场规模就像是一片肥沃的土壤，土壤肥沃，种子才能茁壮成长。避开市场规模小——伸手就能摸到天花板的行业，对创业成功有着重要的意义。

一　市场规模过小的弊端

1　发展空间受限

市场规模小的行业，就像把企业关进一个狭小的笼子里，怎么折腾都飞不起来。这类行业的发展空间被死死限制住了，企业就像撞到了玻璃天花板，明明看得见外面的广阔天地，却怎么也突破不了。小市场行业的潜在客户就那么多，市场需求就像一潭死水，很难泛起大规模增长的涟漪。企业没办法通过扩大市场份额来实现规模经济，就像小马拉大车，怎么使劲都跑不快。

就拿传统的手工刺绣行业来说吧，手工刺绣那可是有着独特的艺术价值和文化内涵，就像一件精美的艺术品。但它生产效率低、制作成本高，市场需求就集中在高端工艺品市场和文化礼品市场这些特定的消费群体。新进入的创业企业就算有精湛的刺绣技艺和独特的设计理念，在这个有限的市场里也很难实现大规模销售和增长。企业可能订单少得可怜，生产设备只能在角落里吃灰，根本没法充分发挥生产能力，规模扩张和业务拓展也就成了遥不可及的梦。

2 抗风险能力弱

小市场行业就像一艘在狂风巨浪中的小破船，抗风险能力弱。一旦遇到经济波动、政策变化或者行业变革这些狂风暴雨，企业就很难招架，随时都有翻船的危险。

经济波动的时候，消费者手头紧了，对那些不是生活必需品的东西就没那么感兴趣了。小市场行业的产品或服务受众本来就少，受到的影响就更明显。经济不景气时，消费者可能就不买高端工艺品、特色小众产品这些奢侈品了，企业的销售额就像坐滑梯一样直线下降，利润空间也被压缩得可怜。要是企业没有足够的资金储备和应对策略，很快就会资金链断裂，只能关门大吉。

政策变化也是小市场行业的一大拦路虎。政府的政策调整可能会对某些行业产生重大影响，小市场行业因为自身脆弱，更容易受到冲击。比如政府加强环保政策，一些传统小制造业企业可能因为达不到环保要求就得停产或关闭；税收政策调整也可能增加企业运营成本，让企业的盈利能力大打折扣。

3 资源获取困难

小市场行业就像一个没有魅力的灰姑娘，在资源获取方面困难重重，很难吸引到人才、资金和技术这些王子的青睐。

人才可是企业发展的核心资源，但小市场行业很难留住优秀人才。行业规模小，发展空间有限，那些追求职业发展和成长机会的人才根本看不上。他们更愿意去市场规模大、发展前景好的行业，就像鸟儿都往温暖的南方飞一样，在那里他们能有更多的晋升机会和发展空间。

资金是企业运营和发展的血液，小市场行业的企业在融资方面就像被卡住了脖子。行业市场规模小，发展前景不确定，投资者根本不愿意把钱投进来，企业很难获得足够的资金支持。银行等金融机构在发放贷款时也很谨慎，对小市场行业的企业设置很高的贷款门槛，企业融资渠道就像一条狭窄的小巷，走都走不通。

技术创新是企业保持竞争力的关键，但小市场行业的企业因为资源有限，就像一个没钱没力的穷小子，很难投入足够的资金和人力进行技术研发。

二 市场规模过小的案例

1 某传统手工编织行业创业

小张对手工编织爱得深沉，凭借着精湛的技艺和对传统手工艺的执着，一头扎进了手工编织行业。他创立了一家专门做手工编织饰品和家居用品的企业，产品像精美的围巾、披肩、靠垫等，每一件都融入了他独特的设计理念和精湛技艺，就像他的孩子一样。

创业初期，小张信心满满，觉得自己的产品肯定能在市场上闯出一片天。可现实就像一盆冷水，把他的热情浇灭了。手工编织行业市场规模小，潜在客户有限，他的企业订单少得可怜，常常好长时间都接不到订单，生产经营就像一辆没油的车，只能停在那里。为了维持企业运转，小张只能降低产品价格来吸引客户，可这样一来，利润空间就被压得扁扁的，企业根本赚不到什么钱。

为了拓展市场，小张想尽办法。他积极参加各类手工艺品展览和展销会，就像一个推销员，希望能吸引更多客户。可手工编织行业在整个市场中份额太小，这些展览和展销会的关注度不高，来参观和购买的客户没几个，效果不佳。他也尝试通过线上平台销售，开淘宝店铺、在社交媒体上推广，可线上市场竞争太激烈，手工编织产品就像大海里的一滴水，搜索排名靠后，根本得不到足够的曝光量和流量。

2　小众地方特色餐饮创业

小李来自一个有独特地方美食文化的小镇，他觉得家乡的美食就像一颗被埋没的明珠，有独特的风味和魅力。于是，他在大城市开了一家专门经营家乡特色美食的餐厅，想把家乡美食推广给更多人。餐厅开业初期，凭借独特的口味和新鲜的食材，吸引了当地居民和游客，生意还挺红火。

可好日子没过多久，餐厅的客流量就像退潮的海水，越来越少。这种小众地方特色美食受众群体小，很多消费者对它的口味和风格不熟悉，根本不想尝试。餐厅位置还比较偏僻，周边人流量有限，很难吸引到足够的潜在客户。而且餐厅只专注于单一的地方特色美食，菜品种类少，就像一个只有一道菜的菜单，很难满足不同消费者的多样化需求，客户自然就流失了。

为了改善经营状况，小李想了不少办法。他重新装修餐厅，提升环境和服务质量，希望用良好的用餐体验吸引客户。他也推出了一些优惠活动和套餐，就像撒网捕鱼，想吸引消费者的注意。可这些措施就像隔靴搔痒，没从根本上解决问题，餐厅经营还是困难重重。因为客流量不足，餐厅运营成本居高不下，入不敷出的情况越来越严重，最后只能无奈倒闭。

总结：尽量避开规模过小的行业

市场规模过小的行业就像一个陷阱，企业在里面发展空间受限，很容易碰到增长的天花板，规模扩张和业务拓展就像空中楼阁。就像传统手工编织行业和小众地方特色餐饮行业的创业案例，企业订单不足、利润微薄，发展举步维艰。

小市场行业抗风险能力弱，在经济波动、政策变化、行业变革等外部冲击下，就像脆弱的玻璃，一碰就碎，企业很难生存。资源获取困难也是小市场行业的大问题，人才、资金和技术这些关键资源都不愿意来，企业的发展和创新能力就像被捆住了手脚，根本施展不开。所以，创业者们一定要避开规模过小的行业，选择一片广阔的市场蓝海，让自己的创业之船乘风破浪，驶向成功的彼岸。

第14坑　非刚需

在我们的日常生活中，除了柴米油盐这些刚需产品外，还有一类非刚需产品或服务，它们像生活中的调味剂，为我们带来别样的体验。想象一下，那些高端定制的奢侈品，就像璀璨夜空中独特的星星，散发着与众不同的光芒，满足着人们对品质和独特性的追求；小众兴趣爱好相关的产品，比如手工制作的模型，每一个细节都蕴含着创作者的心血，是爱好者们的心头好；特定风格的艺术画作，仿佛一扇通往不同世界的窗户，让人沉浸在艺术的氛围中；还有部分娱乐服务，如主题沉浸式戏剧表演，能让观众仿佛穿越到另一个时空。

随着社会经济的发展和消费者需求的日益多样化。一方面，有些非刚需产品或服务凭借独特的创意、精准的市场定位和有效的营销策略，在这个舞台上大放异彩。就拿一些主打个性化设计的小众美妆品牌来说，它们就像时尚界的小精灵，通过社交媒体营销，在年轻消费群体中获得了较高的人气和市场份额。

然而，另一方面，也有不少非刚需产品或服务在这个舞台上遭遇了挫折。有些产品对市场需求判断失误，就像在迷雾中迷失方向的船只；产品定位不准确，就像穿错了鞋子，怎么走路都不舒服；营销手段不当，就像不会唱歌的歌手，很难吸引观众的目光。最终，它们面临着市场接受度低、销售困难等问题，甚至不得不黯然退场。曾经一些试图开拓新消费场景但未被市场认可的智能穿戴设备，就像勇敢却选错战场的战士，只能遗憾地离开。

一　非刚需产品或服务面临的挑战

1　需求不稳定

非刚需产品或服务的需求就像调皮的孩子，总是让人捉摸不透。它受到多种因素的影响，比如消费者的收入水平、消费观念、社会文化环境、经济形势等。在经济形势好、消费者信心高的时候，非刚需产品或服务的需求可能会像春天的花朵一样绽放；但一旦经济形势出现波动，消费者对未来经济预期不乐观，他们就会像守财奴一样，优先削减非刚需消费。消费者的兴趣和偏好也像多变的天气，说变就变。以时尚潮流产品为例，它们的流行周期就像流星划过夜空一样短暂，一旦消费者的审美观念发生变化，某一时尚单品的市场需求可能就会迅速萎缩。

2　营销难度大

由于非刚需产品或服务不是消费者日常生活所必需的，消费者对它们的关注度和购买意愿相对较低。这就好比在茫茫人海中寻找一个特定的人，企业需要想办法吸引消费者的注意力，激发他们的购买欲望。与刚需产品或服务相比，非刚需产品或服务的营销需要更加注重情感共鸣、价值传递和个性化沟通。企业要像侦探一样深入了解目标消费者的需求、兴趣和价值观，通过精准的市场定位和富有创意的营销策略，将产品或服务的独特价值与消费者的需求紧密结合起来，才能引起消费者的关注和兴趣。然而，这并不是一件容易的事情，需要企业具备强大的市场洞察能力、营销策划能力和品牌建设能力。而且，非刚需产品或服务的营销渠道和方式也相对有限，传统的广告宣传方式就像过时的老古董，往往难以取得理想的效果，企业需要不断探索新的营销渠道和方式，如社交媒体营销、内容营销、体验式营销等。

3 消费者认知和接受度低

由于非刚需产品或服务具有创新性和独特性，消费者对它们的功能、价值和使用方法可能缺乏了解，就像面对一本天书一样困惑。特别是一些新兴的非刚需产品或服务，在市场推广初期，往往需要花费大量的时间和精力来教育消费者，提高他们的认知水平和接受度。智能家居产品在刚进入市场时，许多消费者对其功能和操作方式并不熟悉，担心使用不便或存在安全隐患，导致市场接受度较低。为了提高消费者的认知和接受度，企业需要像耐心的老师一样，加强产品宣传和推广，通过举办产品体验活动、发布详细的产品介绍和使用教程、提供优质的售后服务等方式，让消费者更好地了解产品或服务的价值和优势，从而逐渐消除他们的疑虑和担忧。

二 熊猫不走：非刚需创业的覆灭

熊猫不走是一家以"不仅卖蛋糕，更是送快乐"为理念的蛋糕品牌，成立于 2017 年。它的商业模式就像一场有趣的魔术表演，全直营、线上下单、专人配送，还在送蛋糕环节安排熊猫角色，为顾客提供舞蹈、魔术、互动游戏等表演，打造生日"社死"现场，旨在为顾客带来独特的生日体验。凭借这种创新的服务模式，熊猫不走迅速在市场上走红，就像一颗突然升起的新星，获得了大量的关注和用户。品牌还获得了资本的青睐，成功融资三轮，投资方包括头头是道、IDG 资本和 XVC。它的业务快速扩张，拥有超过 2000 万的私域用户，复购率高达 50% 以上。

然而，熊猫不走的辉煌并没有持续下去。它的产品本质上属于非刚需产品，蛋糕主要在生日等特定场合购买，消费频率较低。随着市场竞争的加剧，越来越多的品牌开始模仿熊猫不走的模式，市场竞争就像一场激烈的拳击比赛，而熊猫不走缺乏强大的护城河，生日氛围表演的门槛较低，很难维持竞争优势。2021年，熊猫不走的订单量开始出现下滑迹象。负面事件也对品牌形象造成了严重打击。2023年的"3·15"事件中，熊猫不走被质疑存在生产日期造假、食品安全等问题，还被曝光存在影子店铺现象，消费者在网上下单却找不到门店，这些问题就像一颗重磅炸弹，严重损害了品牌的信誉和形象。此外，熊猫不走过度依赖特定的消费场景，主要客群集中在二、三线城市，且依赖上门服务。随着年轻化的连锁餐饮品牌进入下线城市，以及三、四线城市烘焙店的兴起，熊猫不走的稀缺性逐渐被稀释。最终，熊猫不走资金链断裂，创始人杨振华在给员工的道歉信中提到，盲目乐观、决策失误以及对市场的错误判断，导致公司资金链断裂、欠薪、负债、停业及其个人破产。

总结：非刚需产品或服务市场机遇与挑战并存

消费升级、个性化需求增长、技术创新和社交媒体发展带来了机遇，但需求不稳定、竞争激烈、营销难度大以及消费者认知和接受度低等问题也构成了挑战。为了应对这些挑战，企业在产品策略上应像寻宝者一样挖掘小众需求、注重创新和提升品质；营销策略上可利用社交媒体、提供个性化服务和打造品牌文化；风险管理策略方面需关注市场动态、控制成本和实现多元化发展。只有这样，企业才能在非刚需产品或服务市场中杀出一条血路。

第15坑 低复购

选择何种商业模式和业务类型至关重要。低复购率的产品或服务，却是一条布满荆棘的艰难创业之路。

低复购率的生意，就像一位神秘的客人，来了可能就不再回头。它通常是一次性交易，消费者买了之后，可能很久都不会再买，甚至一辈子就买这一次。大型机械设备销售，企业可能数年、数十年才换一次设备；高端定制的奢侈品，消费者购买频率低得可怜。在如今竞争白热化、市场变幻莫测的时代，低复购率生意的日子可不好过。市场上的竞争对手如雨后春笋般冒出来，消费者的选择多得让人眼花缭乱，低复购率生意想找新客户就像在茫茫大海里捞针。而且，消费者的需求越来越个性化，他们对产品和服务的要求也水涨船高，低复购率生意很难通过和客户保持长期关系来了解他们的心思，自然也就难以满足他们不断变化的期望。

一 低复购率生意失败的病根

1 客户获取与留存：难如登天

低复购率生意在找客户这件事上，简直比登天还难。因为客户买得少，企业没办法靠老客户的回头生意来维持业务，只能不停地去挖掘新客户。可获取新客户的成本高得离谱。房地产行业就是个典型例子，开发商要在电视、报纸、网络等媒体上砸大量的钱做广告，还得举办房产展销会，再加上组建专业的销售团队去拓展客户，成本像雪球一样越滚越大。而且现在的消费者对房产信息了解得越来越多，变得精明又谨慎，房产企业想吸引他们，那难度可真是与日俱增。

在留住客户方面，低复购率生意同样是泥菩萨过河——自身难保。因为客户买得少，企业和客户互动的机会也少，很难和客户建立起深厚的感情。客户买完东西后，很长时间都不会再来，企业想跟进、维护客户关系都没机会。而且，客户在不同阶段有不同的需求，低复购率生意却没办法及时提供相应的产品或服务，客户自然就会投入竞争对手的怀抱，导致客户大量流失。

2　营销与运营成本：居高不下

低复购率生意的营销成本就像坐火箭一样噌噌往上涨。因为客户买得少，企业就得不停地搞大规模的营销活动来吸引新客户。中药奶茶店开业的时候，又是在社交媒体上打广告，又是请网红打卡，还举办线下促销活动，投入了大量资金。可这些活动的效果就像一阵风，说走就走，活动一停，客流量和销售额马上就下降。而且，低复购率生意的目标客户群体比较窄，企业得精准定位客户，这就需要做更深入的市场调研和分析，营销成本又增加了。

在运营方面，低复购率生意也是状况百出。它的运营效率很低，客户购买不连续，企业的生产和服务很难形成规模效应。生产大型机械设备的企业，订单少而且不规律，生产设备和人员经常闲着没事干，既浪费资源，又增加成本。库存管理也是个大难题，企业很难准确预测客户的购买时间和数量，要么库存积压，占着大量资金，增加仓储成本；要么缺货，把客户气跑了，还影响企业的声誉。

3　市场变化与竞争：无力招架

低复购率生意面对市场变化时，就像个没头苍蝇，不知道该往哪儿飞。市场需求一直在变，消费者的喜好和购买行为也在跟着变。但低复购率生意因为和客户互动少，很难及时了解市场变化和客户需求。这就导致企业在产品创新和服务升级方面总是慢半拍，跟不上市场的节奏。当市场上出现新的竞争对手或者新的消费趋势时，低复购率生意的企业往往来不及调整战略，只能眼睁睁地看着市场份额被别人抢走。

在激烈的市场竞争中，低复购率生意更是毫无优势可言。竞争对手不断推出新产品、优化服务、降低价格来吸引客户，低复购率生意的企业却因为自身业务的限制，没办法和人家竞争。在大家电市场，竞争对手不断推出智能家电、节能环保家电等新产品，吸引了大批消费者。而一些低复购率的大家电企业因为研发投入不足，只能眼巴巴地看着自己的市场份额被蚕食。而且，低复购率生意的企业客户基础不稳定，面对竞争对手的价格战等手段，根本没有足够的抗风险能力，很容易陷入困境。

二　县城零食量贩店：竞争与复购的双重绞索

近年来，零食量贩店在县城市场如雨后春笋般冒出来，成了零食零售行业的新势力。它们靠着丰富的产品种类和相对较低的价格，吸引了不少消费者，尤其是年轻人。安徽中部某县城的"90后"王杰，2023年初开了县里第一家零食量贩店。店铺位置选得好，在居民区和商业街交界处，面积有170平方米。开业首月销售额相当可观，客单价也比便利商超高很多，还创造了5个就业岗位，不到一年就回本了，看起来前景一片光明。

可好日子没过多久，随着零食量贩店模式在县城走红，越来越多的创业者看到了商机，纷纷加入这个赛道。从2023年年中开始，王杰所在街道陆续新开了好几家零食量贩店，到年底方圆两公里内就有4家。新店开业的酬宾打折活动引发了激烈的价格战，县城的消费者对价格特别敏感，这可苦了王杰，他的店利润大幅下滑。2024年春节本是零食销售的旺季，可他的店铺收益却很差，最后为了止损，只能转让店铺。

在赣南小镇，30岁的朱彦加盟了某零食店。但乡镇市场的消费者主要是中老年农村人口和受家长限制消费的学生，购买力不强，而且复购率低，朱彦的店铺经营得举步维艰。很多消费者去量贩零食店就是为了买价格便宜的品牌商品，可品牌商品在销售收入中占比只有20%~25%，毛利率还不到10%，零食量贩店的盈利主要靠白牌称重商品。然而，随着消费者对这种经营模式越来越了解，他们购买时变得更加谨慎，对价格和品质的要求也更高了。部分加盟商还发现公司白牌备货价有时虚高，这进一步压缩了利润空间。

随着市场竞争的加剧和消费者购买倾向的变化，县城零食量贩店的日子越来越不好过。激烈的价格战让利润空间越来越小，商家为了吸引消费者只能不断降价，赚钱变得越来越难。消费者复购率的下滑，又让店铺很难维持稳定的客源和销售额。

总结：谨慎选择低复购率的创业项目

低复购率生意有着客户购买频率低、依赖新客户、现金流不稳定等特点，失败的原因主要是客户获取与留存难、营销与运营成本高、应对市场变化和竞争无力等。所以啊，创业者们在选择低复购率生意时，可得慎之又慎，不然一不小心就可能掉进坑里啦！

第16坑　定价权

产品或服务的定价权犹如一把关键钥匙，深刻影响着企业的生存与发展，也在宏观层面左右着行业的格局与走向。对于那些没有定价权的产品或服务而言，其面临的市场环境更为复杂和严峻。

一　没有定价权的产品或服务的特点

1　市场表现

没有定价权的产品或服务在市场上往往表现出价格波动较大且缺乏稳定性的特点。由于其价格主要由市场供求关系决定，一旦市场供求状况发生变化，价格就会迅速做出反应。例如，在农产品市场，当某一年度某种农产品丰收，市场供应量大幅增加时，价格往往会大幅下跌；而当遭遇自然灾害导致产量减少时，价格则会急剧上涨。这种价格的大幅波动使得企业难以准确预测市场价格，增加了经营风险。

消费者对这类产品或服务的价格敏感度较高。由于产品或服务同质化严重，消费者在选择时往往更注重价格因素，哪家企业的价格更低，就更有可能吸引消费者购买。这使得企业在市场竞争中不得不通过降低价格来吸引客户，进一步压缩了利润空间，形成了价格竞争的恶性循环。

2 竞争格局

在没有定价权的产品或服务市场中,竞争格局通常呈现出高度分散和激烈的特点。大量的企业或生产者参与市场竞争,它们之间的产品或服务差异较小,缺乏明显的竞争优势。例如,在我国的小五金制造行业,存在着众多的小型企业,产品同质化严重,市场竞争激烈。企业为了争夺市场份额,往往采取低价竞争策略,导致整个行业的利润水平较低,企业的生存和发展面临较大挑战。

企业的进入和退出壁垒较低。由于这类产品或服务的生产技术相对简单,资金需求较小,新企业容易进入市场参与竞争。同时,当市场竞争激烈,企业盈利能力下降时,也容易选择退出市场。这种频繁的企业进入和退出,使得市场竞争更加不稳定,企业难以建立长期稳定的竞争优势。

3 市场实际情况

像萝卜、白菜这类农产品,处于完全竞争的市场结构中。市场上存在着大量的生产者和消费者,产品高度同质化,单个生产者或消费者对价格的影响力微乎其微。众多菜农种植的白菜在品质、外观等方面差异不大,菜农只能被动接受市场形成的价格,无法凭借自身力量提高白菜价格以获取更高利润。在这种市场中,生产者众多且分散,没有任何一个生产者能够控制产量或影响市场价格,产品价格完全由市场供求关系决定。

大宗商品领域同样如此,如钢铁、煤炭等,呈现出全球市场一体化的显著特征。国际上,钢铁和煤炭的期货和现货市场紧密相连,形成了全球统一的价格体系。

二 案例：钢铁企业定价权缺失

1 钢铁市场定价机制

钢铁市场的定价机制较为复杂，主要包括期货定价和现货定价两种方式。期货定价是基于期货市场的交易形成的价格。在期货市场中，参与者通过对未来钢铁市场供求关系、宏观经济形势、政策变化等因素的预期，进行买卖交易，从而形成期货价格。期货价格具有前瞻性和权威性，能够反映市场对未来钢铁价格的预期，对现货市场价格有着重要的引导作用。例如，上海期货交易所的螺纹钢期货价格，是国内钢铁市场的重要参考价格之一。许多钢铁企业和贸易商在进行现货交易时，会参考螺纹钢期货价格来确定现货价格。

现货定价则是在现货市场上，根据实际的供求关系、成本因素、市场竞争状况等确定的价格。在现货市场中，钢铁的价格受到多种因素的影响。生产成本是决定现货价格的基础，包括铁矿石、焦炭等原材料成本，以及能源成本、劳动力成本等。供求关系是影响现货价格的直接因素，当市场供大于求时，现货价格往往会下降；当市场供不应求时，现货价格则会上涨。市场竞争状况也会对现货价格产生影响，在竞争激烈的市场环境下，企业为了争夺市场份额，可能会降低价格。

此外，钢铁市场的定价还受到国际市场价格的影响。随着全球经济一体化的发展，钢铁市场呈现出国际化的趋势，国际钢铁价格的波动会通过贸易、汇率等渠道传导到国内市场，影响国内钢铁价格的走势。

2 影响

定价权缺失对钢铁企业产生了多方面的影响。

利润空间被压缩：由于铁矿石价格上涨和国际市场价格波动的影响，钢铁企业的生产成本上升，而产品价格却难以同步提高，导致利润空间被严重压缩。许多钢铁企业面临着亏损的困境，影响了企业的生存和发展。

市场竞争力下降：在国际市场上，在与国际竞争对手的价格竞争中处于劣势，市场份额受到挤压。同时，由于成本压力，企业在技术创新、产品升级等方面的投入也受到限制，进一步削弱了企业的市场竞争力。

行业发展不稳定：价格的大幅波动和定价权的缺失，使得钢铁行业的发展面临较大的不确定性，不利于行业的长期稳定发展。企业难以制订合理的生产和投资计划，市场资源配置也受到影响。

总结：谨慎进入没有定价权的业务

没有定价权的产品或服务在市场竞争中面临诸多挑战。在市场表现方面，价格波动大且不稳定，消费者价格敏感度高，这使得企业难以通过价格策略获取稳定的利润。在竞争格局上，呈现高度分散和激烈的态势，企业进入和退出壁垒低，市场竞争缺乏稳定性。

第 17 坑　护城河

在当今科技飞速发展、市场开放、政策支持的环境下，创业门槛降低，但竞争也越发激烈。若缺乏竞争壁垒和护城河，创业企业极易在市场中折戟沉沙。

一　生意壁垒和护城河的构成要素

1　技术壁垒：创新与保护的双保险

技术创新是企业获取竞争优势的关键。在科技日新月异的当下，拥有先进技术的企业能开发出更具竞争力的产品或服务，以满足消费者不断变化的需求。而且，技术壁垒可通过专利保护、技术秘密等方式，阻止竞争对手模仿抄袭。例如华为，在通信技术领域拥有大量专利，其 5G 技术领先优势让对手短期内难以追赶，为其在全球通信市场赢得巨大竞争优势。

2　品牌壁垒：时间沉淀的价值堡垒

品牌壁垒是企业长期经营积累的品牌价值和影响力。强大的品牌能在消费者心中树立良好形象，增强信任和忠诚度。新品牌要获得消费者认可，需投入大量时间和资金进行品牌建设与市场推广。像可口可乐，作为全球知名饮料品牌，其品牌价值深入人心，消费者选择饮料时往往优先考虑，其他饮料品牌很难与之竞争。

3　规模壁垒：经济效益的竞争利器

规模壁垒体现在规模经济和范围经济两方面。规模经济使企业生产规模扩大时单位成本降低，在价格上更具优势；范围经济则通过多元化经营，实现资源共享和协同效应，降低成本、提高效率。例如亚马逊，庞大的用户基础和丰富的产品线实现了规模经济和范围经济。它通过大规模采购和物流配送降低成本，还通过提供云计算、广告等增值服务多元化发展，提高盈利能力和竞争力。

4　成本壁垒：低价策略的坚强后盾

企业可通过优化生产流程、降低原材料采购成本、提高生产效率等方式降低产品或服务成本，从而在价格上具有竞争优势。成本壁垒能让企业采取低价策略吸引消费者，从而提高利润空间。富士康作为全球最大电子代工厂商之一，通过大规模生产和精细化管理降低成本，以低价提供电子产品代工服务，在电子代工市场占据重要地位。

5　客户转换成本壁垒：留住客户的有力屏障

消费者从一个企业的产品或服务转换到另一个企业时面临的时间、金钱、心理等成本，构成了客户转换成本壁垒。当转换成本较高时，消费者更倾向于继续使用原企业产品或服务。一些企业通过提供个性化服务、建立客户关系管理系统等提高客户转换成本，增强忠诚度。银行要求客户提供大量个人信息，客户转换银行需重新提供，增加了转换成本，使其更倾向于继续使用原银行服务。

二 H 连锁小酒馆的困境

1 发展历程与现状

H 连锁小酒馆 2009 年创立，起初针对留学生和外国人，后定位二三十岁年轻人。凭借 10 元一瓶啤酒的低价策略迅速走红，门店不断扩张，2021 年在港股上市，成为小酒馆第一股。然而近年来困境重重，2023 年门店数量从 767 家减至 479 家，同比下降 37.55%，与上市时计划的 2200 家相去甚远。2023 年营收同比减少 22%，达 12.09 亿元，虽净利润扭亏为 1.81 亿元，但下半年营收同比减少 27.51%，仅 4.99 亿元，不及市场预期。

2 独特商业模式

一是低价走量，酒水单价不超 10 元，人均消费 60～70 元，吸引年轻消费群体尤其是学生党；二是以自有品牌饮品为主，自有品牌酒饮收益占总销售酒饮收益七成左右，通过与第三方厂商直接合作生产拿货降低成本、控制价格、保证品质；三是选址精准，瞄准高校附近和年轻客户集中的优质商业地区，获得稳定客流并维持低价策略；四是注重营销，通过社交媒体平台累积粉丝超 570 万，话题视频播放量超 10 亿次，还与高校合作赞助活动，提升品牌知名度和客户黏性。

3 竞争壁垒与护城河

H 连锁小酒馆的竞争壁垒和护城河相对薄弱。产品方面，酒水产品价格亲民但口味和品质无独特竞争优势，市场类似低价酒水随处可见；品牌方面，主要靠低价吸引消费者，品牌形象单一，缺乏深厚文化内涵和品牌忠诚度，消费者多因价格选择而非对品牌强烈认同；运营模式方面，标准化运营虽有助于门店扩张，但易被模仿，其他小酒馆品牌可复制其模式抢占市场份额。

4 面临的竞争威胁

随着小酒馆赛道火热，竞争激烈。传统酒吧和酒馆调整经营策略争夺市场份额，它们有丰富经验和稳定客户群体，在酒水品类、服务质量和消费氛围等方面有优势。新兴小酒馆品牌不断涌现，通过创新产品、独特营销手段和差异化定位吸引消费者，如主打精酿啤酒、特色鸡尾酒或打造音乐、文化等主题氛围。啤酒大厂也入局小酒馆领域，凭借强大品牌影响力、完善供应链体系和雄厚资金实力，给他们带来巨大竞争压力。

5 案例启示

H连锁小酒馆的案例揭示了缺乏壁垒和护城河的企业在市场竞争中的困境。因其缺乏独特竞争优势，难以抵御竞争对手冲击，市场份额被挤压，经营业绩下滑。这警示创业者选择创业项目时要充分考虑竞争壁垒和护城河，避免进入易被模仿、缺乏核心竞争力的行业。创业者应寻找有独特价值和竞争优势的机会，通过创新产品、优质服务、强大品牌建设和高效运营管理构建坚固竞争壁垒和护城河，应对市场挑战，实现企业可持续发展。

总结：高度重视生意壁垒和护城河

创业者选择创业项目时要深入研究市场需求和竞争态势，寻找独特价值和竞争优势的机会，避免盲目跟风。创业过程中，注重技术创新和研发投入，推出创新差异化产品或服务，加强专利保护。品牌建设是长期战略，要明确品牌定位，塑造独特形象，通过优质产品和服务提升知名度和美誉度，开展营销活动培养消费者忠诚度。同时注重成本控制和规模经济，优化流程、降低成本、提高效率，发展到一定阶段扩大规模、拓展市场，增强企业竞争力。

第 18 坑　高溢价

高毛利行业就像闪闪发光的宝藏，吸引着无数创业者前赴后继。医药、互联网、高端制造业这些领域，凭借研发成本高、技术壁垒强等特点，有着较高的毛利水平，让创业者们看到了快速盈利和实现商业梦想的希望。然而，在高毛利行业中，高溢价定价法这个策略却充满了争议。

一　高溢价定价法的弊端

1　市场份额受限

高溢价定价就像一道高高的门槛，把很多消费者挡在了门外。产品价格超出了大多数人的心理预期和承受能力，大家自然就会去找价格更亲民的替代品。就拿智能手机市场来说，苹果手机一直走高端路线，价格不菲。虽然它在技术、设计和用户体验方面有优势，但很多消费者还是觉得太贵了。这时，小米、华为等国产手机品牌推出高性价比的产品，迅速抢占了市场份额。苹果手机的全球市场份额近年来一直在下降，而小米、华为的份额却不断上升。

竞争对手的低价策略也让高溢价定价的企业很头疼。在共享充电宝市场，街电一开始定价较高，后来小电、怪兽等竞争对手推出低价策略，吸引了大量用户，街电的市场份额被严重挤压，优势不再。低价策略既能吸引对价格敏感的消费者，还能提高品牌知名度和用户黏性，让高溢价定价的企业在市场竞争中处于被动。

2　消费者信任危机

高溢价定价容易让消费者对产品的性价比和价值产生怀疑。当大家觉得产品价格虚高，和实际价值不匹配时，就会不信任这个品牌，甚至觉得企业在宰客。钟薛高就是一个典型的例子，一支雪糕卖几十元，引发了消费者的广泛质疑。后来又被曝光存在质量问题，品牌形象一落千丈。消费者一旦对品牌失去信任，不仅自己不再购买，还会向身边的人吐槽，影响品牌口碑。而且，消费者对品牌不信任，对企业推出的新产品也会很谨慎，这对企业的长期发展非常不利。

3　竞争压力加剧

高溢价定价带来的高额利润就像一块大蛋糕，吸引着众多竞争对手进入市场。这些新对手会采用低价或差异化策略来争夺市场份额。在共享充电宝市场，当一些品牌定价高时，其他竞争对手就推出低价产品，让高溢价品牌压力山大。在智能手机市场，除了价格竞争，各品牌还在拍照功能、屏幕显示、电池续航等方面进行差异化竞争。高溢价定价的智能手机品牌不得不不断提升产品竞争力，应对挑战。

4　行业可持续发展受阻

高溢价定价对行业的可持续发展也有负面影响。一方面，它阻碍了技术创新。企业靠高价格就能获得高额利润，就没有动力去创新了，可能会把更多资源投入营销和品牌推广上，导致整个行业技术水平停滞不前。在一些传统制造业中，部分企业长期依赖高溢价定价，不进行技术升级和创新，最终失去市场竞争力。另一方面，高溢价定价破坏了市场生态。过高的价格让产品价格与价值背离，资源配置不合理，还可能引发不正当竞争行为，影响行业健康发展。

二 J生物科技企业：高溢价定价下的增长困境

1 公司及行业背景

J生物科技企业是重组胶原蛋白领域的领军企业，凭借技术突破开发出一系列高附加值产品，其品牌在敏感肌修复市场表现出色。但随着市场发展，行业竞争日益激烈，其他企业也纷纷进入，推出有竞争力的产品。而且，消费者对产品品质、功效和安全性要求更高，更注重性价比，这对J生物科技企业的高溢价定价策略构成了挑战。

2 高溢价定价策略实施

J生物科技企业一直采用高溢价定价策略，产品价格普遍高于同类竞品。以其重组胶原蛋白敷料为例，售价明显高于其他同类产品。J生物科技企业这么定价主要是因为自己有品牌影响力、产品技术优势，并且目标客户群体是对品质和效果要求高、对价格相对不敏感的中高端消费者。这种策略在一定时期内让J生物科技企业赚得盆满钵满，但随着市场变化，问题也逐渐显现。

3 高溢价定价的问题与挑战

高溢价定价让J生物科技企业的盈利能力下滑。虽然毛利率一直保持在80%以上，但净利率从2021年的53.34%降到了2024年上半年的38.33%。这是因为高溢价抑制了市场需求，产品销量增长缓慢，企业为了维持市场份额加大营销投入，销售费用大幅增加。

市场份额也受到威胁。竞争对手推出性价比更高的产品，吸引了很多对价格敏感的消费者。在电商平台上，同类竞品的销量逐渐超过了J生物科技企业的产品，对其市场地位构成严重威胁。

高溢价还引发了消费者的质疑。在功能性护肤品市场，消费者越来越关注性价比，而J生物科技企业的产品价格过高，让消费者觉得不划算。一些消费者在社交媒体上吐槽，这不仅影响了品牌形象，还可能导致潜在客户流失。

总结：高溢价定价策略不可取

　　高溢价定价法在市场份额、消费者信任、竞争压力和行业可持续发展等方面都存在严重问题。它让产品价格超出消费者承受范围，抑制市场需求；引发消费者信任危机，损害品牌形象；吸引竞争对手进入，加剧竞争压力；阻碍行业技术创新，破坏市场生态。所以，高溢价定价策略并不是一个明智的选择，企业在制定价格策略时，还是要多考虑消费者的需求和市场的实际情况。

第 19 坑　高杠杆

创业者们都怀揣着成功的梦想，渴望借助高杠杆这把利剑，迅速扩大企业规模，抢占市场份额。从房地产行业的大规模借贷开发，到互联网金融领域的激进扩张，高杠杆的身影无处不在。然而，这种看似诱人的创业模式，实则隐藏着巨大的风险。

一　高杠杆创业项目为何难以持续

1　市场波动的放大效应

在市场的海洋中，高杠杆企业就像一艘超载的船，在波涛汹涌中艰难前行。市场充满了不确定性，经济形势变化、政策法规调整、消费者需求转变、竞争对手策略变动等，都可能引发市场波动，而高杠杆企业对这些波动的敏感度极高。

当市场需求下滑，高杠杆企业的产品或服务销量减少，销售收入大幅下降。但企业背着沉重的债务，要按时支付高额利息和本金，利润空间被急剧压缩。即使市场需求只是轻微波动，在高杠杆的作用下，企业利润变化幅度也会被数倍放大。比如，市场需求下降 10%，正常杠杆企业利润可能下降 20%，高杠杆企业利润则可能下降 50% 甚至更多，面临严重亏损风险。

市场价格波动对高杠杆企业冲击也很大。以房地产行业为例，房价下跌会使企业房产资产价值缩水，销售收入减少，但债务规模不变，资产负债率上升，财务状况恶化。若房价持续下跌，企业可能资不抵债，最终破产清算。

市场竞争加剧同样是高杠杆企业的挑战。为争夺市场份额，企业要加大投入进行产品研发、市场推广和价格竞争，这对高杠杆企业来说，无疑是雪上加霜。如果竞争失败，市场份额被抢，销售收入达不到预期，企业就难以偿还债务，陷入财务危机。

2　资金流动性风险

资金流动性是企业的生命线，高杠杆企业在这方面压力巨大。高杠杆意味着企业有大量债务，本金和利息需按时偿还，这对资金回笼速度要求极高。一旦资金回笼出问题，企业就可能资金链断裂，陷入绝境。

应收账款回收困难是常见问题。市场竞争激烈，企业为促进销售采用赊销方式，应收账款规模扩大。但因客户信用不佳、市场环境变化等，部分账款可能无法收回，形成坏账。这导致企业资金被大量占用，无法及时偿债和维持生产经营。

存货积压也影响资金流动性。高杠杆企业为扩张规模盲目增加生产，导致存货积压。存货占用大量资金，增加仓储和管理成本，还使资金周转变慢。若存货无法及时销售，资金无法回笼，资金流动性紧张局面加剧。

高杠杆企业债务到期时，若无法筹集足够资金偿还，就会发生债务违约。这不仅会面临高额罚息和违约金，还会损害信用评级，导致后续融资门槛提高、成本增加。银行可能收紧信贷政策，投资者可能撤资，企业融资渠道受阻，资金流动性问题恶化。

3　过度依赖外部融资

高杠杆创业企业往往过度依赖外部融资来维持运营和扩张，这带来诸多风险，影响企业自主性和稳定性。

过度依赖外部融资会增加财务风险。外部融资需支付利息或股息，增加财务成本。随着债务规模扩大，偿债压力增大。一旦市场环境变化，如利率上升、融资渠道收紧，企业可能无法按时偿债，引发财务危机。比如经济下行时，利率上升，企业贷款利息支出增加，销售收入可能下降，财务状况急剧恶化。

过度依赖外部融资还限制企业发展自主性。融资时，企业需满足投资者或债权人要求，这可能影响战略决策和经营管理。投资者可能关注短期利益，要求企业采取短期行为，损害长期发展潜力。债权人可能限制资金使用，使企业资金调配缺乏灵活性，无法及时应对市场变化。

当市场环境变化或企业经营出现问题时，外部融资难度增加。金融机构和投资者评估融资申请时会更谨慎，若企业信用评级下降、财务状况不佳或市场前景不明朗，金融机构可能拒绝贷款，投资者可能撤资。企业资金链面临断裂风险，生产经营难以为继。

4 缺乏核心竞争力的盲目扩张

缺乏核心竞争力的高杠杆创业企业盲目扩张，往往面临诸多风险，最终可能走向失败。

核心竞争力是企业在市场竞争中脱颖而出的关键，包括独特技术、优质产品或服务、高效管理团队、良好品牌形象等。缺乏核心竞争力的企业在市场上处于劣势，产品或服务认可度低，盈利能力弱。但一些高杠杆创业企业为追求规模扩张和短期利益，忽视核心竞争力培养，盲目进入新领域或扩大生产规模。

盲目扩张导致企业资源分散。企业资源有限，盲目进入多个不相关领域，资源分散到各个业务板块，无法集中发展核心业务。每个业务板块都需大量投入，企业在各领域都难以形成竞争优势，无法获得足够市场份额和利润。

缺乏核心竞争力，企业市场份额难以保障。进入新市场或扩大规模后，面临更激烈的竞争。若没有独特优势，产品或服务可能滞销，销售收入达不到预期。企业为维持运营加大投入，增加债务负担，形成恶性循环。一旦市场环境变化，企业市场份额可能迅速被抢占，陷入经营困境。

高杠杆企业盲目扩张时，对新领域了解不足，可能做出错误决策。投资新项目时，若未充分考虑市场需求、技术更新、政策法规等因素，项目可能无法盈利甚至亏损。这些错误决策浪费资源，加重债务负担，最终导致企业资金链断裂，走向破产。

二 L视频网站：互联网行业高杠杆崩塌

L视频网站2004年以视频网站业务起家，凭借丰富版权内容和独特运营模式在互联网视频行业崛起。2010年，L视频网站提出生态化战略，试图构建涵盖视频内容、智能硬件、大屏生态、内容生态等多领域的庞大生态系统。

为实现这一战略，L视频网站进行高杠杆资本运作。一方面大量发行股票进行股权融资，在资本市场频繁增发；另一方面大量举债，包括银行贷款、债券发行等，短期和长期借款规模不断扩大，还引入战略投资者获取资金，但这些资金成本高、条件多。

随着战略推进，L视频网站资金需求增加，盈利速度却跟不上投入速度，资金链逐渐紧张。2016年，财务问题暴露，公司巨额亏损，债务总额攀升。

资金链断裂引发业务崩盘的连锁反应。硬件生产受影响，手机和电视生产延迟，供应链出问题，供应商追讨货款，加剧资金紧张。视频内容业务因无法支付版权费用，优质内容流失，用户体验下降，用户数量减少。其他业务板块也因资金短缺无法正常运营。品牌形象受损，投资者信心丧失，股价暴跌，市值大幅缩水。

L视频网站结局惨淡，股票被暂停上市，后终止上市，进入退市整理期。资产逐步清算，员工大量流失，业务几乎停滞。L视频网站的失败给投资者带来巨大损失，也引发了对互联网企业高杠杆扩张模式的深刻反思。

总结：高杠杆创业模式风险巨大

　　它让企业在市场波动中脆弱不堪，资金流动性风险如影随形，过度依赖外部融资增加财务风险、限制发展自主性，缺乏核心竞争力的盲目扩张则会导致企业资源分散、市场份额不保、决策失误，最终走向失败。创业者在追求成功的道路上，一定要谨慎对待高杠杆，切不可盲目冒险。

第 20 坑　先透支

在如今复杂多变的市场环境里，部分企业为了眼前的小蛋糕，不惜拿未来的发展去冒险。这种做法就像走钢丝，不仅让企业自身摇摇欲坠，还影响了整个市场的和谐与稳定。

一　先透支的风险

1　财务风险：资金链上的定时炸弹

企业为了短期利益盲目扩张，就像开快车不看路，很容易让资金链这个发动机出故障。比如教培行业的某企业，为了迅速占领市场，在全国疯狂开校区，大量的钱砸在场地、装修、师资等方面。这些钱很多来自家长们的预收款，结果校区开多了，招生却没跟上，钱花出去收不回来，资金链一下子就断了。多地校区停摆，员工工资发不出，供应商的货款也付不了，企业陷入了死循环。

过度依赖债务融资也会让企业掉进债务违约的大坑。有些企业在房地产市场好的时候，拼命借钱搞开发，结果市场一变，房子卖不出去，钱回不来，债务还不上。违约不仅要交高额的违约金和利息，信用评级也会下降，以后再想借钱就难了，财务状况越来越糟。

还有财务报表失真的问题，就像给企业的体检报告造假。企业为了掩盖高风险行为，或者为了好看的业绩，在报表上动手脚。这不仅会误导投资者和债权人,破坏市场秩序,一旦被发现,企业的声誉就毁了,融资也会受到限制,甚至可能吃官司。

2 市场风险:变幻莫测的风暴眼

市场就像大海,随时都有风浪。企业为了短期利益,只盯着一个市场或产品,就像把所有鸡蛋放在一个篮子里。一旦市场需求变了,比如消费者口味变了,或者市场饱和了,产品就卖不出去,收入就会大幅下降。电子消费品行业就是这样,科技发展快,消费者需求变化也快,如果企业不跟着变,很快就会被市场淘汰。

竞争加剧也是个大麻烦。企业的高风险行为可能在短期内带来优势,但也会吸引更多对手进入市场。就像共享出行市场,早期一些企业靠补贴吸引用户,结果大家都来抢市场,补贴大战越打越凶,成本越来越高,利润越来越薄,很多企业最后都撑不下去了。

客户流失更是企业的心头病。企业因为高风险行为导致经营出问题,比如产品质量下降、服务跟不上,客户就会跑掉。教培行业的机构要是资金链断了,课上不了,老师换得勤,家长和学生肯定不满意,都去别的机构了,企业的收入就没了,还得花更多的钱去拉新客户。

3 法律风险:躲不掉的金箍

企业为了利益违规操作,就像在法律的边缘玩火,很容易引发法律诉讼。有些企业为了降低成本,在产品里偷工减料,用劣质材料,消费者发现了肯定要告,企业不仅要赔大钱,还得花时间精力打官司,正常经营都受影响。

监管处罚也是企业逃不掉的。监管部门会盯着企业的一举一动,企业要是违规了,比如金融企业乱开展业务,教培机构乱收费,就会被罚款、吊销许可证,甚至停业整顿。这不仅让企业损失惨重,声誉也会受损。

声誉受损是个慢性毒药。企业一旦因为违规被曝光,社会公众就会知道,消费者不信任了，合作伙伴也会重新考虑合作。比如某知名企业因为产品质量问题被曝光，消费者都不买它的东西了，市场份额大跌，品牌价值也贬值了。恢复声誉可不是件容易的事，得花很多时间和资源，说不定还恢复不到以前的水平。

二 教培行业：预收款模式下的雷区

1 预收款模式：一把双刃剑

教培行业的预收款模式很常见，就是机构在上课前先收学费。这是因为教培服务是个长期的过程，家长为了孩子能上完课，愿意提前交钱。从财务角度看，预收款一开始不能算收入，得随着课程的进行慢慢变成收入。

预收款模式有好处，能让机构提前拿到钱，有钱搞建设、招老师。但也有风险，如果机构乱花这笔钱，或者经营不好，就没办法给学生上课，家长的钱就打水漂了。而且收入确认和成本匹配也不好处理，可能会让财务报表不真实。

2 T少儿编程机构：盲目扩张的悲剧

作为有名的少儿编程机构，T在全国好多城市都有校区。可到了2024年1月，它却出大问题了，多地校区停摆，总部找不到人，员工工资发不出，家长退费没地方。

主要原因就是预收款用得不对。为了扩大规模，T少儿编程机构把大量预收款花在市场推广和开校区上。结果招生没达到预期，收入上不去，成本却降不下来，资金链就断了。有个校区爆雷前，很多家长交了钱，课却上不了，退费也退不了，只能到处维权。

3　Q国学教育机构：扩张失控的教训

Q国学教育机构在全国很多地方都有分校。但这几年也遇到资金链断裂的危机，学生、家长和员工都很苦恼。

Q国学教育机构为了快速扩张，短时间开了很多新校区，钱都花在场地、装修、招人上，而且这些钱大多来自预收款。市场环境一变，竞争加剧，招生难了，收入少了，成本却降不下来，资金缺口越来越大。员工工资发不出，课也上不了，家长要求退费，机构却拿不出钱，信誉越来越差，经营越来越困难。

总结：高度警惕先透支的业务模式

企业为了短期利益冒险的行为，就像饮鸩止渴，短期内可能有点好处，比如市场份额大了，利润多了。但从长远看，这是给自己挖了个大坑，可能导致企业倒闭。这种行为不仅害了企业自己，也影响了市场秩序和社会稳定。企业还是得眼光放长远，稳稳地走，才能走得长久。

第 21 坑　低门槛

在当今这个多元化的商业世界里，低门槛的生意就像热闹集市里的小摊位，占据着相当大的市场份额。这些生意就像是商业领域的入门级游戏，吸引着众多怀揣创业梦想的人和投资者纷纷入场。它们进入成本低，不需要高深的技术，市场准入限制也少，仿佛是一扇敞开的大门，谁都能轻松跨进去。但别以为这是一条轻松的致富之路，正因为缺乏有效的竞争壁垒，这类生意就像一片拥挤的战场，竞争异常激烈，盈利空间也被严重挤压。

一　低门槛生意的市场众生相

1　竞争激烈：一场没有硝烟的战争

低门槛的生意就像一块香喷喷的大蛋糕，引得大量创业者和投资者趋之若鹜。以餐饮行业为例，那热闹程度就像一场全民参与的美食大作战。企查查数据显示，2023年我国新注册餐饮企业数量达到了110.9万家，同比增长24.5%。这就好比在一条原本宽敞的马路上，突然涌入了无数的车辆，交通一下子变得拥堵不堪。在一些繁华的商业地段，一家挨着一家的餐饮店铺就像一群争奇斗艳的舞者，在菜品、价格、服务等方面展开了激烈的竞争。为了争夺有限的市场份额，商家们不得不使出浑身解数，降价、促销等手段层出不穷，这就导致整个行业的利润率不断下降，就像一场没有尽头的价格战争。

2　同质化严重：千篇一律的无奈

这类生意往往缺乏创新，产品或服务就像一个模子里刻出来的，同质化现象十分突出。就拿烘焙行业来说，大多数烘焙店的产品种类、口味、包装等方面都极为相似，仿佛是一个烘焙复制工厂。消费者在选择烘焙产品时，就像在一堆长得差不多的苹果里挑选，很难区分不同品牌之间的差异，只能根据价格、距离等因素做决定。这种同质化竞争不仅让消费者的购买体验大打折扣，也让企业难以通过产品差异化来提高市场竞争力和利润率，就像一群穿着同样衣服的士兵，在战场上很难脱颖而出。

3　进入退出成本低：来得快、去得也快的游戏

低门槛意味着创业者和投资者可以像坐过山车一样轻松进入市场，而当市场环境不佳或经营不善时，也能较为容易地退出。这种低进入退出成本虽然给创业者提供了更多的机会，但也导致市场稳定性很差。以咖啡店行业为例，开设一家咖啡店的资金、技术门槛相对较低，许多创业者就像赶时髦一样纷纷涉足其中。然而，一旦市场需求下降或竞争加剧，部分咖啡店就像脆弱的花朵，因为无法承受经营压力而迅速倒闭，退出市场。这种频繁的进入退出现象，让市场就像一个不稳定的跷跷板，难以形成稳定的竞争格局，企业也很难实现长期稳定的发展。

4　客户黏性低：难以留住的匆匆过客

由于产品或服务缺乏独特性，消费者在选择时往往更注重价格和便利性，就像一个精明的购物者，哪里便宜、哪里方便就往哪里去，导致客户黏性较低。在烟酒店领域，消费者在购买烟酒时，通常会选择距离自己较近、价格相对较低的店铺，而不会对某一特定品牌或店铺产生强烈的忠诚度。一旦有新的店铺开业或竞争对手推出更优惠的价格，消费者就像被磁铁吸引一样，很容易转向其他店铺购买。这种低客户黏性让企业不得不像一台烧钱机器，不断

投入大量的营销成本来吸引和留住客户，进一步压缩了企业的利润空间。

二　未创新餐饮的生存危机

1　餐饮市场的竞争乱象

据相关数据统计，2023年我国新注册的餐饮企业数量超过110万家，大量新企业的涌入就像一股洪流，进一步加剧了市场竞争的激烈程度。在一些繁华的商业地段，餐饮店铺密集得就像一群密密麻麻的蚂蚁，同质化竞争现象尤为突出。例如，在某一线城市的一条商业街上，短短几百米的距离内就聚集了十几家快餐店，这些快餐店的菜品、价格、装修风格等都极为相似，消费者在选择时就像在迷雾中寻找方向，往往难以区分，只能根据价格、距离等因素进行决策。这种同质化竞争不仅导致企业利润空间被压缩，还让消费者对餐饮市场的满意度下降，对整个行业的发展产生了不利影响。

2　K私房牛肉面的滑铁卢

K私房牛肉面曾经也是餐饮界的一颗明星。它是顶新国际集团餐饮事业群旗下的一个新型餐饮连锁业态，自2006年北京第一家店开业以来，曾一度取得了良好的效益，就像一颗冉冉升起的新星。然而，近年来该品牌却像一颗陨落的流星，面临着门店收缩的危机。

从门店数量来看，K私房牛肉面的门店数量从2011年的120多家锐减至2025年1月的59家，且主要分布在机场、火车站等交通枢纽，就像一个被边缘化的孤独者。这一收缩趋势反映出K私房牛肉面在激烈的餐饮市场竞争中就像一个迷失在森林里的旅人，难以找到立足之地。

K私房牛肉面陷入困境的原因主要有两点。首先是缺乏独特卖点。在众多牛肉面品牌中，K私房牛肉面就像一个没有个性的路人，产品特色不够突出，难以吸引消费者的关注和认可。与其他品牌相比，其在口味、食材、制作工艺等方面缺乏独特之处，无法形成差异化竞争优势。消费者在选择牛肉面时，往往更倾向于那些具有独特口味和特色的品牌，这使得K私房牛肉面在市场竞争中就像一个被遗忘的角落，处于劣势。

其次是市场适应性不足。在当前快节奏的生活环境下，消费者就像一群忙碌的蜜蜂，更倾向于选择便捷且能满足多样需求的餐饮选择。然而，K私房牛肉面的经营模式和产品定位就像一个陈旧的古董，未能及时适应这一市场变化。其店内就餐为主的模式，无法满足消费者对于外卖、快餐等便捷餐饮的需求。此外，K私房牛肉面的价格相对较高，与大众消费者对于性价比的追求不符，这也限制了其市场份额的扩大，就像一个被束缚手脚的舞者，无法自由施展。

总结：低门槛创业你要小心了

低门槛的生意就像一片充满挑战和机遇的海洋，企业只有不断创新和加强品牌建设，才能在这片海洋中乘风破浪，实现可持续发展。

第 22 坑　长周期

一　何谓长周期

　　长周期生意指从项目启动到实现盈利或取得显著回报，需经历较长时间跨度的商业活动。其时间跨度往往数年甚至数十年，涵盖多个复杂环节与阶段。这期间，企业需持续投入大量资金、人力、技术等资源，并面临诸多不确定性因素。

　　与短周期生意相比，长周期生意在资金回笼速度、回报周期及风险特征上存在显著差异。短周期生意通常能在较短时间内完成生产、销售与资金回笼，如快消品行业，产品从生产到销售至消费者手中，可能仅需数周或数月，资金周转迅速，企业能快速获取利润并投入下一轮生产。而长周期生意，从前期筹备、建设到投入运营，再到产生稳定收益，需有一个漫长的过程。

　　需要强调的是，笔者在此表述的创业者均为白手起家的创业者，或是初创业者，并不包含那些有实力的寻找第二曲线有实力的企业集团。周期性长的生意不适合新手创业者，但并非不适合有实力的企业集团或各类投资主体。

二　常见的长周期生意有哪些

1　房地产开发

　　房地产开发那流程，复杂得很。从市场调研、选地块，到拿到土地使用权，这就得花上好几个月甚至几年，还得掏大把的钱买地，处理一堆法律和行政审批的事儿。拿到地后，开始规划设计，要考虑市场需求、地块条件和法规要求，设计建筑方案，完成各种审批，这又得1～2年。接着是施工建设，工程招标、施工队进场、基础建设、主体施工、设备安装、内外装修，啥都得管，还得受天气、原材料供应这些因素影响，一般得2～3年。项目建好了，还得搞销售推广，吸引购房者，实现回款，又得1～2年。而且房地产行业特别受政策和市场波动影响，国家政策一变，购房者的意愿和能力就跟着变，销售进度和价格也得跟着变。

2 大型基础设施建设

像高铁、桥梁建设这种大型基础设施项目，投资大、周期长、涉及的人也多。就说高铁，前期规划筹备，要勘察线路、做可行性研究、立项，得综合考虑地质、人口、城市规划这些因素，可能要3～5年。项目获批后开始建设，征地拆迁、路基施工、桥梁架设、隧道挖掘、轨道铺设、通信信号系统安装，一环扣一环，一般得5～10年。建设过程中，得协调铁路部门、地方政府、施工单位、设计单位、供应商等各方利益，还得面对技术难题、自然条件恶劣、原材料价格波动这些挑战。

3 医药研发项目

新药研发简直就是一场漫长又充满风险的冒险。从实验室研究到临床试验，再到获批上市，得10～15年甚至更久。实验室研究阶段，科研人员得确定药物作用靶点，筛选先导化合物，然后优化合成，这就得3～5年。接着是临床前研究，对药物的安全性、有效性和药代动力学进行研究，通过动物实验获取数据，这要1～2年。临床研究是关键，分Ⅰ、Ⅱ、Ⅲ期，分别在健康志愿者和患者群体中进行，评估药物的安全性、耐受性、有效性和最佳剂量，每个阶段都有严格的规范和标准，样本量越来越大，时间也越来越长，要是试验中出了问题，研发可能就黄了。就算通过了临床试验，还得向药品监管部门申请上市，这又得 1~2 年。而且新药研发成功率特别低，从实验室到上市，成功率才 10% 左右，好多钱和时间可能就这么打水漂了。

4　农牧业

农牧业受自然条件和生长周期影响特别大。种果树，从树苗种下去到开始结果，得 3~5 年，到盛果期时间更长。这期间，农民得不断投钱买种子、化肥、农药，还得进行田间管理。而且农作物容易遇到干旱、洪涝、病虫害这些自然灾害，一旦受灾，可能就减产甚至绝收。养殖业也一样，养猪从仔猪育肥到出栏，得 6~8 个月，要是养种猪，时间更长。养殖过程中，要关注动物健康，投入饲料、兽药成本，还得防着动物疫病暴发。另外，农产品和畜产品价格会周期性波动，养殖户和种植户很难预测价格走势，可能在价格低的时候卖东西，影响收益。

三　长周期生意为什么难做

1　市场变化快

现在的商业环境变化太快了，消费者的需求就像六月的天，说变就变。就拿智能手机来说，以前大家就要求手机能打电话、耐用、价格便宜就行。现在可不一样了，不仅要处理能力强，能多任务处理、运行各种应用程序，拍照功能也得好，外观还得时尚个性，系统还得流畅安全。长周期布局的智能手机，从研发立项到上市得花不少时间，等产品出来，市场需求可能早就变了，这产品可能就卖不出去了。

2　竞争格局突变

长周期生意还得防着竞争格局突然变天。共享单车行业就是一个例子。

刚开始摩拜和 ofo 占了大部分市场，形成双寡头局面。结果哈啰单车来了，聚焦二、三线城市，和地方政府合作，积累了好多用户。还有企业推出免押金骑行模式，吸引了大量消费者。这一下子就打破了原来的竞争格局，摩拜和 ofo 因为运营模式、资金等问题，慢慢没了优势，甚至企业都经营不下去了。

3　资金周转难

长周期生意前期得投好多钱，资金回笼还慢，企业资金链特别容易紧张。就说长租公寓，要拿房源、装修改造、建配套设施，都得花大钱。可租金收入是一点一点收回来的，租客按月或者按季度付租金。要是遇到市场波动、租客流失，租金可能都不够付成本，资金链一断，企业就可能破产倒闭。

4　融资难成本高

长周期生意融资特别难。因为回报周期长，未来收益不确定，投资者和金融机构都很谨慎。银行贷款审核特别严，要求企业提供很多抵押物和担保。就算能融到资，成本也高，金融机构为了弥补风险，会提高贷款利率或者提其他要求，这就增加了企业的财务负担，压缩了利润空间。

总结：尽量避开长周期的生意

创业者应尽量避开长周期的生意。若必须进行长周期生意的投资，需要认真规划。清楚自己的核心竞争力，注重产品或服务的长期价值。做决策的时候要坚定，研究透行业发展规律。另外，得时刻关注政策法规动态，提前想好应对政策变动的办法。

第23坑 低毛利

毛利是关键的财务指标，就像船只的动力系统，直接反映了企业产品或服务的基本盈利能力。简单来说，毛利就是销售收入减去销售成本后的余额。比如，一家公司卖一款产品，每件卖100元，生产这产品的原材料、劳动力等直接成本是80元，那每件产品的毛利就是20元，毛利润率就是20%。

低毛利生意就像无处不在的小怪兽，在各个行业都能看到它们的身影，这让不少企业头疼不已。先看看传统制造业，原材料价格就像坐过山车一样，上上下下波动频繁，劳动力成本也像爬楼梯一样，一直在往上走，再加上市场竞争越来越激烈，制造企业的毛利空间就像被挤牙膏一样，越挤越小。再瞧瞧新兴的互联网电商领域，为了争夺市场份额，各大平台和商家就像在打价格战的勇士，你降我也降，导致产品毛利率普遍偏低。这就好比大家都在低价大甩卖，虽然能吸引一些顾客，但赚的钱可就少多了。

一 低毛利生意的副作用

1 利润空间被死死卡住

低毛利生意最明显的问题就是利润空间被严重压缩。就拿某传统服装制造企业来说，一件基础款T恤卖50元，可原材料、生产加工、运输等直接成本就有45元，毛利只有5元。市场竞争激烈的时候，为了吸引客户，还得降价，这原本就微薄的利润就更少了。租金、员工工资、水电费这些固定成本可不会因为毛利低就减少，企业得卖好多好多产品才能把这些成本覆盖掉，实现盈利。这就好比背着重重的壳在赛跑，很难和别人竞争，也没办法靠降价来吸引更多客户，扩大市场份额。

2　抗风险能力弱得像纸糊的

低毛利企业面对市场波动、经济危机这些外部冲击时，就像暴风雨中的小树苗，脆弱得很。因为毛利低，企业积累的资金就像小池塘里的水，少得可怜，根本没有足够的缓冲空间来应对突发情况。2008年国际金融危机的时候，好多低毛利的中小企业就遭了殃。像一些小型外贸加工企业，主要给国外品牌代工，毛利本来就低。危机一来，国外订单大幅减少，原材料价格波动、汇率变动又让成本上升。这些企业没有足够的利润储备来应对成本增加和订单减少，好多都资金链断裂，只能倒闭关门。

3　员工福利成了牺牲品

低毛利对企业员工的福利也有不小的影响。企业利润微薄的时候，为了控制成本，就会在员工福利上动手脚。可能工资涨幅变小了，奖金变少了，补贴取消了，培训机会也没了。时间长了，员工工作起来就像没了动力的机器，积极性受挫，对企业的满意度和忠诚度也会下降。

4　资金积累和再投资举步维艰

低毛利会严重限制企业的资金积累能力，就像给企业的存钱罐上了把锁。企业每卖一件产品或提供一项服务，赚的钱有限，扣除各种运营成本后，能留下来积累的资金少得可怜。这就影响了企业的再投资计划，阻碍了企业的长远发展。没有足够的资金，企业就没办法进行技术研发、扩大生产规模，只能原地踏步。

二 从实例看低毛利生意的艰难处境

在智能手机市场发展初期，市场需求大，订单多，这些代工企业靠着规模化生产和成本控制，还能赚点钱。但随着智能手机市场逐渐饱和，竞争越来越激烈，代工企业的毛利空间就被严重挤压了。

这些代工企业毛利低的原因有很多。一方面，手机行业技术更新换代快得像闪电，为了满足品牌厂商对新技术、新工艺的要求，代工企业得不断投入大量资金进行研发和设备更新，成本上去了。但市场竞争激烈，代工企业和品牌厂商合作时又没什么议价能力，增加的成本没办法完全转嫁给客户，毛利空间就被压缩了。另一方面，智能手机市场成熟后，品牌厂商为了降低成本，在代工环节严格控制价格，通过招标等方式选报价最低的代工企业。代工企业之间只能拼价格，代工价格越来越低，毛利自然也就跟着降了。

总结：对低毛利生意要小心再小心

低毛利生意就像一把双刃剑，虽然在某些特定情况下可能会成功，但总体来说，风险和弊端可不能小看。利润空间受限、抗风险能力薄弱、员工福利受影响、资金积累与再投资受限这些问题，就像隐藏在暗处的礁石，一不小心就会让企业这艘航船触礁搁浅。创业者和企业在面对商业机会时，一定要保持清醒的头脑，好好分析和评估毛利情况，谨慎对待低毛利生意。

第 24 坑　不造血

没有造血功能，短期之内不能带来现金流的生意也是初创企业的大忌，也是不少创业者踩的坑，走的弯路。现金流之于人，就是人体的血液，是要命的。

笔者经常在商学院的课堂，或在各种创业的聚会或论坛上，为大家分析创业者必须明白的三张报表：损益表、资产负债表和现金流量表。损益表重要，资产负债表也重要，但只有现金流量表才是要命的，并且是在短时间内要命的。所以，守护好现金流就是保命！

一　现金流是企业的生命线

经营活动现金流，反映了企业在日常经营过程中现金的流入与流出情况。主要包括销售商品、提供劳务收到的现金，以及购买商品、接受劳务支付的现金，支付给职工以及为职工支付的现金，支付的各项税费等。

在商业运营的复杂体系中，现金流宛如企业的生命线，发挥着无可替代的关键作用。它不仅是企业日常运营得以持续的基础，更是衡量企业健康状况和抗风险能力的重要指标。缺乏现金流的生意，犹如无源之水，无本之木，难以抵御市场的风云变幻，随时面临着夭折的风险。

二　现金流对生意的关键作用

1　维持企业运营的血液

稳定的现金流是企业持续经营的基石。企业的生产运营需要不断地投入资金，用于采购原材料、支付员工工资、维持日常运营开销等。如果现金流出现问题，企业将无法正常运转，甚至面临停工停产的困境。

2　增强企业抗风险能力

充足的现金流能够使企业在面对经济危机、市场波动等风险时，具备更强的应对能力。当市场环境恶化，企业的销售收入可能会下降，但如果有足够的现金流储备，就可以支撑企业渡过难关，等待市场复苏。

3　支撑企业发展与扩张

企业的发展与扩张需要大量的资金支持，而现金流的稳定与否直接影响到企业的发展战略能否顺利实施。当企业计划拓展新的业务领域、开设新的门店或者推出新产品时，都需要有充足的现金流作为保障。

俞敏洪曾说过："我作为一个农民，家里无粮内心就慌，我就会在新东方储存一定的现金，这个钱存在账上，从经济学的角度来说是无效的，只有把它花出去变成生产力才有效，所以这其实限制了新东方的发展，也导致很多培训机构以很快的速度在追赶甚至超越新东方。但也因为我储存现金，一次次救了新东方。""如果突然有一天新东方不能做了，新东方账上的钱必须能把学生家长的钱全部退掉，把员工的工资全部发完，一分钱不欠地倒闭或者关闭，这样良心上才能过得去。所以从那时候开始，随着新东方的发展，新东方账上的储备金越来越多，一直到这次，新东方账上的储备金已经突破了 200 亿元。这是新东方的保命钱，如果想动这个钱，除非把我董事长的位置拿掉，把我的法人代表拿掉，并且向全世界宣告，否则这个钱就是不能动的。"

花加是国内鲜花电商头部品牌之一，累计收获多轮近 2 亿元融资，鼎盛时期公司营业额做到 8 亿元。然而 2023 年 9 月起，花加陷入前所未有的危机，公司资金断裂停业整顿，平台续约率及新订阅用户量急剧收缩，同时受到生鲜电商和直播电商等平台的竞争挤压，此外，花加自身存在组织架构、管理费用和花材成本隐患，在资金链断裂后，虽创始人尝试直播卖花自救等，但最终未能扭转乾坤。

极越汽车背靠百度和吉利两大巨头，拥有 88 亿元的投资，但由于过于乐观，低估造车这座资金黑洞，烧钱速度惊人，现金流枯竭。在 2024 年 10 月，百度团队进入极越内部做财务调查，发现 70 亿元的资金窟窿，原定的 30 亿元融资立刻被叫停。12 月，员工的社保都靠百度、吉利临时救场，最终在短短 48 小时内极速崩盘。

总结：合理规划现金流

对于创业者来说，在创业初期就要重视现金流管理，合理规划资金使用，建立有效的成本控制和资金储备机制。同时，要不断优化经营管理，提高销售与收款效率，确保企业有充足的现金流支持业务发展。

第 25 坑 无战略

创业之路布满荆棘，充满不确定性与风险。相关数据显示，中国企业创业存活的平均时间不到 3 年，创业失败的概率为 97% 甚至更高。

早在笔者 2007 年参加《赢在中国》时，就面对当时的商业大咖和观众说："《赢在中国》是一个价值观驱动的节目，它的核心价值观是励志和创业，它应该体现在三个方面，第一个方面，《赢在中国》鼓励创业，一定是鼓励那些做好了创业准备的、适合创业，把创业当作一辈子的事业来经营的创业者，而不是那些凭借短暂的激情和一时兴起，抱着玩玩心理的人；第二个方面是创业是马拉松，不是百米冲刺，它不是秀场，它是生死场，创业成功的比率仅有百分之三，可以说成功是偶然的，而失败是必然的，《赢在中国》应该关注那些，能在创业的路上，能够走得更长、走得更远，走得更坚实的创业者；第三个方面是《赢在中国》应该成为新生代企业家的一个标志，当我们经过五届、十届以后，坐在下面的评委是我们的时候，那不仅是选手的幸事，也是《赢在中国》的幸事，这些人应该具备胸怀远大理想，又具备脚踏实地，他们穷则可以独善其身，达则可以兼济天下，他们可以成就一番大事业、大格局，但又能在艰难困苦中跪着前行，他们应该是中华民族的脊梁，应该是我们这个时代创业的典范……"

其中，缺乏完善的战略选择是关键致败因素之一。战略制定如同航海中的灯塔，为创业者指引方向，助力其明确目标、合理配置资源并有效应对各类挑战。因此，在创业伊始，制定一份详尽且切实可行的战略规划，是创业者迈向成功的关键步骤。

一　创业规划的关键要素

1　明确的目标设定

明确的目标是创业规划的核心。它不仅为创业者指明方向，更是激发团队动力的源泉。以苹果公司为例，其创始人乔布斯始终将"通过创新产品改变世界，让人们的生活变得更加美好和便捷"作为公司的长远目标。在这一目标指引下，苹果推出了一系列具有划时代意义的产品，如 iPhone、iPad 等，彻底改变了人们的通信和生活方式。创业者应设定长期目标，如在特定时间内成为行业领导者，同时制定短期可实现的目标，如在本季度完成一定的销售额或用户增长数，以此稳步推进创业进程。

2　全面的市场调研

全面深入的市场调研是创业成功的基础。创业者需了解目标市场的规模、增长趋势、消费者需求、消费习惯以及竞争对手的情况。例如，美团在进入外卖市场前，对国内餐饮外卖市场进行了详细调研。他们发现随着人们生活节奏加快，对外卖的需求日益增长，但市场上缺乏整合优质商家、提供高效配送服务的平台。基于此调研结果，美团制定针对性的市场策略，迅速占领市场份额。通过市场调研，创业者能够发现市场空白，找准定位，制定差异化竞争策略，从而在激烈的市场竞争中脱颖而出。

3　清晰的商业模式

商业模式决定企业如何创造价值、传递价值和获取价值。一个清晰且创新的商业模式是创业成功的关键。以瑞幸咖啡为例，其打破传统咖啡门店经营模式，采用线上线下相结合的新零售模式。通过线上 App 下单，线下门店快速配送或自提的方式，满足年轻消费者便捷购买咖啡的需求。同时，瑞幸通过大量补贴策略，迅速积累用户，实现快速扩张。再如拼多多，以"拼团加低价"的商业模式，聚焦下沉市场，满足价格敏感型消费者的需求，在电商领域迅速崛起。创业者应结合自身项目特点，设计独特且可行的商业模式，确保企业具备可持续的盈利能力。

4 合理的财务规划

财务规划关乎企业的生死存亡。创业者需对创业项目的启动资金、运营成本、收入预测等进行合理规划。在启动资金方面，要明确所需资金数额及来源，确保项目顺利启动。运营成本上，要对房租、人员工资、原材料采购等各项成本细致核算，合理控制成本。同时，要对未来收入科学预测，制定合理财务预算。例如，许多互联网创业企业在初期因烧钱过快，缺乏合理财务规划，导致资金链断裂而倒闭。创业者应建立完善的财务管理制度，确保每一笔资金用在刀刃上，保障企业稳健发展。

二 创业规划缺失的失败案例

1 奥运冠军创业历程回顾

一位在拳击赛场上屡获殊荣的奥运冠军退役后投身创业领域。据《体育商业周刊》2018年的报道，他创立了两家公司，一家致力于举办拳击赛事，期望借助自身影响力推动拳击运动在国内的发展，吸引更多观众关注拳击赛事；另一家则是拳击教练馆，旨在培养更多拳击人才，同时为拳击爱好者提供专业训练场所。

2 缺乏战略规划导致的问题

场地选择不当：在拳击教练馆的选址上，其团队似乎未进行充分的市场调研与规划。他们选择的场地租金高昂，且周边交通不便，人流量未达预期。这使得运营成本大幅增加，同时限制了客户来源。例如，高昂的租金致使每月固定支出庞大，而交通不便导致许多潜在学员因通勤问题放弃选择该教练馆。

商业模式不清晰：其举办拳击赛事的商业模式存在诸多问题。一方面，赛事的盈利模式主要依赖门票销售和少量赞助，过于单一。在面对激烈的体育赛事市场竞争时，这种单一的盈利模式难以支撑赛事的长期运营与发展。另一方面，拳击教练馆的运营也未形成成熟的商业模式。例如，教练馆的课程设置未能充分考虑不同学员的需求与水平，导致客户满意度不高，难以形成稳定的客户群体。

市场调研不足：团队对拳击市场的需求和竞争态势缺乏深入了解。虽然拳击运动在国内有一定的受众群体，但市场规模和消费能力尚未达到可以支撑大规模赛事和教练馆运营的程度。同时，市场上已存在众多竞争对手，在品牌知名度、运营经验等方面具有优势。而团队未能针对这些竞争对手制定有效的差异化竞争策略。

3 失败后果及启示

由于上述规划缺失的问题，这位奥运冠军的创业项目面临严重的资金压力，经营状况每况愈下。最终，拳击赛事难以持续举办，拳击教练馆也陷入经营困境。这不仅使他投入的大量资金付诸东流，也对他个人的声誉造成一定影响。此案例深刻表明，创业规划犹如大厦之基石，缺失规划的创业，即便起点再高、品牌背书再强，也难以抵御市场风浪，最终可能走向失败。

总结：务必重视创业战略选择

创业是一场充满挑战与机遇的旅程，创业规划则是创业者手中的指南针和地图。它帮助创业者明确方向，合理配置资源，应对各种不确定性。从这位奥运冠军创业失败的案例中，我们看到规划缺失带来的惨痛教训。

对于每一位创业者而言，在创业起点务必重视创业规划，精心制定符合自身实际情况的创业蓝图。只有这样，才能在激烈的市场竞争中站稳脚跟，驶向成功彼岸。希望每一位怀揣创业梦想的人，都能以规划为笔，描绘出属于自己的精彩创业画卷。

第 26 坑 远规划

在商界，长远规划是不少坚守长期主义企业家的标配。然而，对于创业企业而言，过度依赖长远规划可能并非明智之举。当前市场环境复杂多变，技术革新、消费者需求转变以及政策调整等因素相互交织，使得长远规划在制定和实施过程中面临诸多挑战，极易与实际发展情况脱节。因此，创业企业需要重新审视长期战略的适用性，探寻更贴合自身发展阶段的策略路径。

一 创业企业面临的市场环境

1 高度不确定性

当今市场受多种因素影响，呈现出高度的不确定性。政策方面，其调整往往具有不可预测性，对企业发展产生重大影响。以在线教育行业为例，2021年"双减"政策的出台，使得众多以学科类培训为主的在线教育创业企业遭受重创。此前，许多企业基于对市场增长的预期，制定了长期的扩张战略，投入大量资金用于师资招聘、课程研发和市场推广。但政策的突然变化，使得这些长期战略瞬间失去了根基，大量企业不得不进行业务转型甚至倒闭。这充分表明，在政策等因素导致的高度不确定性市场环境下，创业企业的长期战略存在巨大风险。

2　快速变化性

行业格局的快速变化也是创业企业面临的重要挑战。以智能手机行业为例，技术的飞速发展使得产品更新换代周期大幅缩短。从早期的功能机到如今的智能手机，短短十几年间，经历了多次重大技术变革，如触摸屏技术的普及、5G技术的应用等。在这个过程中，创业企业很难凭借预先制定的长期战略来应对如此快速的变化。新兴的智能手机创业企业如果在几年前制定长期战略时，未充分预见到折叠屏技术的发展，可能就会在市场竞争中处于劣势，错失发展机遇。

二　长远规划在创业企业中存在的问题

1　缺乏灵活性

长期战略规划通常具有相对固定的特点，一旦制定，在较长时间内难以做出重大调整。柯达公司就是一个典型的例子。在胶卷时代，柯达凭借其在传统胶片业务上的优势，制定了以胶片业务为核心的长期发展战略。然而，随着数码技术的兴起，市场需求迅速从胶片转向数码产品。但柯达由于受长期战略的束缚，未能及时调整业务方向，仍然将大量资源投入胶片业务的研发和生产中。最终，柯达错失了数码转型的最佳时机，从曾经的行业巨头走向衰落。这表明，创业企业若过于依赖长期战略，在面对市场快速变化时，将缺乏足够的灵活性来做出及时有效的反应。

2　资源错配风险

创业企业资源有限，合理分配资源至关重要。若将大量资源投入基于长期战略规划的项目中，可能会导致当下业务发展所需资源不足。正如加里·哈默尔和普拉哈拉德在《竞争大未来》中指出，企业不应将所有资源都押注在对未来不确定的长期规划上，而忽视了眼前的市场机会和短期发展需求。例如，一些创业型科技企业，在成立初期就将大量资金投入需要多年研发才能见成效的长期技术项目中，而忽视了当下市场对现有产品功能优化和市场推广的需求。结果，企业在短期内无法获得足够的市场份额和收入，资金链紧张，最终影响了企业的生存和发展。

3 信息不对称

创业初期，企业对市场、技术、竞争等方面的信息掌握有限，存在严重的信息不对称问题。基于这种有限信息制定的长期战略，往往存在不准确和不全面的风险。以新能源汽车行业早期的创业者为例，由于当时对电池技术的发展速度和突破方向判断不准确，许多企业制定的长期战略中，对电池续航里程的提升规划过于保守。然而，随着电池技术的快速发展，竞争对手推出了续航里程更长的车型，这些企业由于长期战略的局限性，在市场竞争中陷入被动。

总结：创业企业要做短战略不做长规划

综上所述，由于创业企业面临的市场环境具有高度不确定性和快速变化性，长期战略在实施过程中存在缺乏灵活性、资源错配风险以及信息不对称等问题。创业企业不应依赖长期战略，而是聚焦短期目标、保持敏锐市场洞察力和构建灵活组织架构，能够更好地适应市场变化，实现快速发展。因此，创业企业在发展过程中，应摒弃对长期战略的过度依赖，勇于创新和尝试，根据市场变化灵活调整战略，才能在激烈的市场竞争中立于不败之地。

第27坑 拼关系

近几十年，大众创业万众创新的口号此起彼伏，创业浪潮汹涌澎湃，许多怀揣梦想的创业者，踏上了这条充满挑战与机遇的创业路。然而，一些人却误入歧途，试图通过找资源、拼关系来获取所谓的捷径。这种仅仅依赖"我爸是李刚"的短视行为，不仅违背了商业道德和法律红线，更如同一颗颗定时炸弹，随时可能将创业者的心血和未来炸得粉碎。

叶某某及其领导的能源与金融服务企业兴衰令人警醒。叶某某从农村青年崛起创立能源与金融服务企业，却在发展中走上政商勾结腐败之路。该企业虽曾经四次上榜世界500强，但随着腐败行为曝光，2020年因涉嫌行贿受贿、巨额债务宣告破产。

一 找资源找关系的隐秘形态

1 权力寻租：市场的毒瘤

创业领域权力寻租现象屡见不鲜。权力寻租严重破坏市场公平竞争环境，损害政府公信力。

以昆明开尔科技有限公司为例，根据云南省纪委监委发布的《关于开尔科技行贿系列案件的通报》，该公司成立于2002年，主要提供信息化智能化规划等服务，短短几年业务覆盖云南全省16个州市，年营销额达2亿元，其快速扩张秘诀是行贿。公司法定代表人、总经理郑少峰坦言靠"送钱摆平领导"拿下招标流程严格的政府采购项目。

开尔公司财务处设资金储备卡作为行贿储备金，据云南省昆明市中级人民法院关于开尔公司行贿案的判决书，业务员殷永平因拉拢 21 名国家公职人员被称为销售冠军。在拿下昭通市场过程中，2010 年郑少峰结识昭通中院院长陈昌，通过送礼品、现金等方式，陈昌利用职务便利为其承揽 6000 多万元项目，自己非法获利 400 多万元。

2　裙带关系：企业的内耗源

企业内部裙带关系是创业毒瘤。在某些家族企业中，常出现关键岗位被无相应能力亲属占据的情况。在一家颇具规模的制造企业中，创始人将财务大权交予毫无财务专业背景的弟弟，导致公司资金链紧张，错失发展机遇。裙带关系破坏企业内部公平竞争环境，使优秀人才流失，降低企业创新能力和竞争力。

二　找资源找关系给创业带来的沉重代价

1　法律的严惩：无法逃避的制裁

创业者卷入腐败面临巨大法律风险。我国《刑法》第三百八十九条规定，为谋取不正当利益，给予国家工作人员以财物的，构成行贿罪；经济往来中违反国家规定给予财物或回扣、手续费的，同样以行贿论处。依据《刑法》第三百九十条，对犯行贿罪的处罚从五年以下有期徒刑或拘役并处罚金，到十年以上有期徒刑或无期徒刑并处罚金或没收财产不等。

张某某行贿案便是典型案例，2005 年 6 月，张某某为使某公司获取某地块开发机会而行贿。2019 年，张某某行贿案终审维持原判。

2　企业发展的隐患：自毁长城之举

过度依赖关系创业隐患重重。从技术创新和市场竞争力角度，创业者热衷通过关系获取政府补贴和项目订单，便会忽视技术研发，随着市场竞争加剧，因缺乏核心技术被淘汰。

在关系稳定性方面，一旦关系破裂，企业将遭受致命打击。一家长期依赖某政府部门官员关系获取项目的企业，在官员因腐败被查处后，业务停滞，因声誉受损陷入经营困境最终破产清算。

总结：创业不能依赖不正当手段

创业之路充满挑战与机遇，找关系的行为违背商业道德和法律法规，破坏市场公平竞争，阻碍社会进步。众多案例警示创业者，成功不能依赖不正当手段，唯有坚守正道，即创新驱动、打造优质产品服务、汇聚人才，同时树立正确价值观、健全企业制度、加强法律意识，才能行稳致远。

第 28 坑　均股权

股权分配作为创业企业顶层设计的关键环节，对企业的长远发展起着决定性作用。不合理的股权分配，诸如平分股权或一股独大，往往会引发一系列问题，直接导致决策效率低下、团队凝聚力涣散以及融资困难等，严重阻碍企业的成长与发展。因此，深入研究创业企业合理的股权分配模式，对于提高创业成功率、促进企业健康发展具有重要的现实意义。

一　创业股权分配的重要性

1　影响企业决策效率

不同的股权结构会显著影响企业决策的速度与质量。当股权结构较为合理时，决策流程能够高效运转，核心决策层能够迅速整合各方意见，做出科学合理的决策，有力推动企业业务的发展。不合理的股权结构，如股权过度分散或高度集中，都会导致决策过程出现各种问题。股权分散时，股东之间可能因意见分歧难以达成共识，导致决策僵局；股权高度集中时，决策可能缺乏充分的讨论与论证，容易出现失误。

2　关乎团队稳定性

合理的股权分配能够明确团队成员的权益与责任，使团队成员感受到自身的付出与回报相匹配，从而增强团队的凝聚力与稳定性。反之，若股权分配不合理，如平分股权导致贡献不同的成员获得相同的股权收益，或者一股独大使得小股东权益得不到保障，都极易引发团队内部矛盾，破坏团队和谐氛围，最终导致核心成员流失，给企业发展带来严重打击。

3　决定企业融资能力

投资人在选择投资对象时，往往会高度关注创业企业的股权结构。合理的股权结构被视为企业治理良好、发展前景可期的重要标志，能够显著提升企业对投资人的吸引力，为企业融资创造有利条件。相反，股权结构不合理的企业，可能会让投资人对企业的决策机制、团队稳定性等方面产生担忧，从而降低投资意愿。

二　股权设置不当的弊端及案例

1　平分股权导致决策僵局

在平分股权的情况下，各个股东拥有相同的话语权，企业内部难以形成一个具有绝对权威的核心决策人。当面临重大决策时，股东们可能基于自身利益或观点的不同，产生严重的意见分歧，无法达成有效的决策共识，使得企业错失发展机遇。例如，西少爷作为一家曾经备受瞩目的创业企业，在创立初期，因股权平分，几位创始人在企业发展战略、融资等关键问题上出现了严重的分歧。各方僵持不下，导致决策无法及时推进，企业在融资过程中也遭遇重重困难，严重影响了企业的扩张与发展速度。这一案例充分表明，平分股权缺乏核心决策人会给企业发展带来巨大的阻碍。

在企业发展过程中，团队成员的贡献往往存在差异。然而，平分股权意味着无论贡献大小，股东获得的收益相同。这种贡献与回报的失衡，容易使贡献较大的成员感到不公平，从而引发内部矛盾，破坏团队的合作氛围。公平理论指出，员工会将自己的投入产出比与他人进行比较，若感觉不公平，会影响工作积极性，这同样适用于创业团队中的股东关系。例如，某餐饮品牌的股权平分问题，使得创始人之间在企业发展过程中，因贡献与回报的矛盾逐渐激化。家族内部的纷争不断升级，不仅影响了企业的正常运营，还导致企业形象受损，市场份额下降，最终给企业带来了灾难性的后果。这一案例深刻揭示了平分股权引发内部矛盾对企业的严重破坏力。

2　一股独大的风险及案例

当企业股权一股独大时，大股东拥有绝对的决策权，决策过程往往缺乏有效的制衡机制。这使得大股东的决策可能因缺乏充分的讨论和监督而出现失误，并且难以纠正，从而给企业带来巨大的经营风险。

在一股独大的股权结构下，大股东也可能会为了自身利益，忽视甚至损害小股东的权益。例如，在利润分配、重大决策等方面，小股东的意见得不到充分尊重，导致小股东的利益诉求无法得到满足。这种情况会严重打击小股东的积极性，使他们对企业的发展失去信心。HOPE 创学院学员企业中享思途将其原有的大股东一股独大，改为大股东 85%，合伙人 15% 后，在次年营业收入和利润均大幅度增长，极大提升了团队的战斗力。

总结：平分股权和一股独大这两种极端的股权分配方式均不可取

通过对创业企业股权分配的深入研究，我们清晰地认识到，平分股权和一股独大这两种极端的股权分配方式都存在诸多弊端，会给企业的发展带来严重的负面影响。合理的股权分配是创业企业成功的关键因素之一，它不仅关系到企业决策效率、团队稳定性，还对企业的融资能力有着重要影响。

第 29 坑　许干股

干股作为一种灵活的激励与资源整合手段，被众多创业企业广泛采用。然而，干股的授予在实践中引发了诸多复杂问题，对创业企业的稳定发展构成挑战。干股是指股东无须实际出资即可获得的公司股份，它并非严格意义上的法律术语，而是在商业实践中形成的一种股权安排方式，与实股相对应。这种股份通常基于特定的原因，如对公司有特殊贡献、具备特殊资源等而被授予。

一　创业许干股存在的风险

1　法律风险

干股的授予若未签订规范的书面协议，在涉及股东身份认定及权益纠纷时，干股持有人的权益将难以得到有效保障。例如，在某些案例中，由于缺乏明确的协议约定，干股持有人在主张分红权或参与公司决策时，与公司实际控制人产生争议，最终诉诸法律却因证据不足而无法维护自身权益。

即便干股持有人未实际出资，一旦在工商登记中被记载为股东，在公司对外承担债务时，可能需按照登记的股权比例承担相应责任。这是因为工商登记具有公示效力，善意第三人基于对登记信息的信赖与公司进行交易，若公司出现债务问题，登记股东难以以未实际出资为由对抗债权人。

2　企业治理风险

随意授予干股可能导致公司股权结构过度分散或不合理，影响公司的控制权稳定性。例如，部分创业企业为吸引人才或资源，过度授予干股，使得创始人的股权比例被稀释至较低水平，在后续公司发展过程中，因控制权争夺引发内部矛盾，严重阻碍公司的战略决策与日常运营。合理稳定的股权结构是公司有效治理的基础，股权结构的不稳定可能引发一系列治理问题。

3　决策效率低下

干股持有者由于未实际出资，可能对公司决策缺乏足够的责任感与谨慎性。在公司决策过程中，过多干股持有者的参与，可能导致意见分歧增多，决策流程冗长，降低公司的决策效率。

4　财务风险

当公司业绩不佳时，若仍需按照约定向干股持有者支付分红，将对公司的现金流造成巨大压力。例如，一些创业企业在发展初期面临资金紧张的情况下，因干股分红承诺而不得不挪用本应用于业务拓展或生产运营的资金，导致企业资金链断裂，陷入经营困境。

干股持有者对公司的估值和盈利核算可能存在与实际股东不同的理解，这种差异可能引发利益分配上的矛盾。在公司进行融资或股权交易时，对公司估值的争议可能导致交易受阻，影响公司的发展进程。

5　人才激励与团队协作风险

若仅部分员工获得干股，可能导致员工之间利益分配不均，引发内部矛盾与不满情绪。这种情绪会破坏团队氛围，降低员工的工作积极性与忠诚度。

由于干股是无偿获得，部分干股持有者可能缺乏对公司的归属感与忠诚度，对公司的长期发展缺乏足够的动力。相比实际出资获得股权的股东，干股持有者可能更关注短期利益，无法有效激励其为公司的长远发展全力以赴。

二 创业不许干股的成功案例

1 小米

小米公司在创业初期，拒绝采用干股模式，而是设计了一套独特的薪酬体系。员工可以选择较低的现金工资加较高的股权，或者较高的现金工资加较低的股权，这种方式让员工自己掏钱入股，成为真正意义上的股东。同时，小米还通过期权激励等方式，将员工的利益与公司的长期发展紧密绑定。

这种模式极大地激发了员工的积极性与创造力，员工将自身利益与公司利益深度融合，为小米的快速发展贡献力量。在全体员工的共同努力下，小米在短短几年内迅速崛起，成为全球知名的科技企业，并成功跻身世界500强企业。

2 娃哈哈

娃哈哈在发展过程中，曾实施干股分红制度，以激励员工与经销商。然而，随着企业规模的扩大，干股分红制度暴露出诸多弊端，如部分员工和经销商坐享其成，缺乏进取动力，同时也引发了内部利益分配的不公平问题。宗馥莉接手后，果断取消干股分红，对激励机制进行改革。

改革后，娃哈哈员工的积极性得到显著提升，决策效率也有所提高。员工更加注重自身的工作绩效，积极参与市场竞争。然而，改革也面临一些挑战，如部分习惯了干股分红的老员工和经销商对改革存在抵触情绪，需要企业在后续工作中逐步化解。

总结：创业中许干股存在诸多风险

创业过程中许干股虽然在短期内可能具有一定的吸引力，但从长期来看，存在诸多风险，如法律风险、企业治理风险、财务风险以及人才激励与团队协作风险等。这些风险可能对创业企业的发展造成严重阻碍。相反，通过分析成功案例，我们发现采用合理的替代方案，如现金激励、非股权的长期激励计划以及资源合作的其他模式，能够在不引入干股风险的前提下，实现对员工和合作伙伴的有效激励，促进创业企业的健康发展。

第 30 坑　股代持

在创业初期，股权代持现象屡见不鲜。一些创业者为了规避法律法规对特定行业股东身份或资质的限制，选择以他人名义代持股权；还有些创业者出于保护个人隐私、简化股权结构、方便公司管理等目的，采用股权代持的方式。然而，股权代持犹如一把双刃剑，在带来一定便利的同时，也隐藏着诸多风险。这些风险犹如隐藏在暗处的礁石，随时可能给创业企业的发展带来巨大的冲击。

一　为什么要做股权代持

1　身份限制：创业者的隐形斗篷

某些创业者由于自身身份的特殊性，可能无法直接成为公司股东。在这种情况下，他们可能会选择通过股权代持的方式，由他人代为持有公司股权，从而间接参与创业活动。这就像是披上了一件隐形斗篷，虽然看不见，但依然可以参与战斗。

2　规避法规：创业者的绕道而行

一些创业者为了规避法律法规对特定行业或领域的限制，会采用股权代持的方式。例如，某些行业对外资持股比例有限制，外国投资者可能会通过与国内自然人或企业签订股权代持协议，以实现对该行业企业的投资和控制。

此外，一些创业者为了规避公司上市或融资过程中的监管要求，也可能采取股权代持的手段，隐瞒真实的股权结构和股东信息。这就像是绕道而行，虽然绕过了障碍，但也可能迷失方向。

3　简化管理：创业者的集中火力

在创业初期，公司的股权结构可能较为复杂，涉及多个股东和不同的股权比例。为了简化公司的管理和决策流程，创业者可能会选择将部分股权集中代持。例如，一些创始人团队为了保持对公司的控制权，会将分散在多个成员手中的股权委托给其中一位核心成员代持，这样可以在保证团队成员利益的同时，提高决策效率，便于公司的运营和管理。这就像是集中火力，虽然火力集中了，但也可能引发内部矛盾。

4　股权激励：创业者的糖衣炮弹

股权激励是创业企业吸引和留住人才的重要手段之一。在实施股权激励计划时，为了避免频繁的股权变更和工商登记手续，创业者通常会采用股权代持的方式。这就像是糖衣炮弹，虽然甜，但也可能爆炸。

二　创业中代持股权的风险

1　法律风险：创业者的法律陷阱

股权代持协议的有效性是保障双方权益的基石，然而，在实践中，代持协议可能因违反法律法规的强制性规定而被判定无效，这将给创业者带来巨大的风险。

2　道德风险：创业者的信任危机

显名股东可能会滥用股东权利，如擅自转让股权、挪用公司资金、谋取私利等，损害实际出资人的利益。此外，显名股东还可能不配合实际出资人行使股东权利，如拒绝提供公司财务报表、不参加股东会等。

3　税务风险：创业者的税务炸弹

根据国家税务总局的相关规定，股权代持还原被视为股权转让，需要缴纳个人所得税或企业所得税。在代持期间，公司的分红、股权转让等收益，也需要按照相关税法规定缴纳税款。

案例：苏州一家企业在进行股权代持还原时，税务机关认为其股权转让价格明显偏低且无正当理由，要求按照公允价值重新计算应纳税额。公司与税务机关就计税依据产生争议，导致股权代持还原工作受阻，公司不仅补缴了巨额税款，还支付了滞纳金和罚款，资金压力巨大。这就像是税务炸弹，虽然看似安全，但一旦引爆，后果不堪设想。

4　公司治理风险：创业者的决策迷宫

股权代持可能导致公司股东权利行使不明确，决策机制混乱。实际出资人无法直接参与公司决策，而显名股东可能会按照自己的意愿行使股东权利，导致公司决策偏离实际出资人的利益。这就像是决策迷宫，虽然看似清晰，但一旦迷失，后果不堪设想。

总结：股权代持存在诸多风险，一定要谨慎决策

股权代持虽然在一定程度上为创业者提供了便利，但也存在着诸多风险，包括法律风险、道德风险、税务风险和公司治理风险等。这些风险可能会给

创业者带来巨大的损失，甚至导致创业失败。创业者在选择股权代持时，应充分评估风险，谨慎决策。如果必须采用股权代持的方式，应签订完善的代持协议，规范公司内部治理，进行合理的税务筹划，并适时解除股权代持。

总之，股权代持看似是创业者的隐形斗篷，但实际上却可能成为创业路上的定时炸弹。创业者们，别再为了省事而随意选择股权代持了。

第31坑　代法人

随着前几年认缴制的推行，企业注册的门槛大幅降低，大量企业如雨后春笋般涌现。在这一过程中，挂名法人这一特殊的现象逐渐引起关注。所谓挂名法人，是指在公司登记注册中，名义上担任公司法定代表人，但实际上并不参与公司日常经营管理的个人。他们可能是出于亲朋好友的交情帮忙，或是公司员工应领导要求协助，或是为获取一定金钱利益而配合。这种做法看似能满足公司实际控制人转移风险或工商登记的要求，却在背后隐藏着诸多法律风险。

一　法人、法人代表、实际控制人的关系与区别

1　什么是法人、法人代表、实际控制人

法人：具有民事权利能力和民事行为能力，依法独立享有民事权利和承担民事义务的组织。比如有限责任公司、股份有限公司、事业单位等都属于法人范畴。这就像是一个虚拟人，虽然看不见摸不着，但法律上却是一个独立的存在。

法人代表：也称为法定代表人，指依照法律或法人章程的规定，代表法人行使职权的负责人。通常来说，公司的董事长、执行董事或者经理按照公司章程的规定可以担任法人代表。这就像是公司的代言人，对外代表公司发声。

实际控制人：指虽不是公司的股东，但通过投资关系、协议或者其他安排，能够实际支配公司行为的人。比如一些通过协议控制多家公司的自然人或组织，就是这些公司的实际控制人。这就像是公司的幕后黑手，虽然不露面，但掌控着一切。

2　法人、法人代表、实际控制人的法律责任

法人：以其全部财产独立承担民事责任。在公司经营过程中，若产生债务纠纷等问题，一般由法人的财产来进行清偿。这就像是一个保险箱，里面装的是公司的全部家当。

法人代表：在代表法人进行民事活动时，其行为所产生的法律后果由法人承担。但如果法人代表因故意或重大过失给法人造成损失的，则可能需要对法人承担赔偿责任。这就像是代言人如果乱说话，公司也得跟着倒霉。

实际控制人：一般情况下，不对公司的债务等直接承担责任，但如果实际控制人利用其对公司的控制地位，从事违法活动或损害公司、债权人利益的行为，可能需要承担相应的法律责任。这就像是幕后黑手如果干了坏事，也得被抓出来。

3　法人、法人代表、实际控制人的相互联系

依存关系：法人作为一个组织体，需要通过法人代表来对外进行意思表示和开展活动；而实际控制人往往也是通过对法人或法人代表施加影响来实现其对公司的控制目的，三者在公司的运营和管理中相互依存。这就像是一个三角关系，谁也离不开谁。

目标关联：在正常的公司运营中，法人的目标是实现自身的发展和盈利等，法人代表需要以实现法人的目标为己任来开展工作，实际控制人通常也希望通过对法人的控制来获取经济利益或实现其他战略目标，三者的目标在一定程度上具有一致性。这就像是一个共同目标，大家都是为了赚钱。

法律责任关联：当法人出现违法违规行为时，不仅法人自身要承担责任，法人代表可能因为决策或执行等方面的问题而承担相应责任，实际控制人若存在指使等情形也可能被追究责任。这就像是一个责任链，谁也别想跑。

二　使用挂名法人存在的风险

1　挂名法人所承担的责任风险

债务风险：在公司运营过程中，债务问题是常见的风险点。当公司无法按时偿还债务时，挂名法人可能会被卷入其中，承担相应的法律责任。根据《中华人民共和国民法典》和《中华人民共和国公司法》的相关规定，法定代表人代表公司行使职权，其行为后果由公司承担。在实际情况中，如果挂名法人在公司债务相关文件上签字，如担保合同、借款协议等，就可能被认定为对债务承担连带责任。"李某诉王某及上海某信息技术有限公司债务纠纷案"中，上海某信息技术有限公司实际控制人为张某，王某为挂名法人。公司因经营不善，拖欠李某巨额货款。法院审理后认为，王某作为公司法定代表人，无法证明公司财产独立于自己的财产，最终判决王某对公司债务承担连带清偿责任。这就像是替罪羊，明明没参与经营，却要背锅。

赔偿风险：当公司在经营过程中出现违规行为，如侵犯他人知识产权、产品质量不合格导致消费者权益受损等，挂名法人也可能面临对公司和第三方的赔偿责任。根据《中华人民共和国公司法》第一百四十九条规定，董事、监事、高级管理人员执行公司职务时违反法律、行政法规或者公司章程的规定，给公司造成损失的，应当承担赔偿责任。挂名法人作为公司的法定代表人，在某些情况下可能被认定为高级管理人员，需要对公司的违规行为负责。"广州某化妆品有限公司产品质量侵权案"中，该化妆品公司挂名法人为赵某，实际控制人是孙某。公司因生产销售不合格化妆品，被众多消费者起诉。

赵某虽未参与实际经营，但作为法定代表人，也被法院判决与公司共同承担对消费者的赔偿责任。这就像是背锅侠，明明没参与生产，却要赔钱。

刑事责任风险：在单位犯罪的情况下，挂名法人可能需要承担刑事责任。根据《中华人民共和国刑法》第三十一条规定，单位犯罪的，对单位判处罚金，并对其直接负责的主管人员和其他直接责任人员判处刑罚。本法分则和其他法律另有规定的，依照规定。挂名法人虽然不参与公司的实际经营，但如果在某些犯罪行为中被认定为直接负责的主管人员或其他直接责任人员，就可能面临刑事指控。判断挂名法人是否需承担刑事责任，关键在于其在单位犯罪中的参与程度和作用。如果挂名法人对公司的犯罪行为知情，并且在一定程度上参与了决策、组织或实施，即使其只是名义上的法定代表人，也可能被追究刑事责任。"上海某投资公司挂名法人非法集资案"中，孙某为上海某投资公司挂名法人，实际控制人李某以公司名义开展非法集资活动。孙某虽称自己不了解公司业务，但因其法定代表人身份被用于公司宣传资料，法院最终认定孙某构成非法吸收公众存款罪，判处有期徒刑 5 年，并处罚金 30 万元。这就像是替罪羊，明明没参与犯罪，却要坐牢。

2 被挂名者所承担的责任风险

决策效率降低：挂名法人虽然不参与实际经营决策，但在一些公司重大事项的决策和执行过程中，可能会因不了解情况或出于自身利益考虑，不能按照实际控制人的意愿及时、有效地配合，导致公司决策流程延长，执行效率降低，影响公司的正常运营和业务发展。这就像是拖后腿，明明可以快速决策，却因为挂名法人而拖延。

沟通障碍：挂名法人可能对公司的实际运营情况缺乏了解，在与政府部门、合作伙伴、监管机构等进行沟通时，无法准确传达公司的真实信息和实际控制人的意图，可能会引起误解和不必要的麻烦，影响公司与各方的关系和合作。这就像是传话筒，明明可以准确传达，却因为挂名法人而搞砸。

控制权威胁：虽然挂名法人通常不会主动争夺公司控制权，但在某些特殊情况下，如挂名法人与实际控制人之间产生矛盾，或者挂名法人受到外部利益诱惑，可能会利用其法定代表人的身份，采取一些不利于实际控制人的行为，如擅自处置公司资产、变更公司重要决策等，给实际控制人对公司的控制权带来威胁。这就像是定时炸弹，随时可能引爆。

总结：创业者应避免挂名法人

对于创业者而言，在创业过程中应树立正确的法律观念，充分认识到法定代表人的重要职责和潜在风险，避免随意找人挂名法人。要建立健全公司治理结构，明确各部门和人员的职责权限，加强内部管理和监督，确保公司运营合法合规。在选择合作伙伴时，要进行充分的尽职调查，了解对方的信誉和实力，避免因合作伙伴的问题而给自己带来风险。

总之，挂名法人看似是一个替罪羊，但实际上却可能成为创业路上的定时炸弹。创业者们，别再为了省事而随意找人挂名法人了，理性选择法定代表人，才能让企业走得更稳、更远。

第 32 坑　虚注资

自 2013 年我国全面推行注册资本认缴登记制以来，这一制度变革极大地激发了创业创新活力。它允许创业者自主约定注册资本数额及缴付时间，无须在公司设立初期就实缴大量资金，大大降低了创业的资金门槛和成本，使得创业变得更加容易实现。许多创业者得以凭借有限的资金和无限的创意，勇敢地迈出创业的第一步，一时间新登记企业如雨后春笋般井喷式增长。

然而，这一制度在带来便利的同时，也引发了一些不容忽视的问题。不少创业者受错误观念的影响，认为注册资本越大，公司的实力和形象就越强，在市场竞争中就更具优势，于是盲目地将注册资本设定得过高。有的创业者甚至将注册资本视为一种无须实际承担责任的数字游戏，随意填写天文数字般的注册资本，出现了一元公司、天价注册资本、百年认缴期限等极端现象。例如，在 2023 年 9 月至 10 月，海南一连出现 4 家注册资本均为 9500 亿欧元（约合人民币 7.45 万亿元）的巨无霸新公司，如此巨额的注册资本远远超出了正常的商业逻辑和实际运营需求，引发了各界的广泛关注和质疑。

为了规范市场秩序，保障交易安全，2023 年《公司法》修订草案三审稿对认缴制进行了完善，增加了有限责任公司股东认缴期限的规定，明确全体股东认缴的出资额应当按照公司章程的规定自公司成立之日起五年内缴足。这一规定进一步明确了股东的出资责任和期限，有助于引导创业者理性确定注册资本，避免因过度认缴而带来的风险，促进市场的健康发展。

一　创业搞大注册资本的风险

1　法律风险：股东责任加重

在创业过程中，注册资本的大小直接关系到股东的责任范围。注册资本越大，股东在公司面临债务危机或破产清算时所承担的责任也就越重。这种责任的加重可能会给股东带来巨大的经济损失，甚至影响到个人的财务状况和生活。

上海某投资公司成立于2010年，初始注册资本为1000万元。在成立初期，公司运营状况良好，业务逐渐拓展。随着市场竞争的加剧，为了提升公司的市场形象和竞争力，2015年公司决定将注册资本大幅增加至1亿元，股东认缴出资期限设定为30年。然而，由于市场环境的变化和公司经营策略的失误，公司业务逐渐陷入困境，资金链断裂，无法按时偿还债务。

2018年，公司为了减轻债务压力，在未通知债权人的情况下，召开股东会决议将注册资本减少至5000万元。债权人在得知公司减资后，认为公司的减资行为损害了其合法权益，遂将公司及其股东告上法庭。法院经审理认为，公司在减资过程中未依法通知债权人，违反了《公司法》的相关规定，股东应当在减资范围内对公司债务承担补充赔偿责任。最终，法院判决该投资公司股东在减资的5000万元范围内，对公司所欠债权人的债务承担补充赔偿责任。

在这一案例中，公司盲目增加注册资本，随后又在经营不善时擅自减资，导致股东面临巨大的法律风险和经济损失。原本有限的责任，因为不合理的注册资本变动而被放大，股东不得不承担超出预期的债务责任。这充分说明了在创业过程中，随意扩大注册资本可能会给股东带来沉重的法律负担，一旦公司出现问题，股东将难以置身事外。

2　财务风险：资金压力与运营成本增加

创业过程中，财务风险是企业面临的重要挑战之一，而大注册资本往往会给企业带来巨大的资金压力和运营成本增加问题，严重影响企业的财务健康和可持续发展。

某初创科技企业专注于人工智能领域的研发和应用。在创业初期，为了展示公司的实力和吸引投资者，创始人将注册资本设定为5000万元。然而，由于公司核心技术研发难度超出预期，产品上市时间推迟，市场推广效果不佳，公司在成立后的前两年内未能实现盈利，反而面临着高昂的研发费用、办公场地租赁费用、人员工资等各项支出。

按照公司章程规定，股东需要在公司成立后的5年内逐步缴足注册资本。随着出资期限的临近，股东们面临着巨大的资金压力。为了筹集资金，股东们不仅耗尽了个人积蓄，还四处借贷，导致个人财务状况恶化。同时，由于公司资金紧张，无法按时支付供应商货款和员工工资，供应商停止供货，员工士气低落，部分核心技术人员离职，公司运营陷入了恶性循环。

在这个案例中，大注册资本并没有给企业带来预期的优势，反而成为企业发展的沉重负担。过高的注册资本使得股东面临巨大的出资压力，公司在运营过程中也因资金紧张而陷入困境，最终导致企业破产。这充分说明了大注册资本可能给初创企业带来的财务风险是不容忽视的。

二　合法减资的程序与要点

当企业发现注册资本过大，给自身带来沉重负担时，合法减资是一种有效的解决途径。但减资必须严格遵循法定程序，以确保整个过程的合法性和公正性，同时充分保护债权人的合法权益。

公司减资的法定程序主要包括以下几个关键步骤。首先，董事会需制订公司减资方案。在这一过程中，董事会要对公司的财务状况、经营情况进行全面分析，明确减资的原因、幅度以及对公司未来发展的影响。

股东会对公司减少注册资本作出决议。这是减资程序中的重要环节，股东会的决议需代表三分之二以上表决权的股东通过。

编制资产负债表及财产清单。这一步骤是为了准确反映公司的财务状况，让股东和债权人清楚了解公司的资产和负债情况。

通知或公告债权人。根据《公司法》第一百七十七条规定，公司应当自作出减少注册资本决议之日起十日内通知债权人，并于三十日内在报纸上公告。债权人自接到通知书之日起三十日内，未接到通知书的自公告之日起四十五日内，有权要求公司清偿债务或者提供相应的担保。

办理变更登记并公告。公司完成减资后，应及时向公司登记机关办理变更登记手续，更新公司的注册资本等相关信息。同时，还需对变更登记情况进行公告，向社会公众公示公司的减资事实，以维护市场交易的安全和稳定。

总结：创业时不应盲目追求大注册资本

在创业时不应盲目追求大注册资本。从法律层面来看，大注册资本会显著加重股东责任，一旦公司陷入债务危机或面临破产清算，股东需以高额的认缴出资额为限承担责任，如上海某投资公司的案例，股东因公司不合理的增资减资行为，在减资范围内对公司债务承担了补充赔偿责任。在财务方面，大注册资本会导致企业资金压力增大，运营成本上升，像某初创科技企业，因过高的注册资本使得股东出资困难，公司资金链断裂，最终破产清算。

总之，注册资本虚高不仅不会给企业带来实质性的好处，反而可能成为创业路上的定时炸弹。创业者们，别再为了面子工程而盲目追求大注册资本了，理性设定注册资本，才能让企业走得更稳、更远。

第33坑　减免税

税收洼地，因其提供的一系列税收优惠政策，如低税率、税收减免、财政返还等，看似为创业者们提供了一条降低成本、增加利润的捷径，成为不少创业者追逐的风口。然而，创业者们在被税收洼地的诱人政策吸引的同时，却常常忽视了其背后隐藏的诸多风险。这些风险不仅可能导致企业在经济上遭受重大损失，还可能引发法律纠纷，损害企业的声誉和形象，甚至威胁到企业的生存与发展。

一　税收洼地的形成机制

1　税收优惠政策：诱人的糖果

国家或地方政府为了促进特定地区的经济发展，或是鼓励某些产业的兴起，会出台一系列具有针对性的税收优惠政策。例如，对特定地区的企业给予企业所得税的减免或优惠税率，像新疆霍尔果斯在过去曾出台企业所得税"5免5减半"的政策，吸引了大量影视、广告等企业入驻。这就像地方政府给创业者们发了一颗糖果，甜得让人忍不住想咬一口。

2　简化税收征管办法：省事的捷径

对于一些财务制度不够健全、难以准确核算成本费用的企业，税务机关会按照核定利润率的方法来计算企业所得税或者合伙制、个人独资制的个人所得税。这种征管方式简化了税收计算过程，对于那些高毛利或者成本费用严重无票的企业具有很大的吸引力，因为它可以在一定程度上降低企业的税负。这就像你考试时，老师给了你一张开卷考试的通行证，省去了不少麻烦。

3 税收地方留成返还：额外的红包

我国实行分税制，国家和地方在税收层面有明确的分配机制。例如增值税国家和省级地方五五开，所得税国家和省级地方六四开，而省级以下级别的地方再和省级财政有各自不同的分配方法。洼地的地方财政会利用这部分地方留成资金，按照一定比例将企业缴纳的税款返还给企业，以此吸引企业入驻。企业缴纳的增值税，地方政府可能会将地方留成部分的 50%~90% 返还给企业，这对于企业来说，相当于在缴纳税款后又获得了一笔资金返还，进一步减轻了企业的资金压力。这就像你交完房租后，房东又给你退了一部分钱，让你觉得租房也没那么贵。

二 创业选择税收洼地的风险

1 企业交税占便宜、钻空子的风险：甜蜜的糖果可能变成毒药

税收洼地的政策规定往往受到国家宏观经济政策、地方财政状况以及产业发展规划等多种因素的影响，会实时调整、变化。霍尔果斯曾出台企业所得税"5 免 5 减半"的优惠政策，吸引了大量影视、广告、文化等企业入驻。众多影视公司纷纷在霍尔果斯注册子公司或分公司，享受税收优惠带来的红利。但很多公司本身的经营都不符合规定，在当地无实际的办公场所、人员和业务。

随着当地经济发展和企业管理的客观需要，霍尔果斯对享受税收优惠的企业提出了更加严格的实质性经营要求，要求企业在当地有实际的办公场所、

人员配置以及业务开展，否则将无法享受相关优惠政策。因为这些企业本身违规经营"钻空子"，一夜之间，在霍尔果斯注册的空壳公司面临巨大的困境，这些公司往往没有在当地进行实质性经营，导致其无法继续享受税收优惠，企业税负大幅增加。一些企业不得不补缴大量的税款，甚至面临罚款，给企业带来了沉重的经济负担。相关企业可能面临重新调整经营策略，甚至被迫迁移企业，这将给企业带来巨大的成本和时间损失。这就像你吃了一颗糖果，结果发现里面是苦的，还得付钱。

2 虚开发票风险：自作聪明的愚蠢行为

虚开发票风险是创业选择税收洼地时面临的严重法律风险之一。在税收洼地，一些企业为了降低税负，可能会虚构业务，与关联企业或第三方企业签订虚假合同，开具与实际经营业务情况不符的发票，从而达到偷逃税款的目的。这种行为不仅违反了税收法律法规，还可能构成虚开发票罪，面临刑事处罚。

以一些主播偷逃税案例为例，某主播在2019年至2020年期间，通过设立上海蔚贺企业管理咨询中心、上海独苏企业管理咨询合伙企业等多家个人独资企业、合伙企业虚构业务，将其个人从事直播带货取得的佣金、坑位费等劳务报酬所得转换为企业经营所得进行虚假申报偷逃税款。该主播通过虚构业务，在税收洼地注册个人独资企业，利用核定征收政策，将高额的劳务报酬所得转化为低税率的经营所得，同时开具大量与实际业务不符的发票，以此来降低税负。这种行为严重违反了税收法律法规，最终被税务机关查处，该主播被追缴税款、加收滞纳金并处罚款，共计13.41亿元。这就像你为了省钱，买了一张假发票，结果被税务局查出来，不仅没省钱，还得缴罚款。

总结：创业切不可投机选择税收洼地

对于创业者而言，一定要全面了解税收洼地的政策细节、稳定性以及与国家税收法规的一致性，谨慎选择税收洼地创业。政策合规性问题一旦出现，企业将面临补缴税款、滞纳金甚至罚款等严重后果。在法律风险方面，虚开发票风险对企业构成了巨大威胁。企业为降低税负虚构业务、虚开发票，不仅违反税收法律法规，还可能触犯刑法。总之，税收洼地看似是创业者的甜蜜糖果，实则可能是致命毒药。创业者们，千万别被眼前的糖果迷惑，小心甜蜜变苦涩！

第34坑　选总部

创业总部选址作为企业发展的关键起点，其重要性不言而喻。一个精心挑选的优质地址，能够为企业带来源源不断的发展机遇，从丰富的市场资源到便捷的供应链体系，从充足的人才储备到完善的基础设施，全方位助力企业茁壮成长。然而，在现实的创业环境中，部分创业者由于受到各种因素的干扰，在选址时往往陷入误区。其中，一些创业者受传统思维的束缚，过于相信人脉关系的力量，认为通过熟人介绍或特殊渠道获取的场地，必定在租金、政策等方面具有优势，从而忽视了对地址本身与企业业务契合度的深入考量。这种做法看似在短期内获得了某种便利，实则可能为企业的长远发展埋下隐患。

一　常见总部选址误区

1　交通便利但资源匮乏

部分创业者认为，只要交通便利，就能吸引大量的客户和合作伙伴，从而忽视了对当地产业资源的考察。然而，有些地区虽然交通便利，但产业并不发达，无法为创业项目提供充足的支持。例如，某些偏远的交通枢纽地区，虽然交通网络发达，但周边缺乏相关的产业链配套，企业在获取原材料、零部件供应以及技术支持等方面会面临诸多困难，这无疑会增加企业的运营成本和管理难度，降低企业的市场竞争力。

2　资源丰富但环境恶劣

一些创业者在选址时，只关注当地的资源是否丰富，而忽视了环境因素对企业发展的影响。某些地区虽然拥有丰富的自然资源或人力资源，但环境条件却十分恶劣，如空气质量差、水质污染严重、社会治安不稳定等。

3　成本低廉但市场前景不佳

创业者往往会关注成本问题，认为选择成本低的地区有利于创业项目的盈利。然而，有些地区虽然租金、人力成本等较低，但市场需求却很小，市场前景并不乐观。例如，一些经济欠发达的地区，消费水平较低，消费者对某些产品或服务的需求有限，企业在这些地区开展业务，可能会面临产品滞销、服务无人问津的困境，难以实现盈利目标。

4　盲目跟风热点区域

部分创业者看到某个区域成为投资热点，便盲目跟风，将企业选址在该区域，而不考虑自身企业的特点和需求。例如，一些新兴的创业园区或商业区，虽然吸引了大量的企业入驻，但其中很多企业的业务并不适合该区域的产业定位和发展方向。在这种情况下，企业可能会面临激烈的竞争，难以获得足够的资源和支持，最终导致创业失败。

二　围绕产业资源优势选址

1　产业基础与产业链配套

选择产业基础雄厚、产业链配套完善的地区，企业可以更便捷地获取原材料、零部件等，降低采购成本和供应风险。同时，与上下游企业的紧密合作，有助于企业快速响应市场需求，提高产品质量和生产效率。例如，某汽车制造企业选址在汽车产业集群地区，能够与众多零部件供应商建立长期合作关系，不仅降低了成本，还提高了产品研发速度。

2　人才资源

人才是企业发展的核心动力。在人才资源丰富的地区选址，企业能够更容易招聘到具有专业技能和创新能力的人才。这些人才能够为企业带来新的理念和技术，推动企业不断创新和发展。例如，一些高科技企业选择在高校和科研机构密集的地区设立研发中心，以便充分利用当地的人才资源。

3　案例：F公司的风水宝地

2024年10月16日，F公司以1.5亿元竞得郑州市郑东新区龙湖内环北路西、三全路北的土地使用权，正式在北龙湖落户。F公司将在此投资建设新事业总部大楼，项目一期选址位于郑东新区，建筑面积约7万平方米，总投资约10亿元，主要建设总部管理中心、研发中心和工程中心、战略产业发展中心、战略产业金融平台、产业研究院和关键人才中心、营销中心、供应链管理中心等7大中心，旨在充分发挥F公司在智能制造领域的核心竞争力，打造全球高端制造产业链和战略性新兴产业生态圈。

F公司的落户对北龙湖及周边区域的产业集聚起到了巨大的推动作用。作为全球知名的电子制造企业，F公司拥有强大的产业链整合能力和技术创新能力，其入驻吸引了众多上下游企业汇聚北龙湖周边。在电子信息领域，F公司的落户带动了相关电子元器件供应商、电子产品研发企业等的聚集，形成了从原材料供应、产品研发到生产制造的完整产业链条。在智能制造领域，众多机器人研发企业、智能装备制造企业也纷纷入驻，与F公司形成了协同发展的良好局面。

F公司的落户也为区域经济发展注入了强大动力。一方面，F公司的大规模投资和建设，带动了当地的基础设施建设和房地产市场的发展，创造了大量的就业机会，促进了人口的集聚和消费的增长。另一方面，F公司的产业辐射效应，带动了上下游企业的发展，增加了地方财政收入，提升了区域的经济实力和竞争力。金水区作为郑州国家中心城市的发展火车头，在F公司的带动下，进一步完善了"1+N+X"产业扶持政策体系，实现了优质要素向主导产业集聚，推动了区域经济的快速发展。2024年上半年，金水区经济总量首次突破1100亿元，增长2%，在全市的首位度达到15.3%，对全市贡献率10.1%。

此外，F公司拥有丰富的国际化资源，其落户北龙湖有助于引入国际先进的技术、管理经验和资金，促进区域产业的国际化发展。F公司在全球范围内的业务布局和市场渠道，为当地企业提供了与国际市场接轨的机会，推动了区域产业的转型升级和创新发展。

总结：围绕产业资源优势选址

围绕产业资源优势选址对创业成功具有至关重要的意义。创业者应摒弃找关系、寻方便的选址观念，以科学的态度和方法，充分考量产业资源优势，做出符合企业发展战略的选址决策，为创业成功奠定坚实基础。总之，创业总部选址就像是选风水宝地，选对了是锦上添花，选错了是坑你没商量。创业者们，选址时一定要擦亮眼睛，别让风水变成风险！

第35坑 无画像

要想把你的产品或服务推广给更多的消费者,简言之,要想创业成功,你必须深刻洞察你的客户,因为客户是你的衣食父母,你如果不了解你的客户,你就不可能成功。了解客户就像掌握了一门读心术。客户画像作为一种精准洞察客户需求的工具,在创业过程中发挥着至关重要的作用。它能够帮助创业者深入了解目标客户群体的特征、需求、偏好和行为模式等,为创业决策提供有力的数据支持。通过构建客户画像,创业者可以更加准确地把握市场趋势,定位目标客户,优化产品设计,制定精准的营销策略,从而提高创业的成功率。

一 客户画像

1 客户画像并非简单的数据堆砌

客户画像是通过对大量多维度数据的深度挖掘、系统分析与整合,构建而成的关于客户特征的全面集合。在当今数字化时代,客户画像已成为企业深入了解客户的核心工具,它以一种直观、立体的方式呈现客户的各种属性、行为模式、兴趣偏好等关键信息,帮助企业在虚拟世界中塑造栩栩如生的客户形象。

以电商平台为例,通过收集客户的注册信息,可获取其年龄、性别、地域等基本属性;借助客户的浏览记录、购买历史以及搜索关键词等行为数据,能洞察其购买习惯、产品偏好以及消费能力；分析客户在社交媒体上的互动内容、点赞评论倾向等，可挖掘出他们的兴趣爱好、生活方式和价值观念。将这些丰富的数据进行整合与分析，就能构建出一个完整且细致的客户画像。

2 客户画像的构成维度

客户的基本属性是勾勒客户轮廓的基础信息，涵盖了年龄、性别、地域、职业、教育程度、收入水平等多个方面。这些信息是了解客户的起点，为后续更深入的分析提供了基本框架。

行为属性主要聚焦于客户在与产品或服务交互过程中所产生的各种行为数据，包括购买频率、消费金额、购买渠道、浏览行为、搜索行为、评价行为等。这些行为数据如同客户在消费旅程中留下的脚印，蕴含着丰富的信息，对于洞察客户的消费习惯、购买决策过程以及对产品的满意度等具有至关重要的作用。

偏好属性主要涉及客户的兴趣爱好、品牌偏好、产品偏好、内容偏好等方面的信息，这些信息能够深入反映客户的内心需求和价值取向，为企业实现精准营销提供了关键指导。

以在线旅游平台携程为例，携程通过对大量用户数据的收集和分析，构建了详细的客户画像。这些画像涵盖了用户的基本信息，如年龄、性别、职业、地域等，以及用户的行为信息，如浏览记录、预订历史、出行偏好等。基于这些客户画像，携程能够为用户提供个性化的旅游推荐和服务。例如，对于一位经常预订高端酒店、喜欢海滨度假的中年商务人士，携程会为其推荐全球知名的海滨度假胜地，并提供符合其身份和需求的高端酒店套餐；而对于一位年轻的背包客，携程则会推荐性价比高的青年旅社和热门的小众旅游景点。

此外，携程还会根据用户的出行时间、人数等具体情况，为用户定制个性化的旅游行程。在用户预订过程中，携程的客服团队也会根据客户画像提供个性化的服务，如为有特殊需求的用户提供特殊的服务安排，像为携带婴儿的用户提供婴儿床、婴儿车等设施。通过这种个性化服务，携程极大地满足了不同用户的个性化需求，提升了用户的满意度。

二 构建产品客户画像的方法与步骤

1 数据收集

企业内部蕴含着丰富的数据宝藏，这些数据是构建客户画像的重要基础，能够为企业深入了解客户行为提供关键线索。销售数据是其中的核心组成部分，它详细记录了客户的购买行为，包括购买的产品种类、数量、频率、时间以及购买金额等信息。通过对销售数据的深入分析，企业可以清晰地了解客户的消费偏好和购买习惯。在构建客户画像的过程中，外部数据来源能够为企业提供更广阔的视角和更丰富的信息，帮助企业更全面地了解客户。市场调研是获取外部数据的重要途径之一，它可以通过问卷调查、访谈、焦点小组等方式，收集目标客户群体的需求、偏好、购买行为、消费观念等方面的信息。

2 数据清洗与整理

在构建客户画像的过程中，数据清洗与整理是至关重要的环节。从各种渠道收集到的数据往往存在着大量无效、重复的数据，以及格式不一致、数据缺失等问题。这些脏数据会严重影响数据分析的准确性和客户画像的质量，因此必须对其进行清洗和整理，以提高数据质量，为后续的数据分析和建模工作奠定坚实的基础。

3 数据分析与建模

在构建客户画像的过程中，数据分析是挖掘客户特征与规律的关键步骤，而聚类分析、关联规则挖掘等数据分析方法则是实现这一目标的有力工具。

聚类分析是一种将数据对象分组为相似组的数据分析方法。在客户画像构建中，聚类分析可以根据客户的多个属性，如年龄、性别、消费金额、购买频率等，将客户划分为不同的群体。每个群体内的客户具有相似的特征，而不同群体之间的客户特征差异较大。通过聚类分析，企业可以更好地了解不同客户群体的特点和需求，从而制定针对性的营销策略。例如，某电商企业利用聚类分析将客户分为高价值客户、中价值客户和低价值客户三个群体。高价值客户通常具有较高的消费金额和频繁的购买频率，针对这一群体，企业可以提供专属的会员服务、优先配送和个性化的产品推荐；中价值客户具有一定的消费能力和购买频率，企业可以通过优惠券、促销活动等方式刺激他们增加消费；低价值客户消费金额和购买频率较低，企业可以通过推出低价产品套餐、新用户优惠等方式吸引他们提高消费。

关联规则挖掘是一种用于发现数据中不同变量之间关联关系的数据分析方法。在客户画像构建中，关联规则挖掘可以帮助企业发现客户购买行为之间的潜在关联，从而为交叉销售和个性化推荐提供依据。例如，通过关联规则挖掘，某超市发现购买啤酒的客户中，有很大一部分人同时也会购买薯片。基于这一发现，超市可以将啤酒和薯片摆放在相邻的位置，或者在客户购买啤酒时，向其推荐薯片，提高产品的销售量。

构建客户画像模型的标签体系应根据企业的业务目标和客户特征来设计，涵盖客户的基本属性、行为属性、偏好属性等多个方面。例如，基本属性标签可以包括年龄、性别、地域、职业、收入水平等；行为属性标签可以包括购买频率、消费金额、购买渠道、浏览行为、搜索行为等；偏好属性标签可以包括兴趣爱好、品牌偏好、产品偏好、内容偏好等。每个标签都应具有明确的定义和取值范围，以便准确地描述客户的特征。

4　画像验证与更新

客户画像并非一成不变的静态模型，而是需要不断验证和更新，以确保其准确性和时效性。通过实际业务验证画像的准确性，根据市场变化和客户反馈及时更新画像，是使客户画像持续发挥作用的关键。

总结：客户画像是创业的核心任务

客户画像在创业的各个关键环节都发挥着不可替代的作用。创业者应高度重视客户画像的构建，将其视为创业过程中的核心任务之一。在创业初期，就要投入足够的时间和资源进行市场调研，收集客户数据，构建初步的客户画像。同时，要认识到客户画像的构建是一个持续的过程，需要不断地完善和更新，以适应市场的变化和客户需求的演变。总之，客户画像就像是创业者的读心术，只有深入了解客户，才能在创业的道路上走得更远。毕竟，创业不是一场独角戏，而是一场与客户共舞的双人舞。

第36坑 全抄袭

在创业的世界里,不少创业者不只停留在参考上,而是赤裸裸地抄袭,且屡见不鲜。部分创业者试图通过完全复制他人的成功模式来快速获取利益,这种行为不仅破坏了公平竞争的市场环境,也阻碍了整个行业的创新发展。

一 抄袭与借鉴:看似一样,实则天壤之别

首先,我们需要明确的是,抄袭与合理借鉴、模仿有着本质区别。硬抄袭是创业者在未经授权的情况下,直接复制或模仿他人的商业创意、商业模式、产品设计、营销方案等关键要素,用于自身创业活动的行为。合理借鉴是在理解和吸收他人成功经验的基础上,结合自身实际情况进行创新和改进;而模仿则是在一定程度上参照他人的模式,但在产品或服务上仍具有独特的价值主张。

硬抄袭常见表现形式有复制商业模式、抄袭产品设计、盗用创意。

复制商业模式:直接照搬他人已验证成功的商业模式,如共享经济模式兴起后,出现大量类似共享单车、共享充电宝等项目,部分企业只是简单复制运营模式,缺乏自身的创新和差异化。

抄袭产品设计:对竞争对手的产品外观、功能设计等进行抄袭,如某些山寨手机品牌,在外观和功能上模仿知名品牌手机,试图混淆消费者视听。

盗用创意：窃取他人的创意概念，将其用于自己的创业项目中。例如，某短视频平台上的一个创意挑战赛，被另一个平台直接抄袭，连规则和奖励设置都几乎相同。

二 硬抄袭难以成功的原因

1 法律风险与维权困境
随着知识产权保护意识的不断提高，法律对知识产权的保护力度也在不断加强。创业抄袭行为涉及版权、商标、专利等多个方面的侵权问题，一旦被发现，抄袭者将面临法律诉讼和巨额赔偿。

2 市场竞争与用户信任缺失
在激烈的市场竞争中，产品和服务的差异化是企业立足的关键。抄袭者的产品往往缺乏创新和独特性，难以满足用户日益多样化的需求。而且，抄袭行为一旦被曝光，将严重损害企业的信誉和形象，导致用户信任缺失。

3 创新能力与可持续发展的局限
抄袭虽然可以在短期内节省研发成本和时间，但严重抑制了企业的创新能力。长期抄袭的企业，缺乏自主创新的动力和能力，无法形成核心竞争力。在科技飞速发展的时代，市场需求不断变化，只有不断创新，才能适应市场变化。而抄袭者由于缺乏创新能力，在市场变化时无法及时调整策略，最终被市场淘汰。

三　硬抄袭失败与创新成功案例

1　硬抄袭失败概率高

硬抄袭行为不仅严重损害了被抄袭者的利益，也对整个行业的创新生态造成了破坏。对于创业企业来说，维权成本高、难度大，即使胜诉，也可能在漫长的诉讼过程中错失发展良机。而对于抄袭者来说，虽然可能在短期内获得一定的市场份额，但从长期来看，缺乏创新能力和核心竞争力，难以在市场上立足。

Groupon 模仿者的"百团大战"：2010 年，美国团购网站 Groupon 模式风靡全球，中国也涌现出数千家模仿者，如拉手网、美团网、窝窝团等，掀起"百团大战"。这些模仿者大多照搬 Groupon 的模式，缺乏创新，导致同质化竞争严重。为了争夺用户，他们疯狂烧钱补贴，忽视了产品和服务质量的提升。最终，大部分模仿者因资金链断裂、用户流失而倒闭，只有少数如美团网等通过差异化竞争和精细化运营存活下来。

人人网的"Facebook 模仿秀"：人人网成立于 2005 年，最初名为校内网，是中国最早的社交网络之一。人人网在创立初期几乎完全模仿了 Facebook 的模式和界面设计。尽管人人网在初期取得了一定的成功，但由于缺乏创新和本土化特色，逐渐失去了用户的兴趣。同时，随着微信等更具创新性的社交平台的崛起，人人网的用户大量流失。人人网最终在 2018 年被出售，其创始人陈一舟也承认了模仿 Facebook 的错误，并表示缺乏创新是导致人人网失败的主要原因。

2　创新是创业成功的核心要素

创新是创业的灵魂，是企业在市场竞争中脱颖而出的关键。通过创新，企业可以开发出独特的产品或服务，满足市场的潜在需求，从而获得竞争优势。例如，苹果公司凭借其在产品设计、技术研发等方面的创新，推出了一系列具有划时代意义的产品，如 iPhone、iPad 等，不仅改变了人们的生活方式，也成为全球最具价值的公司之一。

阿里巴巴：阿里巴巴在电子商务领域的创新实践堪称典范。通过创建淘宝、天猫等电商平台，改变了传统的购物模式，为消费者和商家提供了便捷的交易渠道。同时，阿里巴巴还不断创新支付方式，推出支付宝，解决了电子商务交易中的信任和支付问题，推动了中国电子商务的快速发展。

Airbnb：Airbnb 开创了共享住宿的新模式，通过互联网平台将闲置的房屋资源与有住宿需求的用户连接起来，为用户提供了更加个性化、多样化的住宿选择。这种创新的商业模式不仅改变了传统酒店行业的格局，也为创业者提供了新的思路和方向。

总结：创业切不可硬抄袭

创业抄袭行为不仅面临法律风险和市场竞争压力，还会导致企业创新能力和可持续发展的局限。只有坚持创新，才能在激烈的市场竞争中取得成功。创业者应该能够认识到抄袭的危害，树立正确的创业观念，积极投身创新实践。同时，也期待政府、企业和社会各界共同努力，完善知识产权保护体系，营造良好的创业创新环境，推动创业活动的健康发展。总之，创业路上，抄袭或许能带来一时的便利，但真正的成功永远属于那些敢于创新、勇于突破的创业者。毕竟，创业不是一场模仿秀，而是一场创新马拉松。

第 37 坑　颠覆式

在当今这个快速变化的商业环境中，创新已成为企业生存和发展的关键。然而，对于创业者而言，选择何种创新策略往往决定了企业的命运。近年来，颠覆式创新这一概念备受追捧，许多创业者将其视为成功的捷径。但事实上，过度追求颠覆式创新可能带来巨大风险。初创业者切记，创业者不是科研院所的科学家，也不是科研创新的生力军，他们是把具体的产品和服务转化为商品，通过最有效的手段传递给消费者的重要力量。当然，他们也承担着创新的使命，但这个创新不仅仅是颠覆式，也有大量微创新，甚至是小小的改进，不然的话，很可能会死在所谓的颠覆式创新的前夜，看不到后天的太阳。

一　颠覆式创新的诱惑与陷阱

颠覆式创新是指通过引入全新的技术、产品或商业模式，彻底改变现有市场格局的创新方式。这种创新往往能够创造全新的市场需求，甚至颠覆整个行业。例如，智能手机的出现彻底改变了传统手机市场，网约车平台颠覆了传统出租车行业。

颠覆式创新的吸引力显而易见。首先，它能够带来巨大的市场回报。成功实现颠覆式创新的企业往往能够在短时间内获得垄断地位和丰厚利润。其次，颠覆式创新能够显著提升企业的知名度和品牌价值，使企业在竞争中占据有利位置。最后，颠覆式创新往往能够带来社会变革，改善人们的生活方式，这种成就感也是吸引创业者的重要因素。

然而，颠覆式创新的风险和挑战同样不容忽视。首先，颠覆式创新的成功率极低。据统计，仅有不到 10% 的颠覆式创新项目能够成功。这意味着创业者投入大量资源和时间后，很可能面临失败的风险。

其次，颠覆式创新需要大量资源投入。从研发到市场推广，每个环节都需要巨额资金支持。对于初创企业而言，这种资源需求往往是难以承受的。此外，颠覆式创新还需要跨学科、跨领域的人才团队，这对创业团队的组建和管理提出了极高要求。

最后，市场接受度难以预测是颠覆式创新的另一大挑战。即使产品技术先进，如果无法满足用户需求或适应市场环境，仍然可能遭遇失败。例如，谷歌眼镜虽然技术领先，但由于隐私问题和实用性不足，最终未能获得市场认可。

以锤子科技为例，以"颠覆式创新"为核心理念，试图通过独特的设计和用户体验，打破传统智能手机市场的格局。锤子科技的颠覆式创新体现在其操作系统 SmartisanOS 上，该系统以极简设计和人性化操作为卖点，试图为用户提供全新的智能手机体验。

锤子科技的颠覆式创新在初期吸引了不少关注。2014 年，锤子科技发布了首款智能手机 SmartisanT1，凭借其独特的设计和操作系统，获得了不少好评。

然而，锤子科技的颠覆式创新最终以失败告终。尽管初期获得了一定的市场关注，但锤子科技的销量始终未能达到预期，公司多次陷入资金链断裂的危机。2018 年，锤子科技被字节跳动收购。

二　渐进式创新的稳扎稳打之道

与颠覆式创新相比，渐进式创新更加稳健可靠。渐进式创新是指在现有产品或服务基础上进行持续改进和优化，逐步提升产品性能或用户体验。这种创新方式风险较低，资源需求相对较小，更适合初创企业。

以小米公司为例，其成功并非依靠颠覆式创新，而是通过渐进式创新实现的。小米在智能手机领域并没有引入革命性技术，而是通过优化用户体验、改进产品设计和控制成本，逐步赢得了市场份额。

另一个典型案例是星巴克，它并没有发明咖啡，而是通过提升咖啡品质、改善店面环境和创新营销方式，成为全球咖啡连锁品牌的领导者。

渐进式创新的优势在于：首先，它能够降低创业风险。由于是在现有市场基础上进行改进，市场需求相对明确，失败概率较低。其次，渐进式创新所需的资源相对较少，更适合初创企业的实际情况。最后，渐进式创新能够快速响应市场反馈，及时调整产品策略，提高市场适应能力。

总结：颠覆式创新不是万能的，渐进式创新才是王道

创业是一项充满挑战的事业，创新是其成功的关键。然而，过度追求颠覆式创新可能带来巨大风险，不适合大多数初创企业。相比之下，渐进式创新更加稳健可靠，能够帮助创业者在控制风险的同时实现持续发展。因此，创业者应当理性看待颠覆式创新，根据自身情况和市场环境选择合适的创新策略，脚踏实地地推进创业项目，提高创业成功率。总之，颠覆式创新或许能带来一时的风光，但创业初期的企业更需要的是那些能稳扎稳打、步步为营的实干家。

第 38 坑　唯流量

在当下,流量似乎成了创业者的万能钥匙。社交媒体、直播平台等渠道让流量获取变得像点外卖一样简单。然而,现实却给那些只盯着流量的创业者泼了一盆冷水:流量再大,没有好产品和高效的转化机制,企业也只能是昙花一现。流量固然重要,但它只是创业的起点,真正的硬核是产品和转化。这三驾马车协同作战,才能让创业之路走得更稳、更远。

一　流量是基础,但别把它当救世主

流量就像创业的敲门砖,没有它,再好的产品也只能躲在角落里吃灰。尤其是在电商行业,很多新兴品牌靠着社交媒体广告、搜索引擎优化等手段,疯狂吸引流量,瞬间成为网红。然而,流量只是手段,不是目的。如果企业无法将流量转化为实际用户或收入,那高流量带来的不过是短暂的虚假繁荣。

H 老师凭借一首儿歌在短视频平台爆火,短时间内抖音账号涨粉近 500 万,相关视频播放量破亿,点赞、评论和转发量也高得吓人。然而,当她尝试直播带货时,30 天内直播五场,累计 GMV 只有 100 万元,与 800 万粉丝量完全不匹配。更糟糕的是,带货过程中还引发了诸多争议,比如被质疑炒作、作为老师带货不合适、颜值被吐槽等,导致大量粉丝取关,变现效果惨淡。这个案例告诉我们:流量再大,如果没有好的产品和转化机制,终究是竹篮打水一场空。

二 产品是核心，别让翻车毁了你的口碑

产品是企业的命根子，它直接决定了用户是否愿意掏腰包。优秀的产品不仅要解决用户痛点，还要提供良好的体验和差异化优势。只有产品质量过硬，才能赢得用户的信任与口碑，通过用户的自发传播降低获客成本，实现企业的长远发展。

然而，有些创业者却忽视了这一点，结果翻车得惨不忍睹。比如，、短视频平台上的某头部网红，凭借分享真实、质朴的农村生活和特色美食制作内容，积累了庞大的粉丝群体。她利用自身流量优势，推出了一系列东北特色农产品，其中红薯粉条是重点推广的产品。然而，2024年，打假博主爆出猛料：她卖的红薯粉条其实是木薯做的，根本不是红薯！更戏剧性的是，打假博主还声称自己上门查证时被网红团队限制自由，甚至被打。这一事件迅速引发轩然大波，相关部门调查后发现，送检产品确实没有红薯粉成分，而是木薯粉。最终，这名网红不仅需要赔偿165万元，还要对购买者进行退一赔三的赔偿，总额超过300万元。她的电商销售额大幅下滑，个人品牌形象也彻底崩塌。

这个案例告诉我们：流量再大，产品不过关，终究会翻车。用户的眼睛是雪亮的，一旦发现被欺骗，信任危机就会像多米诺骨牌一样，瞬间摧毁企业多年积累的口碑。

三 转化是关键，别让流量溜走

要流量，更要留量！要想留量，那转化就是将流量变成实际用户或收入的关键环节，直接决定了创业的成败。高转化率意味着产品能够精准满足用

户需求，且运营策略行之有效。比如，在线教育平台通过提供免费试听课程吸引流量，然后在试听过程中，凭借优质的教学内容、良好的教学体验和有效的销售引导，将试听用户转化为付费用户。转化率的高低不仅取决于产品本身，还与营销策略、用户体验、价格策略等多种因素密切相关。

然而，有些创业者却忽视了转化的重要性。比如，抖音账号奇妙博物馆，凭借讲述小物件故事的独特内容，3个月内粉丝数突破千万，成为剧情类内容赛道的佼佼者。然而，由于内容制作成本高、变现渠道单一（主要依靠广告），随着行业竞争加剧，广告收入变得不稳定，最终账号在2023年1月停止了更新运营。这个案例告诉我们：流量再大，如果没有高效的转化机制，终究难以支撑企业的持续发展。

总结：流量、产品、转化，一个都不能少

流量、产品和转化就像创业的三驾马车，缺一不可。在创业初期，流量和产品同样重要。企业需要通过各种渠道获取流量，让更多人了解产品；同时，也要不断优化产品，确保其能够满足用户的基本需求。随着企业的发展，重心应逐渐向产品和转化倾斜。此时，企业需要通过持续提升产品质量和用户体验，提高用户满意度和忠诚度，同时优化运营策略，提高转化率，实现流量的最大化利用。

总之，流量是创业的起点，产品是核心，转化是关键。只有将三者有机结合，才能让创业之路走得更稳、更远。否则，流量再大，也不过是昙花一现；产品再好，也可能无人问津；转化再高效，也可能后继乏力。创业者们，别只盯着怎么搞流量了，产品和转化才是真正的硬核！

第二篇

组织人力相关 23 坑

第 39 坑　高学历

在当下，高学历人才似乎成了企业发展的金字招牌。然而，对于创业初期的公司来说，过度追求高学历员工可能会带来一系列问题。创业初期是企业生命周期中最关键也是最脆弱的阶段。这一时期的企业通常面临着资源有限、市场不确定性高、组织结构不完善等诸多挑战。创业者需要在有限的资金和人力条件下，快速验证商业模式，开拓市场，并建立初步的运营体系。在这种情况下，每一笔开支都需要精打细算，每一个招聘决策都可能对企业的生存和发展产生重大影响。

一　高学历员工的潜在局限性

尽管高学历员工通常具备扎实的理论基础和较强的学习能力，但在创业初期的环境中，他们可能面临一些适应性挑战。首先，高学历员工往往对薪资待遇有较高期望，这与创业企业有限的资金资源形成矛盾。智联招聘 2020 年的调查数据显示，硕士及以上学历求职者的平均期望薪资比本科毕业生高出约 40%，这对于资金紧张的创业企业来说可能是一个沉重的负担。

其次，高学历员工可能缺乏实践经验，难以快速适应创业企业的快节奏和多变环境。许多高学历人才在学术环境中培养了严谨的思维方式和深入的研究能力，但在实际操作和快速决策方面可能经验不足。

此外，高学历员工的创新能力可能受到一定限制。长期的专业化训练虽然培养了他们在特定领域的深度知识,但也可能限制了他们的思维广度和跨界创新能力。在创业环境中,往往需要员工具备跨学科思维和快速学习新知识的能力,这对一些高学历员工来说可能是一个挑战。

1　某共享单车企业的高学历陷阱

在创业初期,创始人为提升团队学术背景,大量招聘名校高学历人才。如在技术研发团队中,引入多名来自清华、北大等高校的计算机专业博士。然而,这些高学历人才虽然理论知识深厚,但缺乏共享单车行业的实际运营经验。在面对共享单车投放布局、车辆维修管理等实际问题时,难以提出有效的解决方案。同时,由于对创业企业的艰苦环境和不确定性预估不足,高学历员工对工作强度和发展前景产生不满,导致团队人心涣散,人才大量流失,最终该共享单车企业在激烈的市场竞争中逐渐衰落。

2　J化妆品电商的理论派困境

J化妆品电商创业初期,陈某也曾热衷于招聘高学历人才,希望借助他们的专业能力推动公司快速发展。在市场推广部门,招聘了许多拥有知名商学院硕士学位的员工。但这些高学历人才在制定市场策略时,过于依赖理论模型,忽视了化妆品电商市场的实际特点和消费者需求。例如,在一次重要的促销活动中,按照传统营销理论制定的策略未能吸引消费者,导致活动效果不佳,销售额远未达到预期。由于无法快速适应创业企业灵活多变的市场环境,部分高学历员工选择离职,给J化妆品电商的发展带来了一定的阻碍。

3　F服装电商的高学历扩张

F服装电商由陈某于2007年创立,是一家在线服装零售公司。F服装电商在巅峰时期曾被誉为中国的Zara,并吸引了大量高学历人才。F服装电商招聘了大量拥有顶尖学府背景的高学历员工,这些员工制订了雄心勃勃的扩张计划，包括扩展产品线和覆盖多个城市。然而，这些计划过于激进，超出了公司的实际能力。忽视运营效率：高学历员工过于专注于战略规划和市场扩张，而忽视了运营效率和成本控制。这导致公司在供应链管理和库存控制方面遇到了巨大困难，运营成本居高不下。团队协作问题：高学历员工之间的竞争和优越感导致了团队内部的协作问题，缺乏有效的沟通和执行机制，进一步加剧了公司的运营困境。F服装电商在2011年因运营成本过高和市场扩张过快而陷入危机，最终被重组。F服装电商的失败部分归因于过度依赖高学历员工，而忽视了实际运营效率和团队协作的重要性。

二　创业初期更合适的找人策略

鉴于高学历员工可能存在的局限性，创业初期企业在招聘时应采取更加务实和灵活的策略。首先，企业应注重候选人的实际能力而非单纯追求高学历。可以通过设置实际任务测试、案例分析等方式，评估候选人的问题解决能力、执行力和适应能力。

其次，构建多元化团队是创业企业成功的关键。除了专业技能，企业还应关注候选人的性格特质、价值观和团队协作能力。一个多元化的团队能够带来更广阔的视角和更丰富的创意，有助于企业在激烈的市场竞争中脱颖而出。

最后，建立内部培养机制对于创业企业的长期发展至关重要。通过mentorship（导师）计划、定期培训和项目轮岗等方式，企业可以培养员工的综合能力，提高团队的整体素质。这种方法不仅能够降低招聘成本，还能增强员工的忠诚度和归属感。

总结：创业初期不应过度迷恋招聘高学历员工

创业初期企业不应过度迷恋招聘高学历员工，而应更加注重候选人的实际能力、适应能力和创业精神。其次，构建多元化团队和建立内部培养机制是创业企业成功的关键因素。最后，企业应根据自身发展阶段和实际需求，制定合理的招聘策略，以实现团队的优化配置和企业的可持续发展。总之，高学历人才或许能带来一时的光环，但创业初期的企业更需要的是那些能脚踏实地、快速适应并解决问题的实干家。毕竟，创业路上，光有理论是不够的，还得有接地气的本事。

第40坑　空降兵

不少创业者都梦想着引入一位超级英雄般的外部高端人才，期待他能带着新理念、新技术和新资源，一举扭转企业的命运，实现跨越式发展。然而，现实往往比梦想骨感得多。很多企业在引入这些空降兵后，不仅没有迎来预期的飞跃，反而陷入业绩下滑、团队分裂、内部矛盾激化的泥潭。这不禁让人感叹：空降兵到底是企业的救世主，还是麻烦制造者？

一　空降兵为什么会水土不服

1　对企业了解不足：外来的和尚难念经

空降兵通常是空降到企业，短时间内很难深入了解企业的历史、文化、业务流程和复杂的人际关系。这就好比一个刚搬到新城市的人，连地铁站都找不到，却要立刻指挥交通。结果可想而知，决策和执行往往与企业实际情况脱节，甚至南辕北辙。

2　短期主义倾向：只顾眼前，不顾未来

许多空降兵，尤其是职业经理人，往往带着短期主义的标签。他们更关心如何在任期内快速提升业绩，以便为自己的履历镀金，而不是企业的长远发展。这种心态在战略决策和资源配置上表现得尤为明显。为了短期业绩，他们可能会选择一些速效项目，虽然短期内能见效，但长期来看却可能损害

企业的核心竞争力。比如，过度投入资源到能快速赚钱的业务，而忽视了研发和人才培养等长期投资。

3　团队融合困难：文化冲突，难以调和

空降兵进入企业后，不仅要适应新的工作环境，还要融入原有的团队。然而，文化背景、工作方式和价值观的差异，往往让他们与老员工之间产生隔阂。沟通不畅、冲突频发，团队合力难以形成。这就像把一只狼放进羊群，虽然狼可能很有能力，但羊群却未必愿意跟随它。

苹果公司在20世纪80年代，创始人史蒂夫·乔布斯为了提升公司的管理水平，从百事可乐公司聘请了约翰·斯库利担任苹果公司的首席执行官。斯库利在百事可乐取得了显著的成就，他的到来被寄予厚望，希望他能带领苹果走向更广阔的市场。

斯库利对苹果公司的产品理念和创新文化缺乏深入理解。苹果公司一直以追求极致的产品设计和用户体验为核心，而斯库利更注重市场推广和销售策略。在他的领导下，苹果推出了一些不符合公司传统产品理念的产品，如Lisa电脑，虽然技术先进，但价格昂贵且用户体验不佳，市场反应冷淡。

同时，斯库利与乔布斯之间的矛盾逐渐激化。两人在公司发展战略和产品方向上存在严重分歧，最终导致乔布斯离开苹果公司。乔布斯的离开对苹果的创新能力和企业文化造成了巨大的冲击，苹果在随后的几年里业绩下滑，市场份额被竞争对手蚕食。直到1997年乔布斯回归，苹果才逐渐恢复元气，重新走上创新发展的道路。

二　如何让空降兵软着陆

1　谨慎引入空降兵：别急着招兵买马

充分评估需求：在决定引入空降兵之前，企业要先问问自己：我们真的需要这个人吗？如果只是某个技术环节出了问题，或许可以通过外部咨询或短期合作解决，没必要大动干戈引入全职高管。

严格筛选人才：除了看简历上的光环，企业还要考察候选人的价值观、文化适应性和团队协作能力。可以通过多轮面试、情景模拟、背景调查等方式，全面了解候选人的真实水平。比如，在面试中设置一些与企业实际相关的案例，看看候选人如何应对；或者通过与前同事、上级的沟通，了解他们的工作态度和团队合作情况。

2　注重内部人才培养：自家孩子更靠谱

建立完善的培训体系：企业要根据自身的发展战略和业务需求，制订系统的培训计划。无论是新员工入职培训，还是岗位技能培训、管理培训，都要注重实用性和针对性。比如，技术岗位的员工可以定期参加内部技术交流，管理岗位的员工则可以接受领导力培训。

提供晋升机会和职业发展规划：为员工搭建清晰的职业发展通道，让他们看到自己在企业中的成长空间。同时，建立公平公正的晋升机制，根据员工的表现和能力进行晋升。定期与员工沟通，了解他们的职业发展需求，提供个性化的职业规划建议。

3　建立长期发展战略：别只顾眼前利益

明确企业愿景和使命：企业要明确自己的长期发展目标，并将其传达给每一位员工。通过制订具体的战略规划和行动计划，确保企业的各项工作都围绕长期目标展开。

引导员工树立长期主义观念：通过培训和企业文化建设，引导员工关注企业的长期发展利益。对于空降兵，要在入职时就明确告知企业的长期发展战略和目标，让他们清楚自己在企业中的角色和责任。在绩效考核和激励机制上，适当增加对长期业绩指标的考核权重，鼓励员工为企业的长期发展贡献力量。

阿里巴巴创业初期，核心团队成员大多是马云身边的普通人，很多来自普通院校，并非传统意义上的高学历、高背景人才。例如彭蕾，她在阿里巴巴创业早期就加入团队，从最基础的工作做起，逐步成长为阿里巴巴的核心高管之一。

在阿里巴巴的发展过程中，尽管也曾从全球聘请过非常高级的人才，但这些看似聪明、背景强大的人才却一拨一拨地离开。而那些被认为"笨"但却忠诚、坚持的内部成员，始终坚守在岗位上，与阿里巴巴共同成长。他们深入了解阿里巴巴的企业文化和业务模式，能够与团队成员紧密协作，为阿里巴巴的发展做出了巨大贡献。如今，阿里巴巴已成为全球知名的互联网企业，内部培养起来的人才在企业的战略决策、团队管理等方面发挥着重要作用。

总结：空降兵不是万能药，内部培养才是硬道理

对于创业企业而言，空降兵并非万能药，盲目引入可能会带来更多问题。企业应谨慎使用空降兵，充分认识到其中的风险，并采取有效的应对策略。同时，要高度重视内部人才培养，建立完善的人才培养体系和激励机制，打造一支忠诚、稳定且具有强大执行力的人才队伍。只有这样，企业才能在激烈的市场竞争中立于不败之地，实现可持续发展。

第 41 坑　多股东

在创业成功的众多因素中，股权结构是至关重要的。创业初期，部分创业者为筹集资金、整合资源或出于人情考量，引入过多股东，却往往忽视了背后潜藏的巨大风险。合理的股东架构如同稳固的基石，为企业发展奠定良好基础；而股东过多则可能成为企业前行的沉重枷锁，引发一系列难以解决的问题。

一　创业初期股东过多：股权结构分散、决策效率低下

1　控制权稀释：创始人变傀儡

创业初期引入过多股东，股权被不断稀释，创始人的控制权逐渐减弱。当控制权分散到一定程度，创始人可能失去对企业的主导权，无法按照自己的战略规划推动企业发展。这就像一场权力的游戏，创始人从国王变成了傀儡，眼睁睁看着自己的王国被各方势力瓜分。

2　股权纠纷隐患：利益争夺的火药桶

众多股东的利益诉求和价值观存在差异，在企业发展过程中，对股权的分配、增值和转让等问题可能产生不同看法，从而引发股权纠纷。这就像一场宫廷内斗，各方势力为了利益争得你死我活，最终可能导致企业分崩离析。

3 沟通协调困难：信息传递的迷宫

股东人数越多，沟通协调的难度就越大。在讨论企业决策时，需要收集和整合众多股东的意见，这不仅耗费大量时间和精力，而且由于信息传递过程中的失真和损耗，可能导致决策依据不准确。这就像一场电话游戏，信息在传递过程中不断变形，最终的结果可能与初衷大相径庭。

4 决策僵局：企业发展的绊脚石

在股东过多且股权相对分散的情况下，很容易出现决策僵局。各方意见僵持不下，无法形成有效的决策，使企业在面对市场变化和竞争挑战时反应迟缓，甚至陷入停滞。这就像一场拔河比赛，各方力量势均力敌，谁也拉不动谁，最终只能原地踏步。

5 案例：H地产公司的股东噩梦

浙江杭州的H地产公司成立于2018年，创业初期有40名股东。这些股东来自各行各业，有的是资金雄厚的投资者，期望通过投资获取高额回报；有的是商业地产领域的资深人士，带着丰富的行业经验和资源入股；还有的是拥有当地人脉资源的合作伙伴，希望借助公司平台实现资源变现。

由于股东数量众多，股权极度分散，最大股东持股比例仅12%。这直接导致公司在运营过程中问题频出。在项目规划阶段，股东们产生了严重分歧。在一个位于郊区的大型商业综合体项目规划上，一些股东凭借自身对高端消费市场的理解，认为应该主打高端品牌，配套高端写字楼和豪华公寓，吸引周边城市的高消费人群和企业入驻；而另一些股东则从当地实际消费能力和市场需求出发，主张以大众品牌为主，配备大型超市、电影院等生活娱乐设施，满足当地居民的日常消费和休闲需求。双方各执一词，互不相让，项目规划方案反复修改，延误了近一年的时间才勉强确定，错过最佳开工时机。

在资金投入决策方面，分歧同样严重。当项目建设需要追加投资完善基础设施时，部分股东认为前期投入已经超出预期，市场前景不明朗，不愿意再投入资金；而另一部分股东则坚信项目潜力巨大，应该加大投入，尽快完成项目建设投入运营。由于股东意见无法统一，公司无法及时筹集到足够资金，工程进度严重滞后，施工方多次因资金短缺停工，项目成本大幅增加。

在合作方选择上，股东们也难以达成共识。对于项目的建筑工程合作方，一些股东倾向于选择具有丰富经验、口碑良好但报价较高的大型知名建筑企业，认为其能保证工程质量和按时交付；而另一些股东则希望选择报价较低、成本可控但经验相对不足的小型建筑企业，以降低项目成本。股东们为此争论不休，决策过程漫长，导致公司错失了与一些优质合作方的合作机会，最终选择的合作方在施工过程中出现了质量问题和工期延误，进一步影响了项目的推进。

在公司运营不到两年时，资金链断裂，多个项目停滞，公司陷入严重的债务危机，不得不进行清算。股东们投入的资金血本无归，曾经雄心勃勃的商业地产项目以失败告终。

二 创业初期股东过多：利益冲突、管理协调困难

1 短期与长期利益冲突：眼前的蛋糕还是未来的盛宴

不同股东对企业的发展期望和利益诉求不同，部分股东可能更关注短期利益，希望尽快获得回报；而另一些股东则着眼于企业的长期发展，愿意进行长期投资和战略布局。这种利益冲突在股东过多时尤为突出，会干扰企业的战略决策和资源配置。这就像一场蛋糕争夺战，有人想马上分一块，有人则想等蛋糕做大再分，结果谁也吃不到。

2　组织架构混乱：职责不清的迷宫

股东过多可能导致企业组织架构混乱、职责不清。股东往往希望在企业中拥有一定的话语权和决策权，可能会插手企业的日常管理，导致管理层无法有效行使职权，企业运营缺乏统一的指挥和协调。这就像一场无头苍蝇的闹剧，大家都在指手画脚，却没人真正负责。

3　企业文化建设受阻：文化冲突的战场

良好的企业文化是企业凝聚力和竞争力的重要源泉。然而，股东过多时，不同股东带来的文化理念和价值观相互冲突，难以形成统一的企业文化。这会影响员工的归属感和忠诚度，降低企业的团队协作能力。这就像一场文化大杂烩，各种文化理念混杂在一起，谁也说服不了谁，最终导致企业文化四分五裂。

4　案例：印纪传媒的股东纷争

印纪传媒成立于2003年，创业初期就引入了众多投资者，股东构成复杂，包括金融机构、影视行业专业人士、其他资本方以及一些具有影视资源的个人。公司凭借多元化的股东背景和资源，迅速在影视制作、广告营销等领域崭露头角，一度成为行业内备受瞩目的企业，参与制作和营销了多部知名影视作品。

然而，随着公司的发展，股东过多带来的问题逐渐凸显。在公司战略规划层面，股东们的分歧日益严重。在影视项目选择上，部分股东从商业利益出发，认为应聚焦投资商业大片，这类影片往往具有高票房潜力，能在短期内为公司带来丰厚回报；而另一部分股东则更注重公司的品牌形象和文化内涵，主张投资中小成本的文艺片，通过作品的艺术价值提升公司在行业内的地位和口碑。这种战略上的分歧使得公司在项目决策时犹豫不决，内部讨论多次陷入僵局，导致一些优质项目因决策迟缓而流失。

在利益分配方面，由于股东众多，利益诉求各不相同，制订合理的分配方案成为一大难题。部分股东为了自身利益最大化，在利润分配上过度争夺，甚至不惜损害公司的整体利益。一些股东要求高额分红，导致公司用于影视项目研发、人才培养和市场拓展的资金严重不足，影响了公司的可持续发展。同时，股东之间的利益矛盾也引发了信任危机，团队凝聚力下降，优秀人才流失。

在一系列问题的持续困扰下，印纪传媒的经营状况逐渐恶化。公司资金链断裂，无法按时偿还债务，财务状况急剧恶化。2022年9月16日，法院裁定确认兴业银行股份有限公司成都分行等16家债权人对印纪传媒享有17.67亿元普通债权。2024年4月3日，北京市第一中级人民法院裁定宣告印纪传媒破产，这家曾经辉煌一时的文创企业最终走向失败。

总结：创业初期股东过多，风险重重

创业初期股东过多会给企业带来巨大的风险。股权结构分散导致控制权稀释和股权纠纷隐患；决策效率低下使得企业在面对市场变化时反应迟缓；利益冲突加剧干扰企业的战略决策和资源配置；管理协调困难阻碍企业的正常运营和文化建设。这些风险严重威胁创业企业的生存与发展，许多曾经辉煌的创业企业正是因为股东过多而陷入困境，甚至走向失败。创业初期是企业发展的关键阶段，创业者应充分认识到股东过多带来的风险，谨慎规划股权结构，合理控制股东数量，建立健全企业治理机制，加强内部沟通协调，以降低风险，提高创业成功的概率。

总之，创业初期的股东数量就像调味料，适量可以提味，过多则会毁了一锅好汤。创业者们，千万别让股东陷阱毁了你的创业梦！

第 42 坑　夫妻店

在国内,夫妻店作为一种独特的创业形式,广泛存在于各个创业领域。从街头巷尾的小餐馆、便利店,到颇具规模的中小型企业,夫妻共同创业的身影随处可见。夫妻店凭借其天然的信任基础、紧密的合作关系以及灵活的经营方式,在创业初期往往能够迅速起步并取得一定的成绩。然而,随着企业的发展壮大,夫妻店模式也逐渐暴露出诸多弊端,这些问题不仅阻碍了企业的进一步发展,甚至可能导致企业陷入困境,夫妻关系也受到严重影响。

一　夫妻店创业的潜在风险

1　家庭与事业边界模糊:情感冲突影响决策

在夫妻店创业模式中,家庭与事业紧密交织,一旦夫妻之间出现情感冲突,很容易对工作决策产生负面影响。当夫妻因家庭琐事发生争吵,情绪处于激动或低落状态时,在工作中就难以保持冷静和理性,从而导致决策失误。在一些涉及企业重大投资、业务拓展的关键决策上,可能会因情感冲突而无法全面、客观地分析市场情况和企业自身实力,做出错误的判断。

2　工作压力破坏家庭和谐:创业压力压垮家庭

创业过程中,夫妻双方往往需要投入大量的时间和精力,承受巨大的工作压力。这种工作压力如果不能得到有效的缓解和释放,很容易渗透到家庭生活中，破坏家庭和谐。长时间的高强度工作，会使夫妻双方陪伴家人的时间减少，对子女的教育和照顾也会力不从心，导致家庭关系逐渐疏远。

3　缺乏专业管理能力：管理混乱的重灾区

许多夫妻在创业时，往往凭借着对某个行业的兴趣或一定的经验就投身其中，但可能缺乏专业的管理知识和技能。在企业管理方面，他们可能没有系统地学习过财务管理、人力资源管理、市场营销等方面的知识，导致企业在运营过程中出现管理混乱的问题。在财务管理上，一些夫妻店可能没有建立完善的财务制度，账目不清，资金使用缺乏规划。在资金的筹集和使用上，可能会因为缺乏专业的财务知识，无法合理安排资金，导致资金链断裂。在人员管理方面，可能会因为缺乏人力资源管理的经验，无法合理地招聘、培训和激励员工，导致员工工作积极性不高，人才流失严重。

4　决策分歧难以调和：夫妻内斗拖累企业

夫妻双方在性格、思维方式、价值观等方面存在差异，在企业决策过程中，很容易出现决策分歧。而且，由于夫妻关系的特殊性，一旦出现分歧，往往难以像普通合作伙伴那样通过理性的沟通和协商来解决。

5　案例：某中草药日化企业夫妻的离婚风波

1988年，陈某与万某相识，两人结为夫妻后共同创业。2009年于香港上市，市值一度突破200亿港元，占据中草药洗护市场的半壁江山。

2014年起，两人分居并签署离婚协议，但因财产分割未达成一致，双方矛盾升级。2017年，万某公开控诉陈某转移资产、伪造董事辞职信将其踢出管理层，并申请清盘控股公司，导致股价单日暴跌31%。

万某离开后，企业推出凉茶、护肤品等多元化业务，均以失败告终，核心产品研发停滞，2016~2022年，公司连续亏损超15亿元，市值仅剩1.8

亿港元。

该中草药日化企业的失败，虽然是多方面原因造成的，但本质是夫妻创业模式缺陷与品牌信任崩塌的双重打击所造成的。即便身处千亿脱发市场风口，内耗与管理失序，仍会让企业错失发展的机会。

二 夫妻店的启示与教训

1 明确股权结构和公司治理结构

在夫妻店创业模式中，明确股权结构和公司治理结构至关重要。由于夫妻的股权比例较为接近，且公司治理结构不完善，导致在夫妻关系破裂时，双方对公司控制权的争夺异常激烈，给公司带来了巨大的损失。创业者应该在创业初期就明确股权结构，合理分配股权，避免出现股权过于集中或分散的情况。同时，要建立健全公司治理结构，明确股东会、董事会、管理层的职责和权限，确保公司的决策和运营能够有序进行。

2 建立有效的沟通和决策机制

建立有效的沟通和决策机制是夫妻店创业成功的关键。在创业过程中，夫妻双方难免会出现意见不合的情况，此时，建立有效的沟通机制，能够及时化解矛盾，避免矛盾升级。同时，要建立科学的决策机制，在面对重大决策时，应该充分听取各方意见，进行深入的市场调研和分析，确保决策的科学性和合理性。

3 及时寻求外部帮助

当夫妻关系出现问题时，要及时寻求外部帮助，避免将家庭矛盾带入公司。创业者应该认识到，家庭和事业是两个不同的领域，当家庭出现问题时，要及时寻求专业的心理咨询和调解，避免将家庭矛盾扩大化，影响公司的正常运营。

总结：创业初期应避免夫妻店的创业模式

如果你是一个有野心或者说有强烈事业心的创业者，在创业初期应尽可能地避免夫妻店的创业模式。如果必须选择这种模式，应明确夫妻双方在企业中的角色分工，划分清晰的职责和权限，避免因职责不清导致矛盾和冲突。建立科学的决策机制至关重要。总之，夫妻店创业模式虽然有其独特的优势，但也伴随着诸多风险。创业者们在选择这种模式时，务必谨慎行事，避免让甜蜜的爱情因为合伙创业而变成苦涩的现实。

第 43 坑　萧墙祸

不少创业者家国不分，公司是家，家也是公司，这样混杂在一起，很少有不乱套的。创业的目的首先是让自己的小家过好日子，其次才是小家之外的大家。如不能正确地处理好创业和家庭、生意和生活的关系，家将不家，离祸起萧墙也就不远了。

一　家业共生：温情脉脉的慢性毒药

1　姐弟冲突

2023年，某智能家居品牌爆雷事件成了这种混乱关系的典型案例。创始人被亲姐姐持菜刀堵在办公室，亲姐姐愤怒地质问："你给员工发十三薪，凭啥不给你外甥买房？"监控视频中，撕碎的账本与家族合影一同飘落，这一幕仿佛是血缘与股权激烈碰撞的惨烈写照。

在这个案例中，情感被当作股权，道德绑架成了对赌协议，原本应该清晰的商业规则被亲情的迷雾所笼罩，最终让公司陷入了困境。

2　兄弟阋墙

某估值30亿元的跨境电商公司，兄弟三人因"谁家孩子进董事会"这一问题在仓库群殴。如此荒诞的场景，让投资人连夜撤资，甚至发出了"你们打残一个，公司估值就能涨30%？那我把ICU包年费投进去"的嘲讽。

家族内部的纷争不仅破坏了公司的形象，更让投资人对公司的未来失去了信心，这种因家族矛盾而引发的投资危机，无疑是创业路上的一大致命伤。

3　父子相噬

山西某煤二代留学归来，试图用 AI 系统革新公司财务部，将父亲安插的七姑八姨全部替换。然而，老父亲无法接受这种变革，拄着拐杖砸服务器，愤怒地说："老子养条狗都晓得摇尾巴，你这机器连三舅姥爷的退休金都敢停！"三个月后，公司因"数字化过度"被供应商集体断供。

这一事件反映了代际之间在经营理念和管理方式上的巨大差异，当家庭关系与公司决策相互干扰时，公司的经营很容易陷入困境。

4　亲情绑架

2023 年北京某 AI 公司创始人被亲弟举报"挪用公款"，调查发现竟是母亲逼他给表弟婚房垫付首付。公司上市前夕崩塌，老母亲在法庭哭喊："养你三十年，拿两百万犯什么法？"

这种将亲情当作提款机的行为，最终透支了企业的最后一口气，让多年的创业成果毁于一旦。

二　破界法则：顶尖高手的制胜秘籍

1　物理切割术：角色的清晰重启

美团王兴把家安在距公司 20 公里的湖边："开车够听完'得到'两节课，正好把爸爸和 CEO 两个角色格式化重启。"这种物理上的距离，让他能够在不同的角色之间自由切换，避免了角色的混淆。同时，他还规定家族成员想参观总部需提前一个月预约，进一步明确了家庭与公司的界限。

2 制度防火墙：规则的严格守护

京东明文规定："亲属送礼超 200 元视为商业贿赂。"某副总裁给刘强东老家寄了箱阳澄湖大闸蟹，反被监察部追缴市场差价："亲情价也是价，按制度打八折补税！"通过这种严格的制度规定，京东有效地避免了亲情对商业规则的干扰，为公司的健康发展筑起了一道坚实的防火墙。

3 情感脱敏训练：专业与理性的坚守

在东方甄选直播间某次农产品专场中，董宇辉得知父亲突发心脏病入院。他全程未中断讲解，仅用 5 分钟调整呼吸节奏，继续以文学典故穿插产品卖点，甚至在介绍红枣时引用了《诗经》中的"投我以木桃，报之以琼瑶"。当晚直播间成交额破亿元，次日他轻描淡写回应粉丝关心："人生如逆旅，但知识能让我在风暴中站稳。"

三　终极解药：让家回归温暖港湾

在处理创业与家庭的关系时，除了划清界限，还需要让家回归到它原本的"无用之地"，成为创业者心灵的避风港。

1 空间净化论：守护家庭的童话世界

张小龙设计微信总部时，刻意把亲子乐园建在 3 公里外，他说："让孩子看见爸爸在开会，就像看见奥特曼在银行数钱——童话破灭只需一眼。"这种空间上的隔离，保护了孩子心中对家庭的美好想象，让家成为一个纯粹的情感空间，避免了工作对家庭氛围的干扰。

2 时间熔断机制：平衡事业与家庭的天平

雷军给小米高管配特制手表，18点震动提醒"你爸上线"，19点强制关机——除非当日股价涨7%。某副总为陪女儿中考违规开机，雷军罚他给全员唱《爸爸去哪儿》。通过这种时间上的限制，雷军提醒高管们要重视家庭，合理分配时间，避免因工作过度而忽视了家庭。

3 情绪排污口：释放压力，回归本真

拼多多黄峥在办公室设"家庭情绪回收站"：员工可把家属抱怨信投进碎纸机，碎纸末实时生成"亲属情绪分析报告"。"上季度岳母干涉决策类投诉下降37%，效果显著。"这个"家庭情绪回收站"为员工提供了一个释放压力的渠道，让他们能够更好地处理家庭与工作之间的情绪问题，以更饱满的精神状态投入工作中。

总结：商海沉浮处，最贵是红尘

所有伟大企业，终要在妻子留的汤、孩子画的饼、父母藏的唠叨里交答卷。

第44坑　同质化

创业团队作为创业活动的核心主体，其组建与发展状况直接关乎创业的成败。一个优秀的创业团队能够整合各方资源、凝聚创新力量，在复杂多变的市场环境中引领企业前行。然而，在现实的创业实践中，许多创业初始团队存在背景同质化的问题，团队成员在教育背景、专业技能、行业经验甚至思维方式等方面存在高度相似性。这种同质化现象可能在创业初期带来一定的沟通便利和协作效率，但随着企业的发展，其潜在的弊端逐渐显现，成为制约企业成长和创新的瓶颈。笔者经常强调创业的核心团队一定要做到三观一致，但一定要明白我说的三观一致不是五观相同。笔者的博士论文《新创企业的创业者特质、创业团队构成与创业绩效：创业投资的调节作用》就是研究创业的同质化或异质化团队构成与创业绩效关系的，这篇论文发表在了中国核心期刊《中国人力资源开发》上。

一　创业团队需要多元化

1　能打胜仗的创业团队是一个能力互补、责任共担的群体

创业团队是在创业过程中，由一群具有共同创业目标，且才能互补、责任共担的人所组成的特殊群体。这一群体并非简单的人员集合，而是一个有机的整体，成员之间相互协作、相互影响，共同推动创业项目的发展。例如，在一家互联网创业企业中，创业团队可能包括具备技术研发能力的人员，负

责开发和维护公司的软件产品；拥有市场营销经验的人员，负责推广产品、拓展市场；擅长财务管理的人员，负责资金的规划与运作；以及富有领导力和战略眼光的创业者，负责引领团队方向、做出关键决策。

2　人员是创业团队的核心要素

不同成员所具备的专业技能、经验和知识，是团队实现目标的关键。在一个医疗科技创业团队中，既需要医学专业背景的人员来提供专业的医学知识和临床经验，确保产品的科学性和有效性；也需要工程技术人员来进行产品的研发和设计，将医学理念转化为实际的产品；还需要具有商业运营经验的人员来负责市场推广、销售和财务管理，保障企业的正常运营。

3　成员角色分配在创业团队中至关重要

它明确了每个成员在团队中的职责和任务，有助于提高团队的协作效率。在一家餐饮创业企业中，有人负责食材采购，确保食材的新鲜和质量；有人负责厨房管理和菜品制作，保证菜品的口味和品质；有人负责餐厅的服务和客户关系管理，提升客户的用餐体验。

二　团队背景同质化的消极影响

1　创新能力受限：思维定式的牢笼

创业初始团队背景同质化可能导致创新能力受限。相似的教育背景和工作经历使团队成员的思维方式较为趋同，在面对问题时，容易陷入固有的思维模式，难以产生创新性的想法。在一个由传统制造业背景人员组成的创业团队中，他们习惯于按照传统的生产和管理模式进行思考和决策。当企业试图进入新兴的智能制造领域时，由于团队成员缺乏对新技术、新理念的了解和接触，很难提出具有创新性的产品设计和商业模式。

2 市场洞察力不足：视野狭窄的盲区

背景单一的创业团队对多元市场需求的理解往往不够深入。团队成员相似的背景使他们的视野相对狭窄，难以全面了解不同消费者群体的需求、偏好和行为习惯。在一个专注于年轻消费群体的互联网创业项目中，创业团队成员均为年轻的互联网从业者，他们对年轻消费者的需求和喜好有一定的了解，但对于中老年消费群体的需求则缺乏足够的认识。当企业试图拓展中老年市场时，由于团队对这一市场的特点和需求缺乏深入研究，推出的产品或服务无法满足中老年消费者的实际需求，导致市场推广效果不佳。

3 应对风险能力弱：经验不足的短板

缺乏多元经验的创业团队在应对风险时能力相对较弱。在复杂多变的市场环境中，企业可能面临各种不同类型的风险，如市场风险、技术风险、管理风险等。而背景同质化的团队在面对风险时，由于经验和知识的局限性，往往难以全面识别和评估风险，也难以制定出有效的应对策略。在一家科技创业企业中，团队成员主要来自技术研发领域，缺乏市场营销和财务管理方面的经验。当市场出现波动，产品销售受阻时，团队由于缺乏市场营销经验，无法及时调整营销策略，开拓市场；同时，由于缺乏财务管理经验，也难以有效应对资金紧张等财务风险，最终导致企业陷入困境。

4 案例：神奇百货的创业失败

神奇百货是一家成立于2015年的青少年电商平台，创始人是当时年仅17岁的王凯歆。该项目主打"95后""00后"消费群体，提供潮流商品和个性化推荐。神奇百货在成立初期备受关注，曾获得真格基金、创新工场等知名投资机构的青睐，估值一度超过亿元。

神奇百货的创始团队以年轻互联网从业者为主，缺乏电商行业的资深从业者，导致对供应链、库存管理、物流等关键环节缺乏经验。团队中没有专业的财务管理人员，导致资金使用效率低下，甚至出现财务混乱。由于团队缺乏行业经验，神奇百货在扩张过程中盲目追求规模，忽视了精细化运营和用户体验。团队对市场需求的判断过于理想化，未能准确把握青少年消费群体的真实需求。创始人王凯歆因年龄和经验不足，在管理上显得力不从心，未能有效整合团队资源。

2016年，神奇百货被曝出大规模裁员、办公室搬迁等问题，创始人王凯歆也被质疑管理能力不足。最终，神奇百货在成立不到两年后宣布关闭，成为创业圈中典型的失败案例。

总结：创业初始团队背景同质化存在诸多弊端

在创新能力方面，相似的教育背景和工作经历导致团队成员思维趋同，难以突破传统思维模式，提出创新性的解决方案，从而在激烈的市场竞争中逐渐失去优势。市场洞察力不足也是一个突出问题，单一的团队背景使得成员对多元市场需求的理解不够深入，无法精准把握不同消费者群体的需求，限制了企业的市场拓展空间。在应对风险能力上，缺乏多元经验的团队在面对复杂多变的市场风险时，往往因知识和经验的局限性而难以有效应对，导致企业陷入困境。在团队组建阶段，应积极开展多元化人才招聘，拓宽招聘渠道，明确多元化招聘标准，吸引不同背景的人才加入团队。

总之，创业团队的同质化虽然可能在初期带来一定的便利，但长远来看，多元化的团队才是企业持续创新和发展的关键。创业者们，别让舒适圈限制了你的竞争力，勇敢跳出同质化的牢笼，拥抱多元化的创新引擎吧！

第45坑　画大饼

在创业过程中,激励机制是吸引和留住人才、激发员工积极性与创造力的关键因素之一。合理的激励措施能够使员工与企业目标紧密结合,推动企业持续发展。然而,一些创业者或老板在激励员工时,常常采用画大饼式长期激励,过度夸大未来的收益和回报,给予员工不切实际的承诺,却缺乏具体可行的实施计划和保障措施。这种激励方式往往只是描绘出一个美好的愿景,如同画了一个大饼,但难以真正兑现,与基于企业实际情况和发展规划制定的合理激励机制有着本质区别。画大饼式的长期激励可能带来诸多负面影响,如员工期望落空导致工作积极性受挫、企业信誉受损等,严重时甚至可能影响企业的生存与发展。

一　画大饼式长期激励带来的问题

1　对员工的负面影响：从满怀期待到心灰意冷

积极性受挫：当员工发现企业所承诺的长期激励无法兑现时,他们会感到自己被欺骗,工作积极性和热情会受到极大打击。原本为了实现企业目标而努力工作的动力消失,可能导致工作效率低下,甚至出现消极怠工的情况。这就像你满怀期待地等待一顿丰盛的大餐,结果发现桌上只有一碗泡面,心情瞬间跌入谷底。

职业规划受影响：许多员工在加入创业企业时,是基于企业提供的长期激励计划来规划自己的职业生涯的。一旦激励计划落空，员工可能会发现自己的职业发展陷入困境，原有的职业规划无法实现，需要重新寻找工作机会或调整职业方向，这对员工的个人发展造成了很大的阻碍。这就像你原本计划通过努力工作买一套房，结果发现公司承诺的股权激励只是一张空头支票，买房梦瞬间破灭。

忠诚度降低：员工对企业的忠诚度建立在信任的基础上，画大饼式的长期激励破坏了这种信任关系。当员工认为企业无法兑现承诺时，他们对企业的忠诚度会大幅降低，可能会在有更好的工作机会时毫不犹豫地离开企业，这对企业的团队稳定性和人才储备造成了不利影响。这就像你原本对一段感情充满信心，结果发现对方一直在画大饼，信任瞬间崩塌。

2　对企业的危害：从信誉扫地到人才流失

信誉受损：企业无法兑现长期激励承诺，会在员工、合作伙伴和市场中造成不良影响，损害企业的信誉和形象。这可能导致企业在招聘人才、寻求合作伙伴和融资时面临困难，影响企业的长期发展。这就像你在朋友圈里吹嘘自己中了彩票，结果被发现是假的，信誉瞬间扫地。

人才吸引困难：在人才市场上，企业的口碑非常重要。画大饼式长期激励的负面事件一旦传开，会让潜在的求职者对企业望而却步，认为企业缺乏诚信和责任感，从而使企业在人才竞争中处于劣势，难以吸引到优秀的人才。这就像你在相亲市场上吹嘘自己有房有车，结果被发现是租的，对方瞬间失去兴趣。

团队稳定性下降：员工的离职和忠诚度降低会导致企业团队稳定性下降，影响企业的正常运营。频繁的人员流动不仅会增加企业的招聘和培训成本，还会影响团队的协作效率和工作质量，对企业的业务发展造成不利影响。这就像你组建了一支足球队，结果发现队员一个个都跑了，比赛还没开始就输了。

长期发展受阻：由于人才流失、团队不稳定和信誉受损等问题，企业的长期发展战略难以顺利实施，创新能力和竞争力下降，最终可能导致企业在市场竞争中被淘汰。这就像你原本计划开一家连锁餐厅，结果因为管理不善，第一家店就倒闭了，连锁梦瞬间破灭。

二　避免画大饼式长期激励的建议

1　创业者自身调整：从画大饼到做实事

创业者应树立正确的激励观念，深刻认识到激励并非简单地给予员工虚幻的承诺，而是要基于企业的实际情况和发展战略，制定切实可行的激励措施。激励的目的是激发员工的内在动力，使其与企业的目标保持一致，共同为企业的发展努力。创业者要摒弃短期利益导向，着眼于企业的长远发展，注重培养员工的忠诚度和归属感，通过建立公平、公正、透明的激励机制，让员工感受到自己的努力和付出能够得到合理的回报。

2　完善企业管理与制度建设：从空头支票到真金白银

建立科学合理的激励体系是避免画大饼式长期激励的关键。企业应根据自身的发展阶段、行业特点、员工需求等因素，综合运用多种激励方式，如薪酬激励、股权激励、晋升激励、荣誉激励等，形成多元化的激励组合。在薪酬激励方面，要确保薪酬水平具有竞争力，同时建立合理的薪酬结构，使薪酬与员工的工作绩效紧密挂钩；在股权激励方面，要明确股权的授予条件、行权时间、退出机制等，确保股权激励的有效性和可持续性；在晋升激励方面，要建立公平、公正的晋升机制，为员工提供广阔的职业发展空间。

总结：画大饼式激励的甜蜜陷阱

画大饼式长期激励对员工和企业带来诸多问题。对员工而言，这种激励方式会导致其积极性受挫、职业规划受影响以及忠诚度降低；对企业来说，则会造成信誉受损、人才吸引困难、团队稳定性差以及长期发展受阻等危害。创业者们，别再画大饼了，员工们需要的是真金白银，而不是空头支票。只有建立科学合理的激励机制，才能真正激发员工的积极性和创造力，推动企业持续发展。

第46坑 奖股权

在当今竞争激烈的商业环境中,股权激励作为一种重要的长期激励机制,正受到各类企业的广泛关注。科技型和互联网型企业凭借其创新驱动、人才密集的特点,往往将股权激励视为吸引和留住核心人才、激发员工创新活力的关键手段。然而,许多传统企业虽然也尝试引入股权激励,却发现其对企业业绩的提升效果并不明显。为何股权激励在科技型和互联网型企业中具有较大吸引力,而在传统企业中却遭受冷遇?股权激励作为一种成本较高的激励方式,为何在部分员工眼中却不如现金激励具有吸引力?

一 股权激励对传统企业缺乏吸引力的原因

1 企业发展前景与股权价值:传统企业的天花板

传统企业往往面临着更为严峻的发展瓶颈和市场竞争压力,这使得其股权的吸引力相对较低。以传统制造业为例,随着劳动力成本上升、原材料价格波动以及市场饱和度的增加,许多传统制造业企业的利润空间不断压缩,增长速度放缓。一些纺织企业,由于行业竞争激烈,产品同质化严重,企业在市场上的议价能力较弱,难以实现业绩的快速增长。在这种情况下,企业的股权价值增长受限,员工对持有股权所能带来的收益预期也较低,因此对股权激励的兴趣不大。这就像你买了一张彩票,结果发现中奖概率极低,自然对这张彩票提不起兴趣。

2　股权激励制度不完善：规则不健全的大锅饭

许多传统企业的股权激励制度存在规则不完善的问题。在股权分配上，可能未能充分考虑员工的贡献、能力和潜力等因素，导致分配不公平。一些企业在实施股权激励时，主要向管理层倾斜，普通员工获得的股权份额较少，这使得普通员工感觉自己的付出没有得到相应的回报，从而对股权激励产生抵触情绪。这就像你在公司年会上抽奖，结果发现大奖都被领导拿走了，你只能拿到安慰奖，心里自然不平衡。

3　员工对企业的信心不足：信心比黄金更重要

员工对企业的信心是影响股权激励吸引力的重要因素之一。当员工对企业的发展前景、经营管理和领导能力缺乏信心时，他们对股权激励的兴趣也会大大降低。以 N 电商为例，该公司近年来面临诸多经营问题，如品牌形象受损、产品质量争议、业务拓展受阻等。2022 年，N 电商因收购的时间互联商誉大幅减值，预计净利润同比减少 7.2 亿~7.9 亿元，上市以来首次亏损。这些问题导致公司股价大幅下跌，从 2020 年 7 月市值超 584 亿元，到后来股价较高点已跌去 80%，当前市值 122 亿元。在这种情况下，员工对公司的未来发展充满担忧，对股权激励的信心也严重受挫。这就像你投资了一家公司的股票，结果发现公司业绩一路下滑，股价跌得惨不忍睹，你自然对这家公司失去信心。

二　普通员工更倾向于现金而非股权：现金为王

1　现金的稳定性和即时性：看得见的真金白银

员工更倾向于现金而非股权，有多方面的原因。现金具有稳定性和即时性，能够满足员工当下的生活需求。员工获得现金后，可以直接用于日常消费、偿还债务、储蓄等，不存在任何不确定性。相比之下，股权的价值波动较大，受企业业绩、市场行情、行业竞争等多种因素影响。员工持有股权，可能面临股权价值下跌甚至归零的风险，无法像现金那样提供稳定的经济保障。这就像你手里有一张现金和一张股票，现金可以马上用来买吃的，而股票可能明天就跌得一文不值，你自然会选择现金。

2　股权的变现难度较大：看得见摸不着的空中楼阁

股权的变现难度较大，也是员工偏好现金的重要原因。以阿里巴巴员工的期权为例，员工要将期权变现，需要经历授予、归属、行权、出售（或被公司回购）等多个过程，且每个过程都有严格的条件限制。若公司经营不善，股价低于行权价，员工行权就会亏损；若公司未上市或没有回购计划，即使股权归属，员工也难以套现。这种变现的不确定性和复杂性，使员工对股权的信心不足，更愿意选择现金这种能够直接到手的报酬形式。这就像你手里有一张电影票，结果发现电影院关门了，票根本用不了，你自然会觉得这张票不如现金实在。

3　市场不确定性和股价波动性：股市的过山车

在当前经济环境下，市场不确定性增加，股市波动性加大。香港大学教授陈志武指出，未来股市的波动性只会更大。在这种情况下，股权的价值不确定性进一步凸显。员工难以准确预测股权未来的价值，担心因持有股权而遭受损失。而现金则不受股市波动的影响，能够为员工提供稳定的收入来源，让员工在面对经济不确定性时更有安全感。所以，市场不确定性和股价波动性，也是促使员工更倾向于现金而非股权的重要因素。这就像你坐过山车，虽然刺激，但大多数人还是更喜欢平稳的地面。

总结：股权激励的甜蜜陷阱

　　传统企业面临发展瓶颈，股权价值增长受限，员工对企业发展前景信心不足。同时，传统企业的股权激励制度不完善，存在规则不健全、执行不到位等问题，也使得股权激励的吸引力大打折扣。员工在面对股权激励和现金激励时，往往更倾向于现金。阿里巴巴、特斯拉员工的案例显示，现金的稳定性和即时性能够满足员工当下的生活需求，而股权的变现难度较大，价值波动不稳定，使得员工对股权的信心不足。市场不确定性和股价波动性也进一步加剧了员工对现金的偏好。

　　总之，股权激励虽然在某些企业中效果显著，但在传统企业和部分员工眼中，却可能成为甜蜜陷阱。只有建立科学合理的激励机制，才能真正激发员工的积极性和创造力，推动企业持续发展。

第 47 坑　奖现金

为了提升员工的工作积极性和绩效,管理者常常会采用奖金、提成等金钱激励方式,期望员工能够为了获得更多的经济回报而更加努力地工作。然而,这种只用金钱的短期激励方式,虽然在短期内可能会看到明显的效果,但从长远来看,却隐藏着诸多问题。它就像一把双刃剑,在带来短暂的动力提升时,也在悄然埋下隐患。

一　现金奖的常见方式

1　现金奖的应用场景:销售员的提成狂欢

在企业运营中,金钱短期激励的应用场景广泛。销售部门是最典型的应用场景之一,企业为了提高销售额,常常会为销售人员设置高额的提成奖金。当销售人员成功促成一笔交易时,便能按照销售额的一定比例获得提成。这种方式看似能够直接刺激销售人员的工作积极性,促使他们努力拓展业务,这就像是销售员的提成狂欢,虽然看似热闹,但一旦狂欢结束,后果不堪设想。

在项目驱动的企业中,当一个项目成功完成时,项目团队成员会获得项目奖金。这种奖金的发放旨在奖励团队成员在项目中的付出和贡献,期望他们在后续项目中继续保持高效的工作状态。这就像是项目团队的庆功宴,虽然看似丰盛,但一旦宴会结束,也会带来不确定的负面影响。

2 实施方式与手段：绩效奖金的数字游戏

企业实施金钱短期激励的手段较为多样。绩效奖金是一种常见的方式，企业会根据员工的工作绩效评估结果发放奖金。通常，企业会设定一系列的绩效指标，如工作任务完成量、工作质量、工作效率等。员工在一个考核周期内（如月度、季度或年度）达到或超过这些指标，就能获得相应的绩效奖金。奖金的数额会根据绩效评估的等级而有所不同，表现优秀的员工能够获得更高的奖金。这就像是数字游戏，虽然看似公平，但一旦数字不达标，后果很严重。

在销售行业，提成制度是一种重要的金钱激励手段。企业会根据销售人员的销售额或销售利润来计算提成。房产经纪人按照房屋成交价的一定比例获得提成，汽车销售人员则根据销售车辆的数量和价格获得相应的提成。这种方式直接将员工的收入与销售业绩挂钩，激励效果明显。这就像是销售竞赛，虽然看似激烈，但一旦竞赛结束，激励就没有了效果。

3 案例：三星半导体研究所的奖金风波

三星半导体研究所的人员调动事件，深刻地揭示了金钱激励不到位对企业的严重影响。三星电子决定将半导体研究所的人员调往各个业务部门，这一举措导致受影响的研究人员的绩效奖金大幅减少。三星半导体研究所成立于 2009 年，旨在追求下一代技术，其员工历来不受特定业务单位的绩效指标影响，能够获得更丰厚的绩效奖金。在 2023 年下半年，目标达成激励（TAI）在不同部门之间显示出显著差异：代工和系统 LSI 部门为 0%，存储部门为 12.5%，而半导体研究所和三星先进技术研究院（SAIT）均达到 25%。

当研究人员被调往其他业务部门后，他们的奖金将与新部门的绩效指标挂钩。由于系统 LSI 和代工部门持续亏损，这意味着这些研究人员的奖金可能会大幅减少甚至完全取消。这一变化引发了研究人员的极大不满，许多人开始考虑离职。据韩国行业专家警告，当前的重组可能会削弱三星的技术优势，尤其是考虑到公司过去六到七年已经经历显著的人才流失。三星的这一事件表明，金钱激励一旦出现问题，不仅会导致员工的流失，还可能对企业的技术研发能力和市场竞争力造成严重的损害。这就像是奖金风波，虽然看似平静，但一旦风波起，后果不堪设想。

二　纯现金激励的不足

1　人性的不足：员工的心理预期

当人们习惯了某种金钱激励方式后，会逐渐形成一种心理预期。一旦这种预期无法得到满足，就会产生强烈的失落感和不满情绪。在企业中，如果员工一直能够获得丰厚的年终奖金，那么他们会在每年年底都期待着这笔奖金的到来。当企业出于某些原因无法发放奖金或奖金数额大幅减少时，员工会感到失望和愤怒，这种情绪会严重影响他们的工作态度和工作效率。某互联网企业在过去几年中，每年都会给员工发放相当于3～5个月工资的年终奖金。员工们已经习惯了这种高额奖金的激励方式，对年终奖金充满了期待。然而，在某一年，由于公司业务发展遇到困难，年终奖金大幅减少，仅为1个月工资。这一变化引发了员工们的强烈不满，许多员工开始抱怨工作，工作积极性明显下降，甚至有部分核心员工选择离职。这就像是心理预期，虽然看似合理，但一旦落空，将对企业带来不良影响。

2　边际效果递减：奖金的边际效应

边际效果递减是指在其他条件不变的情况下，如果一种投入要素连续地等量增加，增加到一定产值后，所提供的产品的增量就会下降，即可变要素的边际产量会递减。在金钱激励方面，这一规律表现得尤为明显。

以某互联网企业为例，该企业为了提高员工的工作积极性，在项目完成后会给予员工丰厚的奖金。在初期，当员工月薪为5000元时，项目奖金为5000元，这相当于员工一个月的工资，员工们会感到非常满意，工作积极性也会大幅提升。他们会主动加班加点，积极寻找解决问题的方法，努力提高工作效率，以期在后续项目中获得更多奖金。

随着时间的推移，企业为了保持员工的积极性，不断提高项目奖金。当员工月薪提升到8000元时，项目奖金也增加到8000元。此时，虽然奖金的数额在增加，但员工的满足感却没有像最初那样强烈。他们会觉得这是自己应得的，对奖金的敏感度降低，工作积极性的提升幅度也不如从前。

当企业继续提高奖金，将项目奖金提升到10000元时，员工们的反应更加平淡。他们可能会认为奖金的增长幅度与自己的期望还有差距，甚至可能会对企业提出更高的要求。在这种情况下，企业需要不断投入更多的资金来维持相同的激励效果，这无疑会给企业带来沉重的经济负担，这就像是边际效应递减。

3 短时性特点：奖金是短期兴奋剂

金钱激励的效果往往具有短时性，难以持续激发员工的积极性。以某制造企业为例，该企业为了提高生产效率，在生产旺季会设立高额的产量奖金。当员工得知完成一定产量后可以获得丰厚的奖金时，他们会在短期内迅速提高工作效率，加班加点地完成生产任务。

这种激励效果往往难以持久。一旦生产旺季结束，奖金取消，员工的工作积极性就会迅速下降，生产效率也会随之降低。在奖金发放后的一段时间内，员工会逐渐适应新的收入水平，对奖金的期待也会逐渐消失。他们会恢复到原来的工作状态，甚至可能会因为工作压力的增加而产生不满情绪。

金钱激励带来的满足感会随着时间的推移而逐渐减弱。当员工获得奖金时，他们会在短期内感到兴奋和满足，但这种情绪很快就会消退。为了保持员工的积极性，企业需要持续投入资金，不断给予员工新的激励，这无疑会增加企业的运营成本。这就像是短期兴奋剂,虽然看似有效,但会随时失效。

总结:现金激励是甜蜜陷阱

只用金钱的短期激励方式,发现其虽在短期内看似有效,能满足基本物质需求、提升短期绩效且操作简单直接,但从长远来看,实则是饮鸩止渴。易引发员工心理预期变化和边际效应递减。这种激励方式会导致员工价值观扭曲,还会形成恶性循环,边际效应递减使得企业需不断加大投入,短时性特点导致激励效果难以持久,不经济性增加企业成本,影响团队合作和企业创新。

总之,现金激励看似甜蜜,但实际上却可能成为创业路上的短期兴奋剂。创业者们,别再为了省事而随意选择现金激励了,理性决策,才能让企业走得更稳、更远。

第 48 坑　纯物质

物质激励和精神激励作为两种主要的激励方式，在企业管理中都占据着重要地位。物质激励通过提供物质报酬，如薪酬、奖金、福利等，满足员工的物质需求，从而激发员工的工作动力。精神激励则通过满足员工的心理需求，如认可、尊重、晋升机会等，激发员工的内在动力和创造力。然而，在实际管理中，许多企业往往过于注重物质激励，而忽视了精神激励的重要性。这种片面的激励方式可能导致员工对物质的过度依赖，一旦物质奖励不能满足其期望，工作积极性就会大幅下降。而且，单纯的物质激励难以满足员工高层次的心理需求，无法形成持久的激励效果。

一　相关激励理论

1　物质激励与精神激励：创业者的双剑合璧

物质激励是指运用物质的手段使受激励者得到物质上的满足，从而进一步调动其积极性、主动性和创造性。物质激励的主要表现形式包括工资、奖金、津贴、福利、奖品等。

精神激励即内在激励，是指精神方面的无形激励，包括向员工授权、对他们的工作绩效的认可，公平、公开的晋升制度，提供学习和发展，进一步提升自己的机会，实行灵活多样的弹性工作时间制度以及制定适合每个人特点的职业生涯发展道路，等等。

2 激励理论：创业者的理论基石

马斯洛需求层次理论由美国心理学家亚伯拉罕·马斯洛于1943年在《人类动机理论》著作中提出。该理论将人类的需求从低到高按层次分为五种，分别是生理需求、安全需求、社交需求、尊重需求和自我实现需求。生理需求和安全需求主要通过物质激励来满足，如提供足够的工资以保障基本生活，提供稳定的工作环境和福利保障来满足安全需求。而社交需求、尊重需求和自我实现需求则更多地依赖于精神激励。当员工在工作中获得同事的友谊和团队的归属感，满足了社交需求；得到上级的认可和尊重，获得晋升机会，实现了尊重需求；当员工能够在工作中充分发挥自己的潜力，实现自己的职业理想和人生价值时，就满足了自我实现需求。

赫茨伯格的双因素理论认为，影响员工工作积极性的因素主要有两类：保健因素和激励因素。保健因素主要包括公司政策、管理措施、监督、人际关系、工作条件、工资、福利等。这些因素如果不满足，员工会产生不满情绪，但即使满足了，也只能消除不满，不能起到激励作用。物质激励中的工资、福利等就属于保健因素，它们是维持员工基本工作状态的必要条件。激励因素则包括成就、认可、工作本身的挑战性、责任和晋升机会等，这些因素的存在能够激发员工的工作热情和积极性，提高工作效率。精神激励中的荣誉、晋升机会、对工作成果的认可等都属于激励因素，能够满足员工的高层次需求，激发员工的内在动力。

二 物质激励与精神激励协同的重要性

1 满足员工多元化需求：创业者的双管齐下

员工作为个体，具有多元化的需求。根据马斯洛需求层次理论，人的需求从低到高分为生理需求、安全需求、社交需求、尊重需求和自我实现需求。

物质激励主要满足员工的生理需求和安全需求，如提供稳定的收入保障员工的基本生活，提供良好的工作环境和福利满足员工的安全需求。而精神激励则侧重于满足员工更高层次的社交需求、尊重需求和自我实现需求。员工渴望在工作中获得同事的认可和友谊，通过团队活动、表彰大会等激励方式，能够增强员工的社交体验和归属感。员工追求个人价值的实现，希望得到他人的尊重和认可，晋升机会、荣誉称号等精神激励能让员工感受到自身的价值和重要性。

2 提升员工工作积极性和忠诚度：创业者的双剑合璧

当物质激励和精神激励协同作用时，能够极大地激发员工的工作热情和积极性。物质激励给予员工实实在在的物质回报，让员工感受到自己的努力得到了经济上的认可，从而产生外在的动力。精神激励则从内在层面激发员工的工作动力，让员工从内心深处认同工作的价值和意义。当员工因为出色的工作表现获得奖金的同时，还得到领导的表扬、同事的认可，以及晋升的机会时，他们会感受到自己的工作成果得到了全方位的肯定，从而更有动力去追求更高的工作绩效。

这种协同激励还能增强员工对企业的认同感和归属感，提高员工的忠诚度。员工在一个既注重物质回报，又关注精神需求的企业中工作，会觉得自己被企业重视和尊重，从而对企业产生深厚的感情。他们愿意为企业的发展贡献自己的力量，并且更有可能长期留在企业。例如，玫琳凯公司在激励员工方面，既提供丰厚的物质奖励，如粉红色轿车、豪华游等，又注重精神激励，通过每周例会上的赞美、别针奖励，以及《喝彩》杂志对优秀员工的个性化展示等方式，让员工感受到被重视和认可。这种物质与精神相结合的激励方式，使得玫琳凯的员工忠诚度很高，员工们积极主动地为公司的发展努力工作。

3　促进企业可持续发展：创业者的双轮驱动

员工是企业发展的核心力量，物质激励与精神激励的协同能够提升员工的绩效，进而推动企业的创新和发展。在良好的激励机制下，员工的工作积极性和创造力被充分激发，他们会更加投入地工作，提高工作效率和质量，为企业创造更多的价值。员工积极提出创新的想法和建议，推动企业产品和服务的创新，使企业在市场竞争中保持优势。

以海尔集团为例，海尔将物质激励与精神激励相结合，建立了科学合理的激励机制。在物质方面，海尔根据员工的工作绩效给予相应的薪酬和奖金，为员工提供良好的福利待遇。在精神方面，海尔注重企业文化建设，倡导"创新、拼搏、合作"的价值观，通过评选海尔之星等荣誉称号，对表现优秀的员工进行表彰和奖励。这种激励机制激发了员工的创新精神和工作热情，使海尔在产品研发、生产管理、市场营销等方面不断创新，从一个濒临破产的小企业发展成为世界一流的大企业。

总结：创业者的双剑合璧

物质激励与精神激励的协同对于企业的发展至关重要。它能够满足员工的多元化需求，提升员工的工作积极性和忠诚度，促进企业的可持续发展。企业应充分认识到两者协同的重要性，建立科学合理的激励机制，实现物质激励与精神激励的有机结合。总之，物质激励和精神激励就像是创业者的双剑合璧，只有两者协同作用，才能让企业在激烈的市场竞争中立于不败之地。

创业者们，别再单腿走路了，物质激励精神激励双腿走路，才能让企业走得更加稳健。

第 49 坑　低薪酬

在创业的江湖里，薪酬激励就像是一把双刃剑。用得好，它能帮你吸引各路英雄豪杰，打造一支无敌战队；用得不好，它可能让你的人才库空空如也，甚至让你的企业名声扫地。

一　低薪酬的坑：你以为省了钱，其实亏大了

1　创业企业的省钱大法：低薪酬成标配

根据市场调研，超过60%的创业企业在初创阶段都把省钱当作头等大事，而降低员工工资成了最直接的省钱大法。以2023年对全国500家新成立的创业企业调查为例，这些公司给出的工资普遍比同行业低15%～25%。这似乎是个聪明的做法，毕竟创业初期资金比较紧张。

但问题来了，创业者往往只看到了眼前的省钱，却忽略了背后的坑。低薪酬确实能减少短期的人力成本，但它也可能让你的公司变成人才黑洞。优秀的人才谁会愿意为了一份低薪酬来你这儿打酱油呢？结果就是，你招到的可能只是一些将就的员工，而他们的工作效率和创造力，往往也会将就一下。

2　低薪酬的连环坑：人才流失、效率低下、口碑崩坏

低薪酬策略带来的问题可不止一个，它就像多米诺骨牌，推倒一个，后面的问题接踵而至。首先，人才吸引困境。低薪酬让你的公司在人才市场上

毫无竞争力，优秀的人才纷纷绕道而行。结果就是，你的公司在技术研发、产品创新等方面进展缓慢，错失市场机会。比如某家科技公司，因为工资太低，招不到顶尖的技术人才，结果产品迟迟无法推出，眼睁睁看着竞争对手抢占了市场。

其次，员工流失率高。低薪酬不仅招不到人，还留不住人。员工频繁离职，企业不仅要不断投入时间和资金招聘新人，还得面对业务中断和客户流失的风险。某电商企业就因为员工流失严重，业务流程频繁调整，客户满意度直线下降，销售额也跟着跳水。

最后，工作效率低下。低薪酬让员工缺乏工作动力，他们不愿意主动提升技能，也不愿意为企业多出力。结果就是，生产效率低下，产品质量不稳定，生产成本反而因为返工、次品率增加等而上升。某制造企业就因为工资太低，员工消极怠工，生产效率比同行低了25%，产品质量问题频发，最终在市场竞争中败下阵来。

二 高薪酬的香：钱花得值，企业赚得更多

1 胖东来：高薪酬打造商业传奇

说到高薪酬的成功案例，胖东来绝对是行业典范。2024年，胖东来员工的平均月收入高达9000元，店长月薪最高可达5万元，一线员工平均月收入也有5500元。胖东来的工资结构非常豪华，包括基础工资、文化理念考评奖励、专业技能考评奖励、日常管理考评奖励和岗位补贴。就算考核结果不理想，员工正常出勤也能拿到不低于4000元的工资，妥妥的收入保障。

除了高薪酬，胖东来的福利也让人羡慕不已。员工每年享有40至60天的年假，远超许多企业的标准。2024年还新增了10天不开心假，充分体现了企业对员工身心健康的关怀。部分管理人员甚至享受双休待遇，算下来

每年休假将近 180 天。每周二闭店休息，打破了中国商超行业全年无休的惯例，员工有更多时间陪伴家人、放松身心。

高薪酬和优厚福利让胖东来的员工满意度爆棚。员工们感受到企业对自己的重视和关怀，对企业的认同感和归属感强烈。在工作中，他们充满热情，积极主动地为顾客提供优质服务。胖东来的服务质量在高薪酬的保障下堪称一流，顾客在胖东来购物，能够感受到无微不至的关怀，购物体验极佳。这种优质的服务也为胖东来赢得了良好的口碑，吸引了越来越多的顾客前来购物。

2　华豫佰佳超市：高薪酬助力快速崛起

华豫佰佳超市在薪酬方面同样表现出色，一线员工基本工资为 4600 元，高于郑州当地同行 3500 元的平均水准。公司还制订了每年固定涨薪计划，让员工切实感受到自身价值的提升和企业的发展成果。这种高于同行的工资水平，对员工产生了极大的吸引力，使得华豫佰佳在人才招聘上具有明显优势。

高薪酬策略为华豫佰佳超市的发展带来了显著成果。在销售业绩方面，各门店表现出色，每个门店每天销售额能做到 10 万元以上，好的店能做到 15 万元，如三泉路的店一天销售额可达 30 万元以上。2024 年新开业的郑州高新万达店，开业当天销售额达到 176 万元，成交客流 2 万人次，稳定下来后，日销平均在 50 万元，有效客流达 7000 多人次。

在门店扩张上，华豫佰佳近年来发展势头强劲。2024 年预计春节前新开 6 家门店，门店总数上升至 21 家。从最初的一家小店，发展到如今在郑州乃至河南地区具有一定影响力的连锁超市，华豫佰佳的规模不断扩大。

3　新郑柴家小院：高薪酬提升餐饮竞争力

新郑柴家小院在餐饮行业中以高薪酬策略脱颖而出。其员工工资高于同行水平，普通服务员月薪可达 5000 元，厨师的工资更是优厚。除了基本工资，柴家小院还会根据员工的工作表现发放绩效奖金，激励员工积极工作。在福利待遇方面，带团队带薪旅游，为员工提供免费的食宿，宿舍环境舒适，配备齐全，让员工能够安心工作。

高薪酬使得柴家小院能够吸引到一批优秀的厨师和服务人员。厨师们凭借精湛的厨艺，为顾客烹制出一道道美味佳肴，菜品质量得到了极大的保障。在服务方面，服务员们热情周到，能够及时满足顾客的需求，顾客满意度极高。许多顾客表示，柴家小院的菜品美味，服务贴心，是家庭聚餐、朋友聚会的首选之地。

凭借优质的菜品和服务，柴家小院在当地市场的知名度不断提高，吸引了越来越多的顾客前来就餐。在激烈的餐饮市场竞争中，柴家小院脱颖而出，成为当地餐饮行业的佼佼者。其成功经验也为其他餐饮企业提供了借鉴，证明了高薪酬策略在提升企业竞争力方面的重要作用。

总结：创业初期，别让低薪酬坑了你

低薪酬策略看似省钱，实则坑你没商量。它会导致创业企业在人才吸引上陷入困境，难以招募到高素质人才，员工流失率居高不下，进而影响企业的稳定运营。同时，低薪酬还会使员工工作效率低下，产品和服务质量难以保证，损害企业的市场竞争力和声誉。

与之相反，高薪酬策略能够吸引优秀人才加入创业企业，为企业注入创新活力和发展动力；提高员工的忠诚度，减少人才流失，降低企业的人力成本；激发员工的工作积极性和创造力，提升工作效率和产品服务质量；在市场、行业和社会中树立良好的企业形象，吸引更多客户，增强企业的市场竞争力。

所以，创业初期，千万别盲目追求低薪酬。高薪酬策略才是让你在创业江湖中立于不败之地的秘密武器。

第 50 坑　金字塔

组织结构就像是企业的骨架,选对了企业能跑能跳,甚至飞起来;选错了,企业可能连站都站不稳,最后只能躺平。初创企业最忌讳的组织结构,就是那些看似高大上、实则可能让你摔得很惨的金字塔多层次结构。

一　金字塔结构:你以为稳如泰山,实则摇摇欲坠

1　高成本消耗:钱都花在层级上了

金字塔结构听起来很高大上,但它有个致命问题——高成本。随着企业规模扩大,层级越来越多,人员数量也跟着膨胀。比如某家传统制造型创业企业,创业初期只有 50 人,管理层也就一层,人力成本还算可控。但随着业务扩展,公司开始叠罗汉,增设了部门经理、主管、人力资源部、财务部、市场部……员工总数一下子飙到 200 人。

你以为这就完了?不,金字塔结构的烧钱模式才刚刚开始。中层管理人员的薪酬通常比基层员工高,还得配上年终奖、股票期权、带薪休假等福利。结果就是,人力成本从创业初期的 30% 飙升到 50%,利润空间被严重压缩。研发、市场推广等关键领域的投入不得不缩减,企业的竞争力也跟着缩水。

2　决策与执行迟滞:信息传递像传话游戏

金字塔结构的另一个大问题是决策慢。想象一下,高层管理者做出一个

决策，得像传话游戏一样，经过中层、基层，最后才能执行。每个层级都得理解、传达、监督，信息在传递过程中还可能失真或延误。等你终于执行了，市场早就变了天。

比如某家创业企业，高层决定推出一款新产品，结果因为层级太多，决策传到基层时已经过了两个月。等到产品上市，竞争对手早就推出了类似产品，市场机会早就溜走了。这种慢半拍的决策和执行效率，简直是创业企业的致命伤。

3　创新与活力抑制：基层员工的创意被压扁

金字塔结构还有个隐形杀手——抑制创新。基层员工虽然离市场和客户最近，最有创新想法，但在这种结构下，他们的创意得经过层层审批才能实施。结果就是，很多好点子还没冒头就被压扁了。

比如某家科技创业企业，基层员工发现了一个市场需求，提出了一个创新方案，结果因为审批流程太长，等到方案通过时，市场已经变了。这种创新难产的现象，让企业的创新能力大打折扣，组织活力也逐渐丧失。

二　金字塔崩塌与重生的案例

1　韩都衣舍的金字塔困境

韩都衣舍在创业初期采用了传统的金字塔结构，结果陷入了"决策慢、创新难"的困境。高层管理者远离市场一线，对市场变化反应迟钝；基层员工虽然有创意，但没有决策权，只能眼睁睁看着市场机会溜走。

更糟糕的是，内部层级过多，部门之间沟通不畅，信息传递失真，导致工作重复和资源浪费。比如设计部门和生产部门之间的沟通障碍，导致产品生产周期延长，成本增加。结果就是，产品滞销，库存积压，公司在市场竞争中逐渐处于劣势。

为了摆脱困境，韩都衣舍进行了大胆的组织变革，推出了小组制，把传统的金字塔结构倒了过来，形成了倒金字塔的组织结构。每个小组由2～3名成员组成，拥有高度的自主权，从产品设计、选款、定价到营销、库存管理，都由小组自行决策。

这种变革让韩都衣舍焕发了新生。小组能够根据市场变化迅速做出决策，及时调整产品策略，推出符合市场需求的产品。小组之间还形成了良性竞争，激发了员工的积极性和创造力。

通过小组制变革，韩都衣舍的组织活力得到了极大提升，业绩也实现了快速增长。从2008年到2018年，销售额从300万元增长到20亿元，成为互联网快时尚的第一品牌。2019年，韩都衣舍更是连续6年成为"双11"互联网服饰品牌销量冠军。

2 阿里巴巴的组织结构变形记：从金字塔到"大中台、小前台"

在创业初期，阿里巴巴采用了金字塔结构，这种结构在早期帮助公司集中资源、快速执行战略，尤其在B2B电商平台的搭建和拓展中发挥了重要作用。然而，随着业务扩展至C2C、支付、物流、云计算等领域，金字塔结构的弊端逐渐显现：信息传递迟缓、决策效率低下，基层员工的创新想法难以快速落地，导致公司对市场变化的响应速度变慢，错失了一些机会。

为应对这些挑战，阿里巴巴进行了大胆的组织变革，推出了"大中台、小前台"模式。中台整合了技术、数据和业务能力，为前端业务部门提供标准化支持；前端则以小团队形式运作，灵活响应市场需求。这种模式让淘宝、天猫等业务团队能够快速推出新功能，提升用户体验。此外，阿里巴巴还尝试项目制和矩阵式组织，打破部门壁垒，加强跨部门协作，进一步提升了创新能力和响应速度。

通过组织结构的持续优化，阿里巴巴从早期的金字塔结构成功转型为灵活高效的"大中台、小前台"模式,适应了快速变化的市场环境。这一变形记为创业企业提供了宝贵经验:组织结构必须与时俱进,才能激发创新活力,保持竞争力。

总结:创业企业,别让金字塔压垮你

金字塔结构看似稳如泰山,实则可能让你的创业企业摇摇欲坠。它不仅成本高、决策慢,还抑制创新,让组织活力逐渐丧失。对于创业企业来说,灵活、高效的组织结构才是王道。

韩都衣舍的倒金字塔革命和阿里巴巴的"大中台、小前台"告诉我们,创业企业应该选择更具适应性和灵活性的组织结构,激发员工的创造力和积极性,快速响应市场变化。只有这样,才能在激烈的市场竞争中脱颖而出,实现可持续发展。

第 51 坑　滥用人

不少初创企业在用人上，容易陷入任人唯亲、搞小团体等泛政治化的陷阱里。

一　任人唯亲：创业企业的家族式陷阱

1　管理混乱：亲戚当道，制度成摆设

创业初期，企业就像一艘刚起航的小船，管理体系还不完善。这时候，如果创始人把亲戚朋友一股脑儿塞进公司，那可就热闹了。某家族企业就是个典型例子，创始人让从未接触过财务管理的表弟担任财务经理。结果呢？表弟对财务报表一知半解，财务决策频频失误，最终导致企业资金链断裂，陷入财务困境。

更糟糕的是，这些亲戚在管理过程中，常常凭个人情感行事，忽视规章制度。其他员工违反规定时，他们因顾及亲情而不予处理，导致企业制度形同虚设。这种管理混乱，让企业无法集中精力做好核心业务，最终走向衰败。

2　人才流失：亲戚挡路，优秀人才绕道而行

创业初期，企业急需各类优秀人才来播种希望、收获成果。然而，任人唯亲却像一块巨石，挡在人才引入的道路上。某创业企业在招聘一位技术专家时，元老们（全是创始人的亲戚朋友）以各种理由反对，担心新员工威胁

到自己的地位。结果，这位技术专家无奈离去，公司在技术创新和市场拓展方面逐渐落后于竞争对手。

对于那些有能力的员工，由于晋升通道被亲戚占据，他们的努力得不到应有的回报，也纷纷选择离开。据统计，任人唯亲的企业，人才流失率比正常企业高出 30% 以上。人才的缺失，让企业像一艘没有动力的船，在市场的海洋中逐渐失去前进的方向。

3 团队氛围恶化：亲戚特权，员工心寒

创业初期，积极向上的团队氛围和独特的企业文化是企业凝聚人心、激发创造力的重要力量。然而，任人唯亲却像蛀虫一样，侵蚀着团队的和谐与企业文化的建设。某初创企业老板将自己的亲戚安排在各个关键岗位，并给予他们特殊待遇。在一次项目分配中，亲戚们被分配到最轻松且资源最丰富的项目组，而其他员工则需要承担繁重的任务和巨大的压力。

这种做法引起了其他员工的强烈不满，他们认为自己的努力和付出没有得到公平对待，工作积极性受到极大打击。亲戚们仗着与老板的关系，对其他员工颐指气使，不遵守团队协作规则，导致团队内部矛盾不断，凝聚力下降。企业文化也逐渐被扭曲，公平、公正、团结的价值观被忽视，取而代之的是任人唯亲、特权主义的不良风气。

二 正确的用人策略：任人唯贤，科学选拔

1 任人唯贤：能力与品德是唯一标准

在创业的征程中，任人唯贤应当成为用人策略的核心准则。华为公司就是这方面的典范。在华为，员工的晋升和发展完全取决于其个人的能力和业绩。无论你是名校毕业的高才生，还是从基层一步步成长起来的普通员工，

只要你具备卓越的能力，就能获得晋升的机会。

这种任人唯贤的用人策略，使得华为吸引了大量来自世界各地的优秀人才。他们在华为的平台上充分发挥自己的才能，推动华为在 5G 通信、人工智能等领域取得了举世瞩目的成就。

2　科学选拔：从背景调查到录用，一步都不能少

为了确保选拔出真正优秀的人才，创业企业需要建立一套科学的人才选拔机制。在招聘环节，企业应根据自身的发展战略和业务需求，明确各岗位的职责和要求，制定详细的岗位说明书。通过多种渠道广泛发布招聘信息，吸引更多的优秀人才投递简历。

面试是人才选拔的关键环节。企业应采用多种面试方式，如结构化面试、行为面试、案例面试等，全面考察候选人的专业知识、沟通能力、团队协作能力、解决问题的能力等。笔试也是评估候选人专业知识和技能的重要手段。对于一些技术岗位或需要特定专业知识的岗位，企业可以通过笔试的方式，考察候选人对相关知识的掌握程度和应用能力。

背景调查也是人才选拔过程中不可或缺的环节。通过对候选人的工作经历、教育背景、职业资格等进行调查核实，可以确保候选人提供的信息真实可靠，避免因虚假信息而导致的用人失误。

3　积极文化：谷歌的自由与创新

积极的企业文化对于吸引和留住人才具有至关重要的作用。谷歌公司以其独特而积极的企业文化闻名于世。谷歌倡导开放、自由、创新的工作理念，为员工提供了舒适的工作环境和丰富的福利待遇。在谷歌的办公室里，充满了各种创意和活力的元素，员工可以自由地交流和分享想法，不受传统层级制度的束缚。

此外，谷歌还鼓励员工在工作之余发展自己的兴趣爱好，提供了各种娱

乐设施和活动，如健身房、游泳池、游戏室等，让员工在工作之余能够放松身心，保持良好的工作状态。这种积极的企业文化，吸引了大量优秀的人才加入谷歌，他们在谷歌的文化氛围中，充分发挥自己的创造力和潜能，为谷歌的发展做出了重要贡献。

总结：任人唯贤，远离亲戚团

创业过程中，任人唯亲、任人避亲以及搞小团体所带来的危害是显而易见的。任人唯亲会导致决策失误、人才流失、团队氛围恶化；任人避亲会引发信任危机、忽视内部员工潜力；搞小团体则会分散团队精力、破坏协作、损害企业形象。

与之形成鲜明对比的是，坚持任人唯贤的用人策略，能够为企业选拔出真正有能力、有品德的人才，为企业发展提供坚实的人才支撑。同时，建立科学的人才选拔机制，能够确保选拔过程的公平、公正、公开，提高人才选拔的质量和效率；营造积极的企业文化，能够吸引和留住人才，激发员工的工作积极性和创造力，增强企业的凝聚力和向心力。

所以，创业企业们，别再迷恋亲戚团了，任人唯贤，才能让你的企业在激烈的市场竞争中脱颖而出，实现可持续发展。

第52坑　高大上

创业不易，有些企业好不容易熬过了初期的艰难探索，终于取得了一些阶段性成果。然而，就在这个时候，它们却常常患上一种怪病——追求浮华的高大上奢侈病。豪华办公室、豪车、漂亮前台、高档会所……这些看似是企业成功的象征，实际上却可能成为压垮企业的最后一根稻草。今天，我们就来聊聊这些浮华陷阱，看看它们是如何一步步把企业推向深渊的。

一　追求表面浮华：创业企业的虚荣心大爆发

1　漂亮前台：面子工程还是花瓶陷阱

有些创业企业在取得初步成功后，开始把目光投向一些与核心业务无关的面子工程，比如招聘漂亮前台。这些公司认为，漂亮的前台能给客户和合作伙伴留下良好的第一印象，从而带来更多的商业机会。然而，这种做法背后往往隐藏着管理者的虚荣心理。

从实际运营的角度来看，漂亮前台并不能为企业带来实质性的帮助。相反，这种花瓶式的招聘可能会引发一系列问题。首先，漂亮前台的薪资往往不低，增加了企业的运营成本。其次，这种招聘方式容易让员工产生误解，认为公司更注重外表而非能力，从而影响团队的工作氛围和士气。

2　豪华办公室与豪车：资源错配的奢华陷阱

一些创业企业在取得初步成功后，为了彰显企业的实力和地位，开始将大量资金投入豪华办公室装修和豪车购置上。这种行为看似能够提升企业的形象和档次，但实际上却可能给企业带来诸多负面影响。

从资源分配的角度来看，豪华办公室装修和豪车购置偏离了企业的核心业务，导致资源的不合理分配。企业的资源是有限的，将大量资源用于非核心业务的奢华追求，必然会削弱在核心业务上的投入，影响企业的创新能力和市场拓展能力。

此外，豪华办公室和豪车还可能引发企业内部的不良风气。当员工看到企业管理层追求奢华享受时，容易产生攀比心理，导致企业内部形成一种追求物质享受的不良氛围。这种氛围会削弱员工的工作积极性和创造力，影响企业的团队凝聚力和战斗力。

3　高档会所社交：时间与精力的黑洞

部分创业企业在取得初步成功后，管理层开始频繁出入高档会所，将大量时间和精力投入高端社交活动中。他们认为，通过在高档会所与各界名流建立联系，可以获取更多的商业机会和资源，提升企业的知名度和影响力。然而，这种做法往往事与愿违，给企业带来了诸多负面影响。

频繁出入高档会所的社交行为容易让企业管理层忽视企业的核心业务。企业的发展归根结底依赖于产品和服务的质量、市场的开拓以及客户的满意度。当管理层将大量时间和精力投入到社交活动中时，必然会减少对核心业务的关注和投入，导致企业的竞争力下降。

二 某地产公司的奢华生活：从巅峰到崩塌

某地产公司的创始人堪称奢华生活的代言人。他对住宿环境有着极高的要求，入住酒店时，酒店需要为他提供顶级套房，面积至少达到 500 平方米。房间内必须铺设防滑地毯，配备高级按摩椅，湿度不能超过 50%。晚上睡眠时，所有机器上光亮的地方都需用黑色胶布贴住，避免光线干扰他的睡眠。

在出行方面，创始人拥有多辆豪华轿车，其中包括劳斯莱斯幻影等顶级豪车除了豪车，他还有私人飞机和豪华游轮。

在饮食方面，创始人只吃进口水果，日本的静冈蜜瓜、香印青提、晴王西瓜等都是他餐桌上的常客。他对海鲜也情有独钟，不管去哪里，餐桌上必备新鲜的海鲜。为了保证海鲜的新鲜度，即使前往内陆边疆，他也会让秘书去采购最新鲜、最优质的海鲜。

在酒水方面，创始人偏爱高端酒类。外出聚餐时，他必定选择年份酒。就连日常饮用的矿泉水，他也只选择法国依云。他对雪茄也有着浓厚的兴趣，抽的雪茄来自古巴，一根价格就高达 3000 元。更为讲究的是，他抽雪茄时还需要使用专属的烟灰缸，据估算，他一年在雪茄上的消费就高达 700 万元。

其他高管在日常消费中也尽显奢华。他们追求名牌奢侈品，在穿着上，一身行头往往都是国际知名品牌，一套定制西装价格动辄数万元，一块名表的价值可能高达数十万甚至上百万元。在出行方面，他们也享受着高规格的待遇，出差时会选择头等舱或商务舱，入住五星级酒店，出行配备专车，且对车辆的品牌和型号也有要求，奔驰、宝马等豪华品牌是常见的选择。

如今，这家地产集团已经爆雷，创始人深陷巨额债务危机。企业的崩盘和创始人以及高管们奢华的生活方式离不开关系去，其资金都被用来满足他们的种种私欲，真正支持企业发展的却很少。

作为创业者，一定要严格要求自己，当自身的私欲超过了对企业的责任，那企业离垮掉就不远了。

总结：浮华背后，危机四伏

追求表面光鲜的行为不仅浪费了企业宝贵的资源，还对企业文化与价值观产生了极大的负面影响。它向员工传递了错误的信号，导致员工价值观扭曲，工作积极性和创造力下降，团队凝聚力被破坏。企业内部形成的攀比和浮躁氛围，使员工无法专注于工作，进一步阻碍了企业的发展。

这些不当行为的综合作用，最终导致创业企业忽视了核心竞争力的发展。产品研发滞后，无法满足市场需求；市场拓展不力，客户流失严重；品牌建设缺乏核心支撑，难以在市场中立足。在激烈的市场竞争中，企业逐渐失去优势，陷入困境，最终走向失败。

创业企业在取得初步成功后，必须保持清醒的头脑，警惕权力真空带来的风险，避免陷入追求表面光鲜的陷阱。应将资源集中投入核心业务，培育正确的企业文化和价值观，持续提升核心竞争力，才能实现可持续发展。

第53坑　徇私情

创业者的一举一动不仅关乎个人的道德操守,更与企业的命运紧密相连。尤其是公司内部男女关系的处理,稍有不慎,就可能引发一系列连锁反应,轻则团队内讧,重则企业倒闭。

不正当男女关系是不少创业企业里极为常见的。所谓不正当的男女关系,是指创业者在已有婚姻关系的情况下,与公司内部员工或外部合作伙伴发展出情感纠葛。这种行为不仅违背了婚姻的忠诚义务,还可能对企业的稳定运营产生冲击。

想象一下,创业者一边忙着处理公司事务,一边还要应付情感纠葛,心理压力可想而知。这种压力不仅来自道德层面的自我谴责,还有对家庭矛盾和社会舆论的恐惧。创业者可能会陷入矛盾和挣扎之中,一方面享受着情感的刺激,另一方面又对家庭心怀愧疚。

职场性骚扰同样不容忽视。创业者利用自身的权力和地位,对公司内的异性员工进行言语或行为上的骚扰,如不当的性暗示、强迫性的身体接触等。这种行为严重侵犯了员工的合法权益,破坏了公司的工作氛围,也可能引发法律纠纷。

利益输送型的男女关系也时有发生。创业者与异性之间通过不正当的情感关系,进行利益输送,损害企业的利益。比如,创业者为了讨好与自己有不正当关系的异性合作伙伴,可能会在商业合作中给予对方过高的价格、不合理的优惠条件或优先的合作机会。这种行为不仅违背了市场公平竞争的原则,也会使企业在经济上遭受损失。

一　不当男女关系的三重打击

1　对创业者个人的影响：心理压力、声誉受损、家庭破裂

创业者一旦陷入不当男女关系，首先会承受巨大的心理压力。这种压力不仅来自道德层面的自我谴责，还有对家庭矛盾和社会舆论的恐惧。创业者可能会陷入矛盾和挣扎之中，一方面享受着情感的刺激，另一方面又对家庭心怀愧疚。

声誉受损也是创业者难以逃避的后果。在创业过程中，创业者的个人声誉是企业的重要无形资产，是赢得合作伙伴信任、吸引投资和客户的关键因素。然而，不当男女关系一旦被曝光，创业者的形象将一落千丈，声誉严重受损。

家庭破裂是许多陷入不当男女关系的创业者不得不面对的悲剧结局。家庭是创业者坚实的后盾，稳定的家庭关系能够为创业提供情感支持和精神动力。但不当男女关系会破坏家庭的和谐与稳定，导致夫妻关系破裂，亲子关系疏远。

2　对创业团队的影响：凝聚力下降、工作效率降低、人才流失

创业团队的凝聚力是企业成功的关键因素之一，而不当男女关系会像毒瘤，严重侵蚀团队的凝聚力。当团队成员得知创业者存在不当男女关系时，会对创业者的道德品质产生怀疑，进而降低对创业者的信任和尊重。

工作效率降低也是不当男女关系对创业团队的显著影响。员工的注意力被创业者的不当行为所吸引，对工作的关注度和投入度下降。他们会在私下里议论纷纷，传播负面消息，导致工作氛围变得浮躁和消极。

3　对企业运营的影响：决策失误、财务恶化、形象受损

在企业决策方面，不当男女关系会使创业者的决策受到情感因素的干扰，

难以做出客观、理性的决策。创业者可能会因为个人情感而偏袒与自己有特殊关系的人，在资源分配、项目决策等方面给予不合理的支持，从而损害企业的整体利益。

二 如何避免创业中的情感陷阱

1 创业者自身：树立正确的价值观，平衡事业与家庭

创业者应树立正确的价值观，深刻认识到道德和伦理在个人生活与创业过程中的重要性。将诚实守信、忠诚正直、尊重他人等价值观融入自己的行为准则中，以此作为指导自己处理男女关系的基石。

平衡事业与家庭是创业者不容忽视的重要方面。家庭是创业者的避风港和坚强后盾，稳定的家庭关系能够为创业提供强大的精神支持。创业者应合理安排时间，抽出足够的时间陪伴家人，关心家人的需求和感受。在追求事业成功的同时，不要忽视家庭的责任和义务。

2 创业团队管理：建立健康的企业文化，制定明确的规章制度

建立健康的企业文化对于预防创业中不当男女关系的发生具有重要意义。企业文化是企业的灵魂，它能够引导员工的行为和价值观。在创业团队中，应倡导积极向上、尊重包容、诚信正直的企业文化。通过组织团队建设活动、内部培训、文化宣传等方式，将企业文化深入人心，让员工在潜移默化中受到影响。

制定明确的规章制度是规范员工行为的重要手段。在创业团队中，应制定严格的行为准则和道德规范，明确禁止任何形式的不当男女关系。对于违反规定的行为，要制定相应的惩罚措施，做到有章可循、有法可依。

3　社会环境：加强道德教育和法律约束

在社会层面，应加强法律监管，加大对不当男女关系等违法行为的打击力度。例如，对于职场性骚扰等行为，要依法进行惩处，保护受害者的合法权益。通过加强道德教育和法律约束，形成道德和法律的双重约束机制，引导人们自觉遵守道德和法律规范。

总结：情感与事业的平衡术

无论是夫妻创业成功后因一方出轨而反目导致企业破产，还是另一方出轨引发创业企业陷入危机，都充分展示了不当男女关系对创业的致命打击。它不仅会对创业者个人造成心理压力、声誉受损和家庭破裂等严重后果，还会对创业团队产生负面影响，如削弱团队凝聚力、降低工作效率、导致人才流失等。在企业运营方面，不当男女关系会干扰企业决策的科学性，使企业财务状况恶化，损害企业的市场形象，最终可能导致企业走向失败。

为了避免创业中乱搞男女关系带来的危害，创业者应树立正确的价值观，提高自我约束能力，平衡好事业与家庭的关系。创业团队管理层面，要建立健康的企业文化，制定明确的规章制度，加强团队沟通。社会环境层面，需要营造良好的社会风气，加强道德教育和法律约束。通过这些多层面的措施，可以有效预防创业中不当男女关系的发生，为创业企业的健康发展创造有利条件。

第54坑　民主制

在创业初期，战略决策就像是企业的方向盘。方向盘打得好，企业能一路狂奔；方向盘打歪了，企业可能还没起步就会翻车。在创业初期，那些凡事都要集思广益，甚至投票决定看似民主的决策机制，实则可能是导致不少创业企业"出师未捷身先死"的陷阱。

一　过度民主的坑：决策慢如蜗牛，错失市场良机

1　决策效率低下：市场机会不等人

在创业初期，市场环境瞬息万变，机会稍纵即逝。过度民主的决策方式，由于需要广泛征求各方意见，进行长时间的讨论和权衡，常常会导致决策过程冗长，错过最佳的决策时机。

以 ofo 为例，共享单车市场初期，市场需求爆发式增长，各企业都在迅速扩张。ofo 作为行业先驱，原本具有先发优势。然而，在面对是否接受巨额融资、是否与竞争对手合并等重大决策时，ofo 的决策层由于内部意见分歧，过度依赖民主决策，导致决策过程拖沓。结果，15亿美元的关键融资流产，ofo 错失了重要的资金支持，无法进一步扩大市场份额，最终走向衰落。

2　决策质量下降：群体思维的陷阱

老板作为企业的领导者，在创业初期往往具备更广阔的眼界、更高的格

局和更丰富的经验。然而，过度民主的决策方式，容易使决策受到群体思维的局限，导致决策质量下降。

在一些创业企业中，当面临重大决策时，老板可能会受到团队成员的影响，为了追求团队的和谐与共识，而放弃自己原本正确的判断。结果，企业错失了市场机遇，陷入了困境。

3 责任稀释：决策执行不力

过度民主的决策方式容易导致责任稀释，使得决策的执行效率和效果大打折扣。当企业在决策过程中采用民主方式，经过集体讨论和投票做出决策时，往往会出现责任不明确的情况。因为决策是集体做出的，每个人都认为自己对决策的结果只承担部分责任，从而导致在决策执行过程中，缺乏有效的监督和问责机制。

二 老板当机立断的优势：快、准、狠

1 把握市场机遇：雷军的小米奇迹

在创业初期，市场机遇犹如稍纵即逝的流星，只有具备敏锐洞察力和果断决策力的老板，才能迅速捕捉到并将其转化为企业发展的强大动力。以小米公司为例，2010年，智能手机市场正处于快速发展的初期阶段，小米创始人雷军敏锐地察觉到了智能手机市场的巨大潜力，果断决策，带领团队创立了小米公司，致力于打造具有高性价比的智能手机，并通过互联网营销模式来推广产品。

雷军的果断决策体现在多个方面。在产品定位上，他精准地瞄准了年轻消费者群体，这些消费者对智能手机的性能和功能有较高要求，同时对价格也较为敏感。小米手机以其高性能、低价格的特点，迅速吸引了这部分消费

者的关注。在营销策略上，雷军打破了传统手机厂商依赖线下渠道和广告宣传的模式，采用了线上销售和社交媒体营销的方式。小米通过官方网站、社交媒体平台等渠道，与消费者进行直接互动，了解他们的需求和反馈，并据此不断优化产品和服务。这种创新的营销模式不仅降低了营销成本，还提高了品牌的知名度和用户黏性。

2　明确企业方向：任正非的华为指南针

在创业初期，企业如同在茫茫大海中航行的船只，老板的战略眼光和决断力就如同指南针，为企业确定清晰的发展方向，避免内部混乱，引领企业驶向成功的彼岸。以华为公司为例，在成立之初，华为面临着诸多挑战，市场竞争激烈，技术实力相对薄弱。然而，华为的创始人任正非凭借着卓越的战略眼光和果断的决策力，为华为制定了明确的发展方向。

在技术研发方面，任正非坚信技术创新是企业发展的核心竞争力。他果断决策，投入大量资源进行技术研发，不断提升华为的技术实力。在通信技术领域，华为从最初的模仿学习，逐渐发展到自主创新，先后推出了一系列具有自主知识产权的通信产品和技术，如 5G 技术、物联网技术等。这些技术的突破，不仅使华为在国内市场占据了领先地位，也为其在国际市场上的竞争奠定了坚实的基础。

3　提升执行力度：张一鸣的字节跳动速度

在创业初期，老板的果断决策能够使决策迅速传达执行，提高企业运营效率，确保企业在竞争激烈的市场中迅速行动，抢占先机。以字节跳动为例，这家成立于 2012 年的互联网公司，在短短几年内迅速崛起，成为全球知名的科技企业。字节跳动的成功，离不开创始人张一鸣的果断决策和强大的执行力。

在产品研发方面，张一鸣对市场趋势有着敏锐的洞察力。他发现随着移动互联网的普及，用户对于个性化内容的需求日益增长。于是，他果断决策，带领团队开发了今日头条这款基于算法推荐的新闻资讯客户端。今日头条通过对用户浏览行为和兴趣偏好的分析，为用户精准推送个性化的新闻资讯，迅速吸引了大量用户。在产品开发过程中，张一鸣要求团队快速迭代，不断优化产品功能和用户体验。从产品的创意提出到上线，字节跳动的团队仅用了几个月的时间，这种高效的执行力使得今日头条在市场上迅速占据了一席之地。

总结：创业初期，果断决策是关键

在创业初期，企业面临着资源有限、市场不确定性高、竞争激烈等诸多严峻挑战，此时老板的决策成为决定企业命运的关键因素。老板的果断决策还能够为企业明确发展方向，避免内部的混乱和迷茫。果断决策能够提升企业的执行力度，确保决策能够迅速传达并得到有效执行。过度民主决策不仅影响决策效率，导致企业错失市场机遇，还会降低决策质量，使企业难以做出具有前瞻性和创新性的决策。在创业初期，市场变化迅速，机会稍纵即逝，过度民主决策容易使企业陷入决策的困境，无法及时应对市场的挑战。过度民主决策还会导致责任稀释，团队成员之间相互推诿责任，降低企业的执行力和竞争力。

但需要提醒的是，这里所说的果断决策并非一言堂式的独断专行，而是众谋独断，详虑力行。

第55坑 作息制

在创业的长途跋涉中，工作模式就像是企业的引擎。引擎选得好，企业能一路狂奔；引擎选得不对，企业可能还没起步就熄火。不少创业企业纠结是按部就班的朝九晚五，还是披星戴月的疯狂加班，尤其是加班曾在互联网上被广泛争论，并多次登上热搜，看似司空见惯的上下班制度，放在创业企业里就是大事，且看它们是如何影响企业生存与发展的。

一 疯狂加班的模式：拼命的双刃剑

1 疯狂加班的工作模式

疯狂加班的工作模式，以其超长的工作时间和高强度的工作任务为显著特点。在这种模式下，员工的大部分时间都被工作占据，每天除了短暂的休息和用餐时间，几乎都处于紧张的工作状态。

在创业初期，许多企业选择疯狂加班的工作模式，主要原因在于创业阶段面临着诸多挑战和紧迫的发展任务。一方面，创业企业需要快速推出产品或服务以抢占市场先机，在激烈的市场竞争中站稳脚跟。例如，一些互联网创业企业，为了在短时间内开发出具有竞争力的产品，快速满足市场的需求，就会采用疯狂加班的模式。另一方面，创业初期资源有限，包括资金、人力等方面，企业希望通过员工的高强度工作来提高资源利用效率，降低运营成本。

2 疯狂加班的副作用：身心俱疲，效率下降

然而，疯狂加班模式对企业的长期发展也存在诸多负面影响。长时间的高强度工作容易导致员工身心俱疲，工作效率下降。此外，疯狂加班的模式还可能引发员工的不满和抵触情绪，导致员工流失率增加。从员工身心健康角度来看，疯狂加班的模式带来的危害更为严重。长期的疯狂加班工作使得员工的休息时间严重不足，身体健康受到极大威胁。

二 朝九晚五工作模式：规律的舒适区

1 朝九晚五的规律生活

朝九晚五工作模式，是指每天早上 9 点上班，下午 5 点下班，中间包含一定的午休时间，每周工作 5 天，一周的工作时长为 40 小时。这种工作模式具有明显的规律性和固定性，员工每天按照固定的时间上下班，工作时间和休息时间界限清晰。在这种模式下，员工能够拥有相对稳定的工作节奏，每天工作结束后，有足够的时间休息、放松和处理个人事务。

2 不灵活工作模式的弊端：错失市场机遇

在创业初期，企业面临着激烈的市场竞争和快速变化的市场环境，需要能够迅速响应市场需求和解决突发问题。而在不灵活的工作模式下，员工下班后通常不再处理工作事务，一旦遇到紧急情况，企业可能无法及时做出反应，导致错失发展机遇或给企业带来损失。

三 生命、生活、生意的和谐统一：创业者的终极目标

1 生命：健康是创业的基石

生命，是创业者最根本的存在基础，涵盖了身体健康、心理健康以及个人的生命价值与意义。健康的身体是创业者从事一切活动的基石，只有拥有良好的体魄，才能具备充沛的精力去应对创业过程中的各种挑战。例如，许多创业者在创业初期日夜操劳，忽视了自身健康，导致身体出现各种问题，最终影响了创业的进程。而心理健康同样重要，创业者在面对巨大的压力和不确定性时，需要具备强大的心理素质，保持积极乐观的心态，才能坚持下去。

2 生活：家庭与社交的平衡

生活，是创业者生命的具体展现形式，包含了日常生活的各个方面，如家庭生活、社交生活、个人兴趣等。家庭是创业者的温暖港湾，和谐的家庭关系能够给予创业者情感支持和精神慰藉，让他们在创业疲惫时得到休息和放松。例如，一位创业者在遇到挫折时，家人的理解和鼓励能够帮助他重新振作起来。丰富的社交生活可以拓展创业者的人脉资源，为创业提供更多的机会和信息。个人兴趣爱好则能让创业者在工作之余找到乐趣，丰富精神世界，提升生活品质。

3 生意：创业的核心目标

生意，即创业者所投身的创业事业，是他们实现经济目标和社会价值的途径。在创业过程中，创业者通过提供产品或服务，满足市场需求，创造经济效益，同时也为社会创造就业机会，推动行业发展。例如，马云创立的阿里巴巴，不仅改变了人们的购物方式，创造了巨大的商业价值，还为无数人提供了就业岗位，推动了中国电商行业的发展。

总结：灵活调整，找到最适合的工作模式

创业者应树立正确的创业观念，认识到创业是一个长期的过程，需要在追求事业成功的同时，注重自身的身心健康和生活质量。在创业初期，要根据企业的行业特点、市场环境、团队构成等实际情况，灵活选择和调整工作模式。

生命、生活、生意的和谐统一，意味着创业者在追求事业成功的同时，注重自身的身心健康，维护良好的家庭和社交关系，保持丰富的生活内容。在时间分配上，合理安排工作时间和生活时间，避免过度工作导致生活失衡。在精力投入上，既全身心投入创业，又不忽视对自己和家人的关爱，以及对个人兴趣的培养。例如，有些创业者会制定详细的时间表，每天安排一定时间进行锻炼、陪伴家人，同时也能高效地完成工作任务。在价值追求上，将个人的生命价值、生活目标与创业的商业目标和社会价值相融合，实现全面的发展。比如，一些环保领域的创业者，他们在创业过程中，不仅追求商业利益，还致力于保护环境，实现可持续发展，将个人对生命意义的追求和生意的发展紧密结合。

所以，创业企业们，灵活调整，找到最适合的工作模式，才能让你的企业在激烈的市场竞争中脱颖而出，实现可持续发展。

第56坑　唯业绩

在企业的发展进程中，业绩与价值观犹如鸟之双翼、车之两轮，二者缺一不可。业绩是企业衡量员工工作成果的直接指标，与企业的经济效益和市场竞争力紧密相连。良好的业绩能为企业带来即时收益，助力企业在市场中立足与扩张。然而，若单纯追求业绩而忽视员工价值观，可能导致短期利益与长期发展的失衡。而价值观则是企业的灵魂，指导着员工的行为准则，影响着企业的文化氛围和长期发展战略。

一　不同企业的业绩与价值观

1　马云的业绩与价值观理论与阿里实践

马云依据业绩和价值观两个维度，将员工划分为五类：明星、牛、小白兔、野狗和狗。明星员工业绩突出且与企业价值观高度契合，是企业发展的中流砥柱；牛员工业绩尚可，价值观基本符合要求，经培训激励有望提升；小白兔员工价值观相符但业绩能力不足，企业先提供培训，若仍不达标则可能辞退；狗员工业绩和价值观都差，会被果断开除；野狗员工虽业绩出色，但价值观与企业严重不符，对企业危害大，是企业坚决清理的对象。

2016年阿里巴巴的月饼门事件便是典型例证。四名程序员在阿里内部中秋抢月饼活动中，利用脚本多刷了124盒月饼。从业绩看，他们或许技术能力强，能为公司带来效益。但他们的行为严重违反了阿里"因为信任，所以简单"的价值观，破坏了公平竞争规则。阿里果断开除这四名员工，体现了对野狗型员工的零容忍。这一决策向全体员工传递了明确的价值观信号，有助于营造公平、诚信、积极向上的企业文化氛围，强化了员工对企业价值观的重视，对企业文化建设和长期发展影响深远。

2　刘强东的业绩与价值观与京东实践

刘强东也提出类似的员工分类理念，将员工分为金子、钢、铁、铁锈和废铁五类。金子员工价值观和能力都极为出色，是企业最宝贵的财富；钢员工价值观和能力达企业基本要求，是中坚力量；铁员工能力稍弱但价值观相符，有潜力可挖掘；废铁员工价值观和能力都差，会被淘汰；铁锈员工能力强但价值观相悖，如混入钢铁的铁锈，会对企业造成严重腐蚀破坏，是京东重点清理对象。

在京东的管理实践中，建立了严格的价值观考核体系，通过多种方式对员工价值观进行评估和监督。一旦发现违背价值观的行为，即便员工业绩突出，也会严肃处理，包括警告、降职甚至辞退。同时，京东通过定期的员工培训和文化活动，强化员工对企业价值观的认知和认同，从源头上减少铁锈型员工的出现。这种对价值观的高度重视，让京东在快速发展中保持强大的团队凝聚力和战斗力，为长远发展奠定了坚实基础。

二　企业应对策略与建议

1　明确企业价值观体系

企业要深入剖析自身发展愿景、使命和核心竞争力，制定清晰、具体、可操作的价值观体系。该体系应涵盖诚信、责任、创新、团队合作等方面要求，并用简洁明了的语言表述，方便员工理解记忆。例如华为"以客户为中心，以奋斗者为本，长期艰苦奋斗，坚持自我批判"的价值观，明确了公司经营理念和员工行为准则。

制定好价值观体系后，企业要通过多种渠道向员工传达。开展新员工入职培训，将价值观教育作为重要内容；定期组织培训课程和研讨会，通过案例分析、小组讨论加深员工认识；在企业内部宣传栏、办公区域张贴价值观标语海报，营造浓厚文化氛围。

2　建立科学的人才评估机制

企业应建立将业绩与价值观相结合的人才评估方法。业绩评估不仅关注工作成果和业务指标完成情况，还要考量工作质量、效率和创新能力等。价值观评估可通过上级评价、同事互评、客户反馈等多维度方式进行，设置诚信度、团队合作精神、责任心等考核指标，对员工日常行为量化评估。

运用评估结果进行人才管理决策时，对业绩和价值观都优秀的员工，给予晋升、奖励等激励；对业绩好但价值观有问题的员工，及时沟通辅导，若多次辅导无改善则果断采取降职、辞退等措施；对价值观符合但业绩不佳的员工，提供针对性培训和发展机会，若培训后业绩仍不达标，再考虑调整岗位或辞退。

3　加强企业文化建设

企业文化建设对凝聚员工、塑造价值观至关重要。良好的企业文化能营造积极向上的工作氛围，增强员工的归属感和忠诚度。企业可开展团队建设活动、员工生日会、节日庆祝活动等，增进员工感情交流，培养团队合作精神。树立企业内部先进典型，宣传他们的优秀事迹和价值观践行案例，为员工树立学习榜样。

企业领导要以身作则，带头践行企业价值观。领导的行为具有强大示范效应，员工会不自觉地模仿。领导坚守价值观、言行一致，能推动价值观在企业落地生根。

4　完善员工沟通与反馈机制

建立畅通的沟通渠道对企业了解员工思想动态和工作情况至关重要。企业可设立定期员工座谈会、一对一面谈、内部沟通平台、意见箱等多种沟通渠道，并确保其有效性，及时处理员工反馈和意见，给予回复和解决方案。

对于员工提出的与价值观相关的问题和建议，企业要认真对待、积极采纳。通过与员工互动沟通，完善企业价值观体系和管理机制，使其更符合员工实际需求和企业发展需要。此外，企业还可定期开展员工满意度调查，了解员工对企业价值观管理和企业文化建设的满意度，发现问题及时调整改进。

总结：培养员工切不可唯业绩

企业的价值观对长期发展具有不可忽视的重要性。业绩是衡量员工工作成果的重要指标，但价值观是企业的灵魂，影响着企业的文化氛围、团队凝聚力和可持续发展战略。当员工价值观与企业相悖时，即便业绩出色，也可能给企业带来严重负面影响，如破坏企业文化、损害企业声誉、影响团队和谐等。所以，企业在人才管理中，必须高度重视员工价值观，将其与业绩并重，建立科学合理的人才评估和管理机制。

第 57 坑　马屁精

优秀的人才就像是公司发展的强力引擎,能为公司带来创新思维、高效执行力和强大竞争力。可公司里要是混进了只会拍马屁的员工,那就像一颗毒瘤,后患无穷。

一　马屁精对公司的危害

1　破坏团队氛围

只会拍马屁的员工就像一颗老鼠屎,能坏了团队这锅粥。他们靠拍马屁获得晋升或其他好处,那些勤勤恳恳、能力出众的员工看在眼里,心里能平衡吗?肯定会觉得自己的努力都白费了,不满和抱怨的情绪就会在团队里蔓延开来。这样一来,团队成员之间的和谐关系就被破坏了,凝聚力和协作效率也跟着大打折扣。而且,他们的行为还会带偏整个团队的风气。传递出一种错误的信号,好像只要会讨好领导就能成功,努力工作和提升能力都不重要了。一些原本积极向上的员工,说不定也会被带偏,把精力从工作上转移到拍马屁上,整个团队的氛围变得浮躁又功利。

在团队合作中,要是有这样的员工,只知道讨好领导,不重视团队协作,其他成员肯定会反感和排斥他。这种内部矛盾和冲突会严重影响团队的正常运作。就好比一个项目执行过程中,大家因为矛盾沟通不畅,信息传递不及时,任务执行就容易出错,项目进度就会延误,没办法按时交付。

2　阻碍信息传递

准确的信息传递是公司做出正确决策的关键，可马屁精们偏偏要当这个绊脚石。他们为了迎合领导，选择性地传递信息，只说领导爱听的，对负面信息或者不利于领导决策的信息，要么隐瞒，要么歪曲。

向上汇报工作时，他们会夸大工作成果，对工作中存在的问题和困难只字不提或者轻描淡写。比如汇报项目进展，把完成进度说得天花乱坠，技术难题、资源短缺这些问题都藏着掖着。领导没办法了解真实情况，就可能做出错误的决策，让项目后续问题更多。

向下传达领导指示时，他们还可能曲解领导的意图，按照自己的利益诉求来传达。这样基层员工就容易误解领导的指示，执行的时候出现偏差，影响工作开展。就说领导要求优化产品提高用户体验，到他们嘴里就只强调尽快完成任务，忽视了产品质量和用户体验，基层员工执行时只追求速度，忘了产品的核心目标。

信息失真还会影响公司内部各部门之间的沟通和协作。不同部门之间的信息传递被马屁精干扰，就没办法准确了解彼此的工作进展和需求，整个公司的协同效率就会受影响。市场部门和研发部门需要密切沟通来确保产品满足市场需求，要是马屁精在中间传递错误信息，两个部门就可能产生矛盾和冲突。

3　损害公司利益

从长远来看，马屁精对公司利益的损害是多方面的。他们把大量时间和精力都花在拍马屁上，工作效率低下，任务完成质量也不高。在项目执行过程中，因为缺乏专业能力和责任心，要么不能按时完成任务，要么完成的任务不符合要求，影响整个项目的进度和质量，进而影响公司的业绩和市场竞争力。

他们的存在还会对公司的声誉造成负面影响。公司内部有这样的员工，不良风气传出去，合作伙伴、客户可能就会质疑公司的管理水平和企业文化，降低对公司的信任度，影响合作关系和客户忠诚度。

更关键的是，马屁精会阻碍公司的长期发展。创业企业要不断创新和进步才能在市场竞争中立足，可他们缺乏创新精神和进取意识，只关注个人利益。他们的行为会抑制公司的创新氛围，阻碍优秀人才的成长和发展，让公司在面对市场变化和竞争挑战时没有应对能力，最终被市场淘汰。

二　马屁拍上天的案例

2021 年，W 美发美容集团因为造神式奉承闹得沸沸扬扬。在 W 集团内部，董事长被捧成了"神"一样的存在。集团公众号成了宣扬董事长思想、政令的阵地。员工从入职培训就被灌输"董事长至上"的理念，在营销中也把这个当准则，奉承文化渗透到企业运营的各个环节。

W 集团还把奉承和业务推广捆绑在一起。董事长说人的头发、脸形、体型和命运有关，"富贵在头发、毛发，头发长短要与身高相匹配，头发的颜色要与五行相匹配"。门店就根据这个弄出一套改命话术来诱导消费者大额充值。有报道说，上海一位七旬老人在 2016 ~ 2019 年 3 年间，在 W 理发店充值高达 235 万元。

这种过度的奉承文化带来了很多严重问题。经营上，W 集团多次因为虚假宣传被处罚。他们的虚假宣传持续了近 6 年，近 2 年还因为发布违法广告被处罚了 3 次。服务中还出现违规医疗操作。

W 集团的造神式奉承和企业权力结构深度捆绑，导致系统性管理失控。企业口碑崩塌，面临巨额罚款，消费者权益也受损，最终陷入经营危机，给其他企业敲响了警钟。

总结：警惕拍马屁的寄生虫

只会拍马屁的员工就像寄生虫，靠过度迎合上级、忽视工作实质来生存。他们破坏团队氛围，让团队矛盾重重、凝聚力下降；阻碍信息传递，让公司决策失去准确依据；损害公司利益，阻碍公司长远发展。公司一定要警惕这样的员工，营造一个积极健康的工作环境。

第58坑 造明星

不少企业为了追求业绩增长,不惜投入大量资源培养明星员工。这些明星员工凭借卓越能力和出色表现,在组织里有着举足轻重的地位,仿佛夜空中最亮的星,光芒四射。然而,过度依赖明星员工也给企业带来了不少潜在风险。

一 明星员工的潜在风险

1 高薪酬成本

明星员工就像一群挑剔的贵客,通常要求较高的薪酬待遇,这给企业带来了不小的成本压力。企业为了留住他们,得支付高额的薪酬、奖金和福利,就好比不断往一个大口袋里塞钱,很可能会压缩企业的利润空间。

2 团队协作困难

部分明星员工可能会因为自己的突出表现而产生一种心理特权感,觉得自己和其他员工不一样,就像鹤立鸡群,在团队协作中容易出问题。他们可能会忽视团队规则,不注重和其他成员沟通合作,导致团队内部矛盾加剧。

相关研究表明,当团队中有明星员工时,团队成员之间的协作效率可能会降低10%~20%。这是因为明星员工的特殊地位可能会引发其他员工的不满和嫉妒,影响团队的凝聚力和协作氛围。而且明星员工的工作方式和思维模式可能和团队其他成员不一样,很难形成有效的协同效应,进而影响团队整体绩效,就像一群演奏者,各自的节奏都不一样,很难演奏出美妙的乐曲。

3 离职风险

明星员工一旦离职,那对企业来说,就像是一场突如其来的暴风雨,可能会造成巨大冲击。

二 群狼作战模式的优势

1 团队协作与凝聚力

在群狼作战模式下,团队成员之间的协作就像一场精心编排的舞蹈,至关重要。就拿狼群捕猎来说,锁定目标后,头狼发出指令,群狼各就各位,相互配合。主攻者奋勇向前,佯攻者避实击虚,助攻者嗥叫助阵,这种高效的团队协作让狼群捕猎往往能够成功。

在企业中,团队成员就像狼群的个体,各自发挥专长,共同为实现团队目标努力。比如在项目执行过程中,市场部门收集市场信息和客户需求,研发部门根据信息进行产品研发,生产部门负责产品生产,销售部门把产品推向市场。各个部门紧密协作,形成一个有机的整体,共同推动项目顺利进行。

2 降低个体依赖风险

群狼作战模式就像一个坚固的堡垒,可以有效降低企业对单一明星员工的依赖,提高企业的抗风险能力。当企业过度依赖明星员工时,一旦明星员工离职或出现问题,企业可能会面临业绩下滑、客户流失等风险。

而在群狼作战模式下,企业拥有一支多元化的团队,成员各自具备不同的技能和优势,能够相互补充。即使个别成员离开,团队也能迅速调整,保证工作顺利进行。

3　促进员工共同成长

群狼作战模式能够像一把神奇的钥匙，激发员工的积极性和创造力，促进员工共同成长和发展。在一个团队中，成员之间既相互竞争又相互合作。竞争能激发员工的潜能，促使他们不断提升自己的能力；合作能让员工学会分享和协作，提高团队的整体效率。

4　适应市场变化的灵活性

群狼作战模式使企业能够像一只敏捷的猎豹，更灵活地应对市场变化，保持竞争优势。市场环境瞬息万变，企业需要具备快速响应的能力。在群狼作战模式下，团队成员能够迅速沟通和协作，根据市场变化及时调整策略。

总结：不要明星要群狼

明星员工虽然凭借卓越能力和影响力，能为企业带来显著的业绩提升、品牌形象塑造和人才吸引等价值，但他们也存在高薪酬成本、团队协作问题以及离职风险等潜在弊端。而群狼作战模式就像是企业发展的一剂良药，具有诸多优势。它能增强团队协作与凝聚力，通过成员之间的紧密配合，实现1加1大于2的效果。还能降低企业对个体的依赖风险，提高企业的抗风险能力，即使个别成员离开，团队依然能稳定运行。所以啊，企业在发展过程中，不妨多考虑培养群狼，而不是过度依赖明星员工。

第59坑　冗制度

大公司就像是历经多年修炼的武林高手，经过长期发展和积累，有一套完善且细致的制度体系。这体系就像高手的独门秘籍，涵盖了公司运营的各个方面，从人力资源管理、财务管理到市场营销、项目管理等，是他们在成熟的市场环境和庞大的组织架构下维持高效运作的重要保障。不少初创公司一心想着模仿大公司的武功秘籍。然而，初创公司和大公司相比，就像是刚进江湖的少侠，规模小、人员少，组织架构简单，业务模式也还在摸索阶段。少侠更需要的是灵活性和快速决策能力，就像在江湖中要能迅速应对各种突发状况一样，去适应瞬息万变的市场环境。在这种情况下，过度复杂的制度就像给少侠穿上了沉重的铠甲，反而成了束缚他们发展的枷锁。

一　初创公司不能要完美制度

1　初创公司制度过于完善的共性问题

过于复杂的制度就像一个巨大的时间黑洞，增加了管理成本，包括时间成本、人力成本和资金成本等。在人力资源管理方面，烦琐的绩效考核和晋升制度就像一场复杂的考试，需要耗费大量的时间和人力进行评估和管理；在财务管理上，严格的预算审批流程就像一道道关卡，增加了财务人员的工作量；在项目管理方面，详细的流程和文档要求就像给员工戴上了金箍，需要投入更多的人力和时间进行执行和维护。

完善的制度还可能会降低公司的运营效率。冗长的审批流程就像一条拥堵的马路，信息传递不畅，决策速度变慢，员工无法快速响应市场变化和客户需求。在竞争激烈的市场环境中，这就可能让公司错失发展机会，就像在江湖中错过一个扬名立万的好时机。

过于完善的制度还可能会压抑员工的积极性和创造力。复杂的制度让员工感觉像被关在笼子里的鸟儿，感到束缚和压力，对工作产生抵触情绪，影响工作效率和质量。而且，严格的规范和流程限制了员工的自由发挥空间，不利于创新思维的产生和创新活动的开展。

2 初创公司照搬大公司制度案例

A 公司是一家 2018 年成立的互联网初创公司，专注在线教育领域。公司创始人团队在教育行业经验丰富，但在企业管理方面就像小学生。为了快速建立规范的管理体系，他们照搬了一家成熟大型在线教育公司的制度手册。

在人力资源管理方面，引入的复杂绩效考核制度就像一张大网，员工的绩效评估涉及工作成果、工作态度、团队合作等多个维度，每个维度又细分了众多具体指标。绩效考核流程烦琐，每月都要进行员工自评、上级评价、同事互评等环节，耗费了大量的时间和精力。在财务管理方面，严格的预算管理制度就像一道道枷锁。每一项费用支出都需要经过多层审批，即使是小额的办公用品采购，也需要填写详细的预算申请表。在项目管理方面，采用的成熟企业项目管理流程就像一座复杂的迷宫。从项目立项到上线，每个阶段都有严格的文档要求和评审环节。

随着公司的发展，这些过于完善的制度逐渐暴露出问题。复杂的绩效考核制度让员工把大量时间花在准备绩效评估材料和应付各种评价环节上，真正用于工作的时间减少。而且，由于考核指标过于细化和主观，员工对考核结果的公正性产生怀疑，工作积极性受挫。严格的预算管理制度使得审批流程冗长，影响了工作效率，导致新业务开展受到影响，部分客户流失。项目管理流程的烦琐也使得项目开发周期延长，无法快速响应市场变化，被竞争对手抢占了市场先机。

二　初创公司制度设计建议

1　以业务为导向制定制度

初创公司在制度设计时，要把业务发展当作核心导向，就像少侠要明确自己的习武方向一样，确保制度能够切实支持业务的开展。在制定人力资源管理制度时，要根据业务的需求和特点，灵活设置岗位和职责。对于以软件开发为主的初创公司，技术研发岗位是核心，制度就要围绕如何吸引、培养和留住优秀的技术人才展开，可以制定有竞争力的薪酬福利政策，提供专项培训和发展机会。

在项目管理制度方面，要紧密结合业务流程和项目特点。以电商运营的初创公司为例，业务流程包括商品采购、店铺运营、客户服务等多个环节，项目管理制度就要明确各个环节的工作流程、责任分工和时间节点，确保电商业务的高效运作。

2　保持制度的灵活性与可调整性

初创公司所处的市场环境和自身发展状况变化迅速，就像江湖中风云变幻一样，所以制度必须具备灵活性和可调整性。在财务管理制度中，预算制度要有一定的弹性。由于初创公司业务发展不确定，收入和支出可能波动较大，制定预算时不能过于僵化，要预留弹性空间，以便在业务发展超出预期或遇到突发情况时，能够及时调整预算，保证公司的资金流稳定。

在组织架构方面，初创公司也要保持灵活性。随着业务的发展和市场的变化，公司的组织架构可能需要不断调整。一家互联网初创公司在成立初期，可能采用扁平化的组织架构，以提高沟通效率和决策速度。但随着业务规模的扩大，部门之间的协作变得更加复杂，可能需要引入层级式的组织架构，明确各部门的职责和权限，加强管理和协调。

3　注重员工参与和沟通

员工是制度的执行者，让员工参与制度的制定过程，就像邀请小伙伴一起制定游戏规则一样，能够增强他们对制度的认同感和归属感，提高制度的执行效率。在制定考勤制度时，可以组织员工进行讨论，听取他们的意见和建议。员工可能会提出一些符合实际工作情况的建议，如弹性工作时间、远程办公等，这些建议如果合理，可以纳入制度中。

加强制度的沟通与宣贯也很重要。在新制度发布后，要通过多种渠道向员工进行宣传和解释，确保员工了解制度的内容和目的。可以组织专门的培训会议，由制度制定者详细讲解制度的条款和实施细则，解答员工的疑问。同时，利用公司内部的沟通平台，如微信群、邮件等，发布制度的相关信息，方便员工随时查阅。

总结：初创公司切忌犯制度病

制度过于完善的初创公司，往往会陷入成本增加、效率降低、员工受挫等困境，就像背着沉重包袱的少侠，在江湖中举步维艰。相反，采用简单直接制度的初创公司则展现出明显的优势。灵活的人力资源管理和敏捷的项目管理方式，能让公司快速响应市场变化，激发员工的创造力，实现业务的增长。扁平化的团队管理和简洁的流程，能营造创新的团队氛围，提高内容创作和运营的效率，使其在竞争激烈的市场中迅速崛起。所以，初创公司可别盲目追求完美制度！

第60坑 弱团队

创业就像一场超刺激的冒险，而创业团队的组建和发展，那可是这场冒险能不能成功的关键因素。一个优秀的创业团队，就像一个超厉害的战斗小组，能把各种资源整合起来，发挥每个成员的优势，一起面对各种困难和挑战，让创业项目顺顺利利地发展。团队的质量和构成，很大程度上决定了创业的走向和结局。

一 草台班子与豪华团队

1 草台班子：临时拼凑的麻烦制造者

草台班子就是那种临时凑起来的团队，没有系统规划，专业能力也不行。他们在创业初期，可能靠着成员的热情和默契，很快就组了团队。可一旦碰到复杂多变的市场环境和激烈的竞争，问题就像开闸的洪水一样全冒出来了。成员分工不明确，大家协作起来困难重重，决策也不科学合理，专业能力不足还会导致产品或服务质量有缺陷。

有个移动应用开发创业企业，创始人是几个对互联网行业充满热情，但没实际创业经验的年轻人。他们都没好好做市场调研和商业规划，就组了个团队。团队里大部分成员是学计算机的，技术开发挺在行，但市场营销、产品设计和运营管理方面的专业人才少得可怜。结果在产品开发时，只知道搞技术，根本不考虑用户需求和市场趋势。

公司运营的时候，管理职责分工也不明确。技术人员既要写代码，又要搞产品设计和市场推广，精力分散，工作效率很低。而且团队成员之间沟通也不好，经常产生误解和冲突。

在决策方面，公司也没有科学的决策体系，创始人全凭直觉和经验做决定。产品推广的时候，创始人一股脑地投了好多钱做广告，也不做精准的市场定位和用户分析。结果广告效果不好，用户获取成本太高，公司钱很快就花光了。社交应用在市场上没啥反响，用户增长慢，赚不到钱。不到两年，公司就因为资金链断裂倒闭了，创业彻底失败。

2　豪华团队：看似强大却也有软肋

豪华团队是由经验丰富、专业技能强、学历高的人才组成的。他们在创业初期很容易吸引大量资源和关注，凭借强大的专业能力和丰富经验，能很快制定出合理的创业战略，在市场里占得一席之地。不过，豪华团队也不是十全十美的。

豪华团队成员在各自领域都是厉害人物，他们对薪酬待遇、福利保障要求也高，这就让企业的人力成本大大增加了。除此之外，办公场地租赁、设备采购、市场推广等费用也不低。这些成本要是超过了企业的承受能力，企业运营压力可就大了。

豪华团队成员来自不同背景和行业，专业知识、工作经验、思维方式和文化背景差异很大。这就导致团队协作时沟通困难，不同专业背景的成员交流时，可能因为术语和概念不同产生误解。工作经验和思维方式的差异，也会让成员在看待和解决问题的方法上有分歧，很难达成共识，影响工作效率。

豪华团队成员能力强、个性足，对企业发展都有自己的想法。在权力分配和决策过程中，就容易产生冲突，影响团队协作和企业战略执行。权力分配不合理，会让成员不满和矛盾，降低团队凝聚力和执行力。决策的时候，如果没有有效的决策机制，决策过程就会很长，容易错过市场机遇。

豪华团队靠着强大的背景和资源优势，在创业初期备受市场关注。可一旦实际表现达不到市场预期，就会遭到质疑和负面评价，影响企业发展。而且，他们可能太关注技术创新和产品先进性，忽视市场实际需求和消费者接受程度，导致产品和市场需求脱节，卖不出去。

二　创业要和志同道合的人打群架

一个人的能力和资源是有限的，而团队成员可以通过优势互补，把不同的技能、经验和知识汇聚起来，形成强大的合力。团队成员之间思想碰撞，还能激发创新思维，给创业项目带来新的发展思路和机遇。

1　共同愿景：创业团队的北极星

共同愿景就像创业团队的北极星，为团队指明前进的方向，是团队成员共同追求的长远目标。它能激发团队成员内心的热情和动力，让他们愿意为实现这个目标一直努力。

新东方的三驾马车——俞敏洪、徐小平和王强，在创业初期就有共同的愿景，就是创办一所能帮助学生提升英语水平、实现留学梦想的培训机构。他们都相信教育的力量，想为学生提供优质的教育服务。在共同愿景的引领下，他们各自发挥优势，俞敏洪负责公司整体战略规划和运营管理；徐小平利用留学咨询经验和人脉资源，拓展留学咨询业务；王强凭借深厚的英语教学功底和严谨的教学态度，抓教学团队建设和教学质量。他们都重视教育质量、诚信经营和团队合作，坚持为学生提供优质教学服务，不虚假宣传，赢得了学生和家长的信任。在团队合作中，他们相互尊重、支持，共同解决创业中的问题。正是因为共同愿景和价值观的引领，新东方几年内就迅速发展壮大，成了中国教育培训行业的领军企业。

2　信任：创业团队的基石

信任是创业团队的基石，能减少团队内部的沟通成本和冲突，提高工作效率。当团队成员相互信任时，他们会更坦诚地交流想法和意见，分享经验和知识，促进团队学习和成长。信任还能让团队成员在困难和压力面前相互依靠，共同承担责任。在信任的环境里，团队成员不用担心自己的想法被批评否定，能更自由地发挥创造力和潜力。

欣旺达的王明旺和王威兄弟，在创业过程中一直相互信任、支持。欣旺达刚成立的时候，资金紧张，市场竞争激烈，兄弟俩压力巨大。但他们相信彼此的能力和决策，互相鼓励，一起找解决问题的办法。业务分工上，王明旺负责研发生产，王威负责销售，他们充分发挥优势，紧密配合。王威销售时遇到客户质疑产品质量，就及时和王明旺沟通，王明旺马上组织研发团队改进，保证产品质量符合客户要求。正是因为他们的信任和支持，欣旺达在激烈的市场竞争中脱颖而出，成了全球锂离子电池领域的领军企业。

3　互补技能与经验：整合出的无敌优势

创业团队成员的技能和经验互补，能实现资源的优化配置，提高团队的综合实力。不同成员有不同的专业背景和技能特长，如技术、营销、管理、财务等。这些技能和经验结合起来，团队在各个方面都有很强的能力，能更好地应对创业中的各种挑战。

贵州"90后"创业团队在阿斯塔纳开餐馆，成员冯皓以前是央企员工，有6年建筑行业从业经验，因为热爱美食，大学时还摆摊卖过炒粉，他就成了餐厅主厨；王潇是建筑设计师，没下过厨，出国前专门练了两个月厨房技能，现在备菜很熟练；李梓垚是软件设计师，兼职餐馆外卖配送员，还负责处理团队证件办理和国内原材料供应。他们技能和经验不同，但能相互补充。冯皓的烹饪技能保证了菜品质量和口味；王潇的建筑设计背景让餐馆装修布局有独特见解；李梓垚的软件设计专长为餐馆外卖配送和管理提供技术支持。

他们的互补优势让餐馆开业初期就能顺利运营,还赢得了当地顾客的喜爱。

总结:创业需要互补协作的群架精神

　　草台班子和豪华阵容都有各自的优势和劣势。创业者选择创业团队时,更重要的是要有共同的目标和价值观,团队成员之间要相互信任,专业技能要能互补。创业就像打群架,是大家一起协作的过程,可不是一个人单打独斗就能成的。只有这样,创业团队才能在这场冒险中取得成功。

第61坑　雇佣制

在当今这个竞争与机遇并存的商业世界里，创业团队搭建模式的选择就像是决定船只航向的舵盘，对企业的生存和发展起着关键作用。曾经，传统的雇佣制团队模式就像一艘巨型货轮，在工业经济的海洋中稳稳前行。雇主和雇员之间是简单的雇佣关系，雇员听从雇主指令完成任务，获取报酬。这种模式在工业经济时代可是立下了汗马功劳，它能实现大规模生产和标准化作业流程，推动企业快速扩张。

但时代在发展，知识经济的浪潮涌来，市场环境也像变幻莫测的天气。创新和知识成了企业发展的核心驱动力，员工的创新能力、专业知识和工作积极性变得无比重要。可雇佣制却像是一艘老旧的帆船，渐渐显出了弊端。员工缺乏对企业的归属感和责任感，工作积极性不高，创新动力不足，就像被锁住了手脚，难以充分发挥潜力。而且，市场变化快如闪电，企业需要更强的灵活性和适应性，能迅速调整战略和业务模式。但雇佣制的层级结构和烦琐决策流程，就像给企业套上了沉重的枷锁，导致决策效率低下，难以快速响应市场变化。

这时候，合伙制创业模式就像一艘新型快艇，应运而生。它以合伙人之间的平等合作、资源共享和风险共担为核心，给企业发展注入了新的活力。合伙人一起参与企业经营管理，共享利润，也共同承担风险。这种模式能充分激发合伙人的积极性和创造力，让他们更关注企业的长远发展。合伙人之间资源共享、优势互补，能整合各方资源，提升企业竞争力。而且合伙制的决策机制灵活，能快速响应市场变化，做出更符合市场需求的决策。

一　合伙制对雇佣制的优势

1　激励机制与员工积极性

华为是全球知名的通信技术企业,它的成功离不开独特的员工持股计划。华为是 100% 由员工持有的民营企业,内部股份分配模式让员工能直接分享公司的成功。这是一种薪酬激励机制,能提高员工的积极性和创造力,推动公司长期发展。员工可以获得公司股票期权或限制性股票,未来能以一定价格出售或行使。2024 年度,华为每股分红 41 元,约 15 万名参与员工预计人均分红不低于 48 万元。这么丰厚的分红,让员工觉得自己的努力和公司发展紧密相连。在华为发展过程中,不管是 5G 技术研发突破,还是智能手机业务崛起,员工都充满热情和创造力,积极投入各项目。因为他们知道,公司进步能直接带来自身利益提升,这种动力是雇佣制很难有的。

小米创业之初就很重视股权分配,雷军持股 39.6%,其他合伙人共持有 45.4% 的股份,这种合理股权结构为长远发展奠定了基础。小米还为核心员工设计了灵活薪资结构,员工能根据个人情况选择现金工资与激励股票的比例,80% 的员工选择了现金与股票结合的方式,这不仅实现了个性化激励,还鼓励了员工在团队中的主动性。2019 年,小米成为世界 500 强时,雷军赠予每位在职员工 1000 股股票,激励了团队士气。2024 年,小米再次通过股权激励计划,向员工授予股票和购股权。这些举措让员工与公司利益深度绑定,增强了归属感和忠诚度。员工为了长期股权收益,更愿意长期服务公司,积极参与业务,减少了人才流失,保障了团队稳定性。

2　风险共担与资源整合

海底捞的合伙人在资金、技术、人脉等方面实现了资源共享。资金上,合伙人共同出资,为企业扩张和发展提供了充足资金,让海底捞能在全国甚至全球开很多门店。技术方面,不同合伙人有餐饮管理、厨房技术等专业技能，共享这些技术能让海底捞不断优化菜品质量和服务流程，提升顾客体验。人脉资源对海底捞发展也很重要，合伙人的人脉关系能帮助企业拓展供应商渠道、市场推广渠道等。比如通过合伙人的人脉，海底捞能和优质食材供应商建立长期稳定合作关系，确保食材新鲜和品质；在市场推广方面，合伙人的人脉资源能帮助开展各类营销活动，提高品牌知名度和美誉度，促进企业快速发展。

二 华莱士："门店众筹、员工合伙、直营管理"模式

华莱士采用"门店众筹、员工合伙、直营管理"的合作连锁模式。通过门店众筹，把股份下放给员工或外部合作者，让他们和公司形成利益共同体。公司为门店提供技术、原料、物流、品牌输出等全方位支持，通过直营管理确保统一经营标准。

在资金筹集上，这种合伙模式作用显著。员工和外部合作者通过众筹参与门店投资，为华莱士快速扩张提供了充足资金。每个门店资金筹集灵活，能根据实际需求和市场情况调整。这种模式让华莱士不用大量外部融资，就实现了门店数量快速增长。截至2024年10月，华莱士已拥有超过20000家门店，成为国内规模较大的西式快餐连锁企业。

员工激励是华莱士合伙模式的一大亮点。员工作为门店合伙人，能分享门店利润，这极大激发了工作积极性和责任心。员工会更关注门店经营状况，努力提升服务质量和销售业绩，增加自己的收益。店长会积极优化门店运营管理，合理安排员工工作，提高运营效率；员工会热情服务顾客，积极推销产品，提高顾客满意度和忠诚度。

门店扩张是华莱士合伙模式的重要成果。通过合伙模式，华莱士能充

分利用员工和外部合作者的资源和力量，快速拓展市场。在新门店选址、装修和开业过程中，合伙人能提供当地市场信息和人脉资源，帮助门店顺利落地。华莱士的品牌影响力和市场份额不断扩大，在三、四线城市占据了重要市场地位。

总结：告别雇佣制，拥抱合伙制

合伙制在激发员工积极性、提升决策效率和创新能力、实现风险共担与资源整合等方面有着积极作用。它通过利益共享和长期激励机制，有效激发员工内在动力，让员工更主动地为企业发展贡献力量，提高了员工的忠诚度和稳定性。扁平化的管理结构和多元视角的融合，让合伙制企业在决策速度和创新能力上有明显优势，能更好地适应快速变化的市场环境。合伙人之间的风险共担和资源共享，增强了企业抵御风险的能力，为企业发展提供了更广泛的资源支持，促进了企业的快速扩张和可持续发展。所以啊，企业在选择创业模式时，别再守着雇佣制不放啦，不妨试试合伙制这艘新型快艇，说不定能在商业的海洋中乘风破浪，驶向成功的彼岸。

第三篇

资本相关 20 坑

第 62 坑　靠融资

在创业圈里,这几年兴起了一种过度依赖融资循环的商业模式,很多初创企业一头扎进"融资—烧钱—再融资"的循环里,看似风光无限,实则暗藏危机。

一　依赖融资循环商业模式的弊端

1　企业发展如水上浮萍

过度依赖融资循环的商业模式,就像把企业建在沙滩上,根基不稳,发展难以长久。企业要发展,资金固然重要,但如果自身没有造血能力,只靠外部输血,一旦融资渠道断供,资金链马上就会出问题。

拿共享充电宝行业来说,刚开始共享经济火热,小电、街电、怪兽充电等企业吸引了大量资本,靠疯狂铺设设备、大力推广迅速占领市场。可后来市场竞争激烈,资本冷静下来,融资变难了。好多企业因为没建立起稳定的盈利模式,收入抵不上成本,资金链紧张,只能裁员、收缩业务,甚至倒闭。大量初创企业因此退场,行业发展也受到了阻碍。而且,企业命运掌握在投资者手里,投资者一撤资,企业就可能陷入"融资—烧钱—再融资"的恶性循环,发展更没保障。

2 引发资本泡沫，搅乱市场

大量资本涌入依赖融资循环的创业企业，容易吹出资本泡沫，影响市场稳定。当某个创业领域被看好，投资者就会一窝蜂地投钱，企业估值疯涨，远远超过实际价值。

共享单车行业就是典型例子。ofo、摩拜单车等在资本推动下疯狂扩张，为抢市场大量投放车辆、补贴用户、打广告。结果共享单车投放量远超市场需求，城市里到处都是堆积的单车。企业估值也被抬得老高，ofo巅峰时估值达数十亿美元。但行业盈利模式不清晰，企业一直亏损，资本一撤离，泡沫瞬间破裂。ofo陷入困境，用户押金退不了，企业破产清算，投资者和消费者都损失惨重。资本泡沫还会误导资源配置，造成浪费，破裂时引发连锁反应，冲击市场信心和稳定。

3 企业自主权被绑架

过度依赖融资的企业，自主权会被投资者限制，决策不能自己说了算。投资者投钱的同时，会要求股权和决策权来保障回报。

一些互联网创业企业多轮融资后，股权结构复杂，投资者话语权增强。企业做重大决策，如调整战略方向、拓展业务、任免管理层等，都得经过投资者同意。有些投资者只看短期财务回报，不考虑企业长远发展，会让企业决策短视，错失机会。比如为满足投资者，企业可能盲目扩张，增加经营风险。而且投资者的干预会限制企业创新和灵活性，让企业不敢尝试新业务和技术，不利于保持竞争力。

4 核心竞争力培养被忽视

依赖融资的企业，把精力和资源都花在融资上，忽视了产品、服务、技术等核心竞争力的培养。为吸引投资，企业可能过度包装，夸大前景，对核心竞争力建设投入不足。

一些电商创业企业，为了快速扩张和提高市场份额，把钱都花在广告、促销、补贴上，却不重视提升产品质量、优化服务体验和完善供应链管理。短期内用户和销售额可能增加，但长期来看，缺乏核心竞争力，留不住用户，市场份额也难稳定。在技术创新方面，企业为满足投资者对短期业绩的要求，减少技术研发投入，采用成熟技术和商业模式，导致技术落后，失去竞争力。

二　ofo：从辉煌到陨落

ofo 于 2014 年创立，以无桩单车共享模式解决城市短距离出行问题。一开始聚焦校园市场，靠便捷和低价赢得学生喜爱，掀起共享单车热潮。

在资本支持下，ofo 于 2016 年走出校园进军城市，大规模投放车辆，积极推广，迅速在全国布局，市场份额领先，注册用户激增。融资方面，它获得多轮巨额投资，投资方有金沙江创投、经纬中国、滴滴出行等。这些资金让 ofo 能快速扩张，短时间内占领大量市场。

然而，ofo 过度依赖融资循环的模式最终导致失败。市场竞争激烈时，它陷入烧钱扩张的恶性循环。为抢市场和对手打补贴战，降低骑行价格甚至免费骑行，还大量投放车辆，运营成本飙升。收入根本覆盖不了成本，资金链越来越紧。

ofo 还存在严重的押金问题。用户增多，押金规模变大，但 ofo 没有好好管理押金，拿去搞日常运营和扩张，导致用户押金退还困难，引发信任危机，损害了品牌形象和市场信誉。而且，ofo 一直没找到可持续的盈利模式，骑行收入低，广告和增值服务收入也少，根本撑不起公司发展。

总结：商业模式切不可只靠融资活着

过度依赖融资循环的商业模式，短期能让企业快速扩张，但长期来看，弊端多多。企业发展没有可持续性，容易引发资本泡沫，自主权受限，还会忽视核心竞争力培养。

创业者不能只靠融资循环来创业，要认识到商业模式创新和可持续发展的重要性。创业时，要构建可持续的商业模式，明确盈利途径，关注长期发展；合理利用多元化融资渠道，根据企业发展阶段和资金需求选择合适的融资方式；注重培养核心竞争力，提升产品和服务质量，加强技术创新和人才培养；强化风险管理，提高资金使用效率，确保企业稳定发展。总之，创业之路不能只盯着融资，得脚踏实地，打造真正有竞争力的企业。

第63坑 滥融资

创业企业就像一个个刚刚学步的孩子，想要长大变强，资金支持必不可少。融资，无疑是成长路上的关键助力，就好比给孩子补充营养。资金对创业企业来说，就是企业的血液。有了充足的资金，企业就能搞产品研发，把产品打磨得更好，满足市场需求；还能去拓展市场，让更多人知道自己的品牌；也能招聘和培养人才，给企业发展注入智慧力量。

然而，创业企业在融资时，很容易掉进一个大坑——过度融资。这就像是孩子营养补过头了，反而会出问题。过度融资就是企业融的钱超过了自己实际需要和能承受的范围。市场竞争激烈，创业企业为了快速扩张、抢占市场，特别容易陷入这个陷阱。

一 债券融资过多：甜蜜的毒药

1 负债率飙升的秘密

债券融资就像是企业向投资者借钱，每借一次，负债就增加一点。负债率的计算公式是负债总额除以资产总额再乘以100%。要是债券融资规模越来越大，负债总额噌噌往上涨，而资产总额没怎么变或者涨得没负债快，负债率自然就像坐火箭一样上升。

举个例子，有家创业企业原本资产1000万元，负债300万元，负债率30%。后来通过债券融资多了500万元负债，资产只增加到1200万元，新的负债率就变成66.7%，一下子高了好多。而且债券融资要付固定利息，这又加重了企业的债务负担，财务风险也跟着增大。

2 高负债率的负面影响

高负债率就像一颗定时炸弹，会给企业带来很多麻烦。首先是增加财务风险。企业负债多了，要还的本金和利息也多。要是经营情况不好，像市场需求下降、销售收入减少，就可能还不上债。一旦违约，企业可能会面临法律诉讼、资产被冻结，甚至破产。就算勉强能偿债，沉重的债务负担也会压缩利润空间，影响资金流动性，让企业在市场竞争中处于劣势。其次是限制再融资能力。金融机构和投资者看到企业负债率高，会觉得企业偿债有风险，就会提高融资门槛，比如要更高的利率、更严格的担保条件，甚至直接拒绝融资。这就好比孩子想再要点营养，却被拒绝了，企业很难获得进一步发展的资金。最后是影响企业信誉。供应商会担心企业还不上钱，就会对企业更严格，比如缩短付款期限、减少信用额度，这会增加企业的采购成本和运营难度。客户也更愿意和财务状况好的企业合作，高负债率会让企业失去一些潜在客户，损害市场形象和竞争力。

3 Z地产的困境

Z地产这几年业务扩张很快，主要靠债权融资来满足资金需求。到2022年底，负债总额高达1182.66亿元，资产负债率86.13%。这么高的负债率让它面临很大压力，一年内到期的非流动负债有175.87亿元，可账上能用的货币资金只有104.82亿元（其中还有18亿元受限），资金流动性紧张，偿债压力巨大。融资难度和成本也增加了，虽然房地产行业政策有所松动，但高负债率还是个大阻碍。为了改善状况，Z地产打算发行股票募集资金，通过股权融资来扩大净资产规模、优化资本结构、降低负债率、缓解财务风险。

二 股权融资过多：失去掌舵权的船

1 股权稀释的过程

股权融资过多会导致企业股权被不断稀释。创业企业刚开始的时候，创始人一般持有很多股权，对企业有绝对控制权。但随着企业发展，为了拿到更多资金，会进行多轮股权融资。每一轮融资都会有新投资者进来，企业要给新投资者发新股份，原来股东的股权比例就会下降。

比如一家企业创始人一开始持有80%股权，第一轮融资新投资者投资1000万元，拿走20%股权，创始人股权就变成64%；第二轮融资新投资者投资2000万元，拿走30%股权，创始人股权就降到44.8%。要是企业没有合理规划股权融资，过度依赖这种方式，创始人股权就会被过度稀释，可能会失去对企业的控制权。

2 股权丧失的影响

股权丧失对企业和创始人都有很大影响。对企业战略决策来说，创始人通常对企业的发展有长远规划。但创始人股权丧失、失去控制权后，新大股东可能只看重短期财务回报，不重视企业的长期研发和市场拓展，这会让企业发展方向偏离创始人的设想，影响企业长期竞争力。对创始人权益来说，股权比例下降，创始人从企业获得的分红、资产增值等收益也会减少。而且创始人在企业里的话语权和影响力没了，无法参与重大决策，这对创始人打击很大，可能会让他们失去为企业继续努力的动力。

3 L照明公司的教训

L照明公司是由创始人和同学一起创立的。刚开始创始人股权比例相对较低，在重大决策上比较弱势。2005年，因为经营理念和利益分配问题，他被罢免董事长职位，还让出了全部股份。后来在经销商支持下，他重新获得 100% 股权，但为了支付给其他股东的钱，不得不进行股权融资。

后来创始人的股权不断被稀释。2012 年他被迫离开董事会。之后他为了重新获得控制权，又转让股权，最终只持有 2.54% 的股权，彻底失去对公司的控制权。失去控制权后，L 照明公司内部纷争不断，管理层频繁变动，市场份额也受到影响。

总结：融资不是越多越好

创业企业要避免过度融资，就得制订合理的融资计划，根据自己的发展阶段和业务规划，好好评估资金需求，考虑偿债能力和股权结构稳定性。还要优化资本结构，权衡债券融资和股权融资的比例，根据不同发展阶段动态调整融资结构。就像给孩子补充营养，要适量、合理，孩子才能健康成长。

第64坑　纯股权

融资是企业发展的关键一环，股权融资凭借其独特的魅力，吸引了众多创业者的目光，但它也并非十全十美。随着市场环境的日益复杂多变以及创业企业自身发展需求的不断多元化，仅依赖股权融资的局限性也越发凸显。一方面，过度依赖股权融资会导致企业股权结构的过度稀释，使得原股东对企业的控制权被削弱，进而可能影响企业的决策效率和战略方向的稳定性。另一方面，股权融资往往伴随着较高的成本，包括对投资者的股权回报以及信息披露等方面的成本，这无疑会给创业企业带来沉重的负担，不利于企业的长期可持续发展。此外，股权融资的获取难度较大，对创业企业的商业模式、市场前景、团队实力等方面有着较高的要求，并非所有创业企业都能顺利获得股权融资。

一　股权融资的显著特点

1　长期稳定的资金支持

股权融资就像是企业的长期伙伴，它给企业带来的资金是权益性资本，具有永久性。企业不用在特定时间偿还本金，可以放心地把钱用在长期发展规划上，比如搞技术研发、开拓市场、打造品牌。就像一家互联网创业企业拿到股权融资后，能安心投入用户增长和市场份额拓展计划，不用愁短期还款压力，为企业的可持续发展提供坚实保障。

2 不可逆性与经营压力

投资人一旦投入资金成为股东，就不能像债权融资那样要求企业按时还钱，只能通过市场交易卖股权来收回本金和收益。这对企业来说，资金流动压力小了些，但也意味着企业得好好经营，提升股权价值，满足投资者的回报期望。

3 股利支付的灵活性

企业通过股权融资筹到的钱没有固定的股利负担，股利发多少可以根据经营状况和盈利情况自行决定。企业经营困难或资金紧张时，可以少发或不发股利，灵活安排资金。不过，要是一直不发股利，投资者的信心可能会受影响，所以企业得在自身发展需求和投资者利益之间找平衡。

4 股权稀释风险

新股东加入必然会让原有股东的股权被稀释，影响他们对企业的控制权和决策权。要是股权稀释太严重，原有股东可能会失去主导权，企业的战略方向和经营决策也会受新股东影响。比如某家族企业多次股权融资后，家族股东股权比例大幅下降，新股东在董事会占多数，企业决策更多考虑新股东利益，和家族企业原本的发展理念冲突。

5 融资成本较高

股权融资虽不用还本金，但企业要给投资者股权回报，像股息、分红，这就是融资成本。而且，融资过程中还要付一系列中介费用，像投资银行的承销费、会计师事务所的审计费、律师事务所的律师费等，这些费用加起来可不少，进一步增加了融资成本。

6　信息披露要求高

为保护投资者利益，企业股权融资时要向投资者披露大量信息，包括财务状况、经营情况、市场前景、战略规划等。但有些涉及商业机密的信息披露后，可能会被竞争对手利用，给企业带来不利影响。

二　股权融资的局限性

1　稀释企业控制权

股权融资就像一场股权大挪移，新股东不断加入，企业股权结构会变，原有股东股权比例下降。比如初创企业创始人一开始持有100%股权，经过几轮融资后，股权比例可能大幅降低。一旦创始人失去控制权，企业战略方向和经营决策可能改变，和最初的创业理念相去甚远。

A科技就是个典型例子。创始人李先生最初持有公司70%股权，有绝对控制权。但随着业务发展进行多轮融资后，他的股权比例降至31%，失去相对控制权。新股东和他在公司发展战略上有分歧，新股东注重短期盈利，否决了他加大研发投入的提案，调整业务方向，导致核心技术团队流失，公司产品竞争力下降，最终陷入困境。这说明创业者进行股权融资时，得谨慎权衡股权出让比例，规划好股权结构。

2　融资成本高昂

股权融资成本由几部分构成。首先，出让股权意味着企业未来利润要和新股东分享，直接减少原有股东收益。其次，为吸引投资者，企业通常要根据盈利状况分红，分红没达到投资者预期，会影响企业声誉和后续融资能力。此外，融资过程中的中介费用也不少，像投资银行承销费、会计师审计费、律师事务所律师费等，一次典型的股权融资活动，中介费用可能占融资总额的 5% ~ 10%。

和银行贷款相比，股权融资成本更高。银行贷款主要是利息支出，而股权融资除了股权让渡和分红成本，还有高额中介费用，甚至可能产生机会成本。比如企业通过股权融资获得 1000 万元资金，成本可能达 180 万元，远高于银行贷款的利息成本。这对创业企业的资金使用效率和盈利能力提出了更高挑战。

3 信息披露压力

股权融资时，企业要向投资者披露大量信息，包括财务信息、业务信息、战略规划、管理团队、知识产权等。投资者通过这些信息评估企业的财务状况、盈利能力、商业模式、市场竞争力等。

但信息披露也有潜在影响。一是可能泄露商业机密，企业披露业务和技术信息时，可能被竞争对手利用，影响市场竞争地位。二是频繁披露信息会分散企业管理层精力，让他们没时间专注核心业务运营，影响决策和运营效率。三是披露信息不如投资者预期，可能引发市场波动，影响企业股价或估值，损害企业融资能力、声誉和品牌形象。

总结：企业融资手段要多元化

股权融资在创业企业发展中作用重大，但过度依赖它会带来企业控制权稀释、融资成本高昂、信息披露压力增大等问题。这些问题不仅影响企业决策自主性和股东利益，还可能给企业长期发展带来潜在风险。所以，创业企业不妨考虑多元化融资方式，给自己多些选择。

第65坑　纯债权

融资就像是大侠闯荡江湖时的内力，有了足够的资金支持，企业才能在市场的刀光剑影中站稳脚跟。而债权融资，就像是一种比较直接的吸星大法，能快速让企业获得资金。债权融资，简单来说就是企业通过借钱的方式来搞到钱。借到钱之后，企业要支付利息，等借款到期了，还得把本金还上。比如说银行贷款，这是企业债权融资的热门选择之一，手续相对简单，钱到账也快；还有企业债券融资，能搞到的钱比较多，借款期限也长。

不过，债权融资就像一把双刃剑，看着厉害，但用不好也会伤到自己。要是创业企业只盯着债权融资这一条路，那可就麻烦大了。

一　仅靠债权融资，麻烦找上门

1　财务风险像座大山

创业企业要是只靠债权融资，那债务压力就像滚雪球一样越滚越大，财务风险也跟着噌噌往上涨。企业借了钱，就得在规定时间内还本金和利息，这对企业的现金流要求可高了。一旦企业经营不太顺，钱收不回来，还不上债，那就掉进财务困境的大坑里了，逾期还款、债务违约这些事儿都可能找上门。

从财务指标来看，债务太多会让企业的资产负债率大幅上升，这就说明企业欠的钱太多，还钱的能力变弱了。资产负债率高了，企业的经营风险也会被放大。市场环境稍微一变，比如产品价格降了、市场需求少了，企业的利润就会被压缩,甚至可能亏本。这时候,企业不仅要面对经营亏损,还要还高额债务,财务状况一下子就糟糕透顶了。就像有个创业企业,只靠债权融资后,资产负债率从30%猛增到80%,市场一波动,产品销售额降了20%,马上就从赚钱变成亏本,资金链也断了,根本没法正常运营。而且,高额债务还会增加企业的财务费用,吃掉企业的利润,影响企业的盈利能力和可持续发展。

2　限制企业长远发展

债权融资还会给创业企业的长期发展和战略布局套上枷锁。债权融资一般都有明确的期限,不管是短期还是长期,企业在制定战略规划的时候,都得想着什么时候还钱,很难去做一些长远的、有前瞻性的规划。

比如说有个搞新能源汽车研发的创业企业,要是只靠债权融资,为了能按时还钱,就会把更多精力和资源放在短期的产品生产和销售上。像新能源汽车核心技术的长期研发,像电池技术、自动驾驶技术这些,可能就没办法好好投入了。这样一来,企业在技术创新上就会落后,在长期竞争中也占不到优势,发展前景就被限制住了。

另外,债权融资借来的钱怎么用,债权人往往会管得很严。债权人要求企业把钱用在特定的项目上,企业在资金使用上就没什么灵活性,没办法根据市场变化和企业战略调整资金投向。比如有个互联网创业企业,借到钱后,债权人规定钱只能用在现有业务上。可市场上出现了新的商机,像短视频领域兴起了,企业想抓住机会拓展业务,却因为钱的用途被限制,只能干瞪眼,错失发展机会。而且,因为要还债务,企业在做战略决策的时候也会变得很保守,不敢轻易进行大规模的战略转型或投资,生怕增加财务风险。就像一家传统制造业创业企业,面对行业数字化转型的趋势,因为担心转型会增加债务风险,不敢果断转型,最后就被市场淘汰了。

3　影响信用评级和再融资能力

创业企业要是只靠债权融资，一旦财务状况变差，信用评级就会受到影响，再融资的能力也会降低。信用评级就像是企业的信誉名片，能反映企业按时还钱的能力和意愿。企业过度依赖债权融资，债务太多，还钱能力下降，信用评级机构就会下调企业的信用评级。

比如 J 品牌手机，后期过度依赖债权融资来维持运营。市场竞争越来越激烈，该公司的市场份额越来越小，经营业绩也不好，但欠的债却很多。还不上债之后，信用评级机构好几次下调该公司的信用评级。信用评级下降了，其手机在市场上的名声就不好了，债权人也不敢再相信它。

信用评级降低直接影响企业的再融资能力。在债权融资市场，信用评级低的企业要想借到钱，就得付出更高的成本。因为债权人觉得这些企业违约的风险高，所以会要求更高的利率或者更严格的担保条件。比如说有个创业企业，信用评级下调后，原来能以 5% 的年利率拿到银行贷款，现在可能得付 8% 甚至更高的年利率，融资成本一下子就增加了。而且，信用评级低的企业可能根本借不到新的钱。银行、债券投资者这些债权人，一般都更喜欢信用评级高的企业。信用评级低的企业发的债券可能没人买，贷款申请也可能被拒绝，融资渠道就被堵住了。在股权融资方面，信用评级下降也会让潜在投资者担心企业的财务状况和发展前景，不愿意投资，企业找钱就更难了。

总结：融资多元才是王道

创业企业得采取多元融资策略。股权融资就不错，资金是永久性的，还能优化资本结构。创业企业可以制订清晰的商业计划，展示优秀的团队实力，去吸引股权投资者。同时，要好好利用政府的扶持政策，像税收优惠、财政补贴、创业担保贷款这些。还可以积极探索创新融资方式，比如供应链金融、知识产权质押融资等。这样才能降低融资风险，让企业可持续发展。

第66坑　连带坑

连带责任担保作为一种常见的融资增信方式，当创业企业向银行等金融机构申请贷款，或者寻求投资机构的资金注入时，金融机构和投资机构为了降低自身风险，常常要求企业的创始人或法人提供连带责任担保。

连带责任担保意味着一旦企业无法按时偿还债务，创始人或法人将需以个人财产对全部债务承担清偿责任，而不仅仅局限于企业资产。这一担保方式虽在一定程度上增加了企业获得融资的可能性，但却将创始人或法人置于极高的风险境地。一旦企业经营出现问题，资金链断裂，无法履行偿债义务，创始人或法人的个人财富，甚至家庭资产都可能被牵连，面临巨大损失，进而影响个人和家庭的生活，也可能对创始人未来的创业计划和职业发展造成毁灭性打击。在创业融资领域就像一把双刃剑，用好了能帮企业拿到资金，用不好可能让创始人倾家荡产。

一　常见担保场景

1　银行贷款

创业企业向银行贷款时，因为自身规模小、经营不稳定、信用记录少，银行就像谨慎的守门员，为了降低风险，常常要求法人或创始人提供连带责任担保。数据显示，中小微企业银行贷款中都有这一要求。比如一家初创科技企业想贷款搞研发和扩大生产，银行评估后，要求创始人用个人全部财产担保。要是企业还不上钱，银行就有权找创始人要钱，创始人的房子、存款可能都得拿去抵债。

2　供应链融资

在供应链融资里，创业企业为了从供应商那里拿到货物赊销或延长付款期限的优惠，法人或创始人可能会被要求担保。就像一家制造型创业企业想缓三个月付款，供应商为确保货款安全，要求法人担保。企业到期不付款，供应商就找法人要钱，法人得用个人财产还钱。

二　相关法律规定解读

1　《民法典》

《民法典》合同编第十三章详细规定了保证合同，明确了连带责任保证的定义、成立条件、保证期间、保证责任范围等。比如第六百八十八条定义了连带责任保证和债权人的权利行使方式。第六百九十二条规定了保证期间，要是债权人没在保证期间要求保证人担责，保证人就不用负责了。这就好比给债权人设定了一个时间闹钟，过了时间就不能找保证人要钱了。

2　《公司法》

《公司法》从公司治理和股东责任角度规范连带责任担保。法定代表人代表公司担保要按公司内部决策程序来。要是法定代表人未经同意就担保，可能被认定无效，但相对人善意时合同仍有效，公司担责后可向法定代表人追偿。此外，股东滥用公司法人独立地位和股东有限责任逃避债务，损害债权人利益，也要对公司债务承担连带责任。这就像给股东和法定代表人戴上了金箍，不能随意乱来。

三　案例：某文化公司法定代表人担保案

2020年5月14日，某文化公司和银行签了34.6万元的借款合同，借款期限到2021年5月13日。同一天，法定代表人王某为让公司拿到贷款，以个人身份和银行签了《保证合同》，提供连带责任担保，担保范围包括本金、利息、罚息等。银行放款后，文化公司经营不善，到期还不上钱。到2022年3月11日，欠本金34.6万元，利息、罚息等31507.6元。银行催款无果，把公司和王某告上了法院。

法院认为合同都是各方真实意思表示，合法有效。文化公司违约，要承担责任。王某签了担保合同，就该为公司借款承担连带还款责任。最终，法院判文化公司还钱，王某承担连带清偿责任，双方都服判没上诉。

在这个案例中，王某可真是压力巨大。公司经营风险全到他身上了，公司还不上钱，他就得顶上。他的个人财产像摇摇欲坠的城堡，随时可能被用来还债，严重影响生活。而且，他的个人信用也可能受损，以后贷款、办信用卡都可能受限制，未来创业和职业发展也可能受阻。

总结：积极寻找替代融资方案

连带责任担保在创业融资中能帮企业拿到资金，但给创始人或法人带来巨大风险。从个人财产看，企业违约，创始人个人财产可能被执行，影响生活质量；企业控制权方面，债务问题可能让创始人股权稀释甚至失去控制权；信用风险会增加未来融资难度和成本；法律诉讼风险会耗费时间和精力，加重经济负担。

为规避这些风险，创业企业可以积极找替代融资方案，比如股权融资、争取政府扶持资金、融资租赁等，减少对依赖担保的债务融资的依赖。同时，要优化企业内部管理和财务状况，提升盈利能力，加强财务管理，增强抗风险能力。在法律风险防控上，咨询专业律师，完善合同条款，设定反担保措施。创始人或法人更要增强风险意识，谨慎决策，别盲目担保，不然可能会掉进担保陷阱。

第 67 坑　互担保

在如今变化多端的市场环境和不断发展的金融体系下，企业融资方式越来越多。连带互保作为一种常见的融资担保形式，就像一把双刃剑，既帮了不少企业的忙，也暗藏着巨大的风险。

连带互保对于那些信用等级不高、抵押物不足的企业来说，就像是一根救命稻草。通过和其他企业或个人形成连带互保关系，这些企业获得银行贷款等融资渠道的机会大大增加。然而，这根稻草也可能变成绞索。近年来，因为连带互保引发的企业债务危机事件频繁上演，好多企业都被折腾得够呛，甚至直接破产倒闭。在经济不太景气、市场充满不确定性的时候，连带互保的风险更是被放大了好几倍。只要联保体里有一家企业经营不善、资金链断了，其他联保企业就会像多米诺骨牌一样，一个接一个地被卷入债务旋涡，整个联保体系可能就会崩溃，对区域经济的稳定发展也会产生负面影响。

一　夫妻担保：家庭财富的定时炸弹

1　家庭资产风险的捆绑

夫妻担保就像是把企业融资风险和家庭资产用一根绳子紧紧绑在一起。一旦企业经营不下去，还不上债，债权人可不会客气，会要求夫妻用家庭财产来承担担保责任。家里的房子、车子、存款，都有可能被拿去偿债。想象一下，企业因为市场竞争激烈、产品卖不出去，陷入财务困境，还不上银行贷款。这时候银行就会通过法律途径，把夫妻的房子查封、拍卖，一家人可能就没地方住了，生活质量也会直线下降。这不仅影响夫妻两人，还会对孩子的教育和生活产生不好的影响，整个家庭都可能陷入经济困境。

2 个人连带责任的无限性

夫妻在担保中承担的连带责任可没有上限，不管企业欠了多少钱，夫妻都可能要用全部家庭财产来还。要是企业背上了巨额债务，夫妻的个人财产根本不够还，那就会陷入债务的深渊，未来的经济生活和信用状况都会受到影响。比如说企业融资时欠了好几亿元的债，夫妻作为担保人，就算家里没什么钱，也得想办法承担全部债务的偿还责任，这压力简直让人喘不过气来。

3 案例：金湖某科技有限公司

金湖某科技有限公司主要做电子产品的研发、生产和销售。为了扩大生产规模，向银行申请贷款，企业的实际控制人夫妻就为贷款做了担保。一开始企业发展得还挺顺利，业务越做越大。可是后来市场竞争越来越激烈，行业技术更新也快，企业的产品慢慢没了竞争力，市场份额越来越小，经营开始亏损，最后还不上银行贷款了。银行马上就把企业告上了法院，要求企业还钱，还要求实际控制人夫妻承担担保责任。结果夫妻二人的家庭财产都被法院查封、冻结了，房子、车子、存款都没了，不仅经济压力巨大，精神上也承受着很大的负担。企业也因为债务问题陷入困境，生产经营都没法正常进行，最后只能破产倒闭。这个案例充分说明了夫妻担保在企业融资中的风险有多大。

二　企业互保：担保链上的多米诺骨牌

1　担保链断裂引发的多米诺骨牌效应

企业互保形成的担保链就像一个相互关联的大网，只要其中一家企业出了问题，比如经营危机、资金链断了，还不上贷款，就会引发连锁反应。银行等金融机构为了减少损失，会向联保企业追债。联保企业突然要承担巨额债务，自己也会陷入财务困境，正常经营受到影响，可能连自己的贷款都还不上了，这样就会引发更多的连锁违约。

2　信息不对称导致的盲目担保

在企业互保过程中，企业之间信息不对称是个很普遍的问题。企业可能对互保企业的真实经营状况、财务状况、信用状况了解得不够全面，就盲目地为其他企业提供担保。有些企业为了拿到融资，会隐瞒自己的真实情况，夸大经营业绩和资产实力。互保企业在不知情的情况下为其提供担保，一旦被担保企业出了问题，互保企业就会面临巨大的风险。

3　行业风险的集中暴露

同行业企业之间互保很常见，但这种方式也有明显的风险。同行业企业面临的市场环境和行业风险都差不多，一旦行业出现系统性风险，比如市场需求下降、原材料价格大幅上涨、行业政策调整等，同行业互保的企业可能会同时受到影响，担保链上的企业风险就会集中爆发。在钢铁行业，因为市场供过于求，钢铁价格一直下跌，好多钢铁企业的利润都大幅减少，甚至出现亏损。在这些企业组成的互保体系中，一家企业债务违约很容易引发其他企业的连锁反应，整个互保体系就会陷入危机。好多企业因为承担互保责任陷入财务困境，只能削减生产规模、裁员，有些企业甚至面临破产倒闭的风险。

4　案例：D环境与D控股互保

2020年，D环境和D控股签了一份为期三年、金额高达7.5亿元的互保协议。这是因为D控股在业务拓展的时候需要大量资金，D环境为了支持关联企业的发展，就同意提供担保。在互保期间，D控股的经营状况越来越差，资金链也很紧张。2022年，D环境收到关联担保债权人的催款通知，要求D控股和D环境在6月30日清偿关联担保债务。为了维护信用，避免对生产经营造成重大影响，D环境只好先还了3.33亿元的担保债务。

这事儿对D环境的影响可大了。从资金流方面看，3.33亿元的代偿资金占D环境2022年一季报账上货币资金的45%，公司的资金流受到了很大的冲击。公司原本用于生产经营、研发投入、市场拓展的资金都被占用了，在原材料采购、设备更新、人员薪酬支付等方面都没钱了，严重影响了正常的生产经营活动。从经营稳定性方面看，这事儿让市场对D环境很担忧，公司股价也波动了。投资者对公司的财务状况和未来发展前景有疑虑，有些投资者还减持了股票，导致公司股价下跌。公司的信用评级也可能受到影响，以后再融资的难度和成本都会增加，可能要提供更高的利率或者更多的抵押物，这又会加重公司的财务负担。

总结：担保需谨慎

夫妻担保把企业融资风险和家庭资产绑在一起，企业经营不好，家庭资产就可能损失惨重。夫妻承担的连带责任没有上限，可能会让夫妻陷入债务困境。企业互保存在担保链断裂引发连锁反应的风险，信息不对称会让企业盲目担保，同行业互保还会面临行业风险集中爆发的问题。

为了防范连带互保风险，企业要增强风险意识，做决策的时候要谨慎，多找一些融资渠道，减少对互保的依赖，还要建立内部风险评估和监控机制。

金融机构要加强贷前审查和贷后管理，创新金融产品和服务，优化担保模式。总之，担保这事儿千万要慎重，一不小心就会掉进坑里。

第68坑　签对赌

对赌回购协议本质上是投资方和融资方签股权融资协议时，为约束目标公司未来发展的不确定、信息不对称，还有投资未达到预期目标而附带出来的特殊协议。简单说，就是在未达到投资方的预期投资目标时，融资方得按约定价格把投资方持有的股权买回来，或者以现金补偿或股份补偿的方式获取更多的回报。这是一把双刃剑，有利也有弊，且弊大于利。

一　对赌回购协议：利弊并存

1　广泛运用成常态

对赌回购协议在创业融资中相当火。从相关数据能看出，近年来好多创业融资案例都涉及这协议。在私募股权投资市场，投资机构投资创业企业时，常常要求签订对赌回购协议来保障收益、降低风险。这现象在科技、医疗等新兴产业特别普遍，毕竟这些行业风险高、回报也高，对赌回购协议就成了投资交易里的常客。

2　好处与风险齐飞

对赌回购协议有积极的一面。它能保护投资方利益，要是企业发展没达到预期，投资方可以通过对赌回购条款减少损失，投资起来更有信心。就像投资早期创业企业，不确定性太多，有了这协议就能锁定部分风险。对创业企业来说，它也是快速拿到资金的途径，能在发展初期获得资金支持，助力企业快速成长。比如有些企业为了抢占市场，急需资金，对赌回购协议就能帮它们吸引投资。

但这协议也有坑。很多创业企业签协议时太乐观，没考虑到风险。一旦经营不善，达不到对赌条件，就得承担巨额回购或补偿责任，这对企业来说可是沉重打击。而且，它还可能引发企业管理层和投资方的矛盾，影响企业正常运营。企业经营不好时，管理层可能为了不触发回购条款做些短视决策，对企业长期发展不利。

3 常见形式

在创业融资里，对赌回购协议有几种常见形式。一是和目标公司对赌。投资方直接和目标公司签协议，约定特定条件下目标公司回购股权。要是目标公司没在规定时间内实现业绩目标，就得按约定价格回购。这种形式对目标公司经营压力大，触发回购条款可能影响公司资金和运营。

二是和股东对赌。投资方和目标公司股东签协议，触发回购条件时，股东回购股权。股东对公司经营有影响力，承担回购义务能促使他们推动公司发展。不过要是公司没按时上市，股东可能得用个人资产回购，财富缩水不说，还可能失去公司控制权。

三是和股东及目标公司共同对赌。投资方和目标公司、股东一起签协议，触发条件时共同承担回购责任。这种形式对投资方保障更强，但也增加了融资方风险，实际操作中可能出现责任分担争议，得在协议里明确。

二 D计算技术公司：对赌失败的惨痛教训

D计算技术有限公司可是个明星企业。2020年9月成立，由战略级科学家创立，专注高性能通用和专用处理器芯片设计，在国产芯片领域备受关注。截至 2024 年，它累计融资约 25 亿元，估值达 21.69 亿美元，还成了市里的独角兽企业。

可它和投资方签的对赌协议出了问题。协议要求公司在 B 轮融资达到 5 亿元规模，结果没达到，触发了回购条款。一方面是市场环境变了，一级市场遇冷，投资机构更谨慎；另一方面，GPU 芯片赛道竞争激烈，该企业面临很多对手，技术研发和市场推广受影响，融资谈判处于劣势。

对赌失败后，该企业麻烦大了。公司账户被冻结，资金链断了，运营陷入困境。2024 年 8 月 30 日，公司宣布资金危机，要和员工终止劳动合同，员工失业，人才队伍受重创。声誉也受损，未来融资和业务拓展更难。这例子告诉我们，对赌回购协议失败对创业企业打击巨大，就算是独角兽企业也可能陷入生死危机。

总结：签对赌协议需理性评估、谨慎谈判、寻求顾问

首先，创业者签对赌回购协议前，得好好审视自己和企业。要客观分析自己的管理、技术、市场开拓能力，还有企业的资源、团队优缺点。研究行业发展趋势、市场竞争状况，预测未来变化和挑战。评估企业发展前景时，制定合理财务预测模型，考虑乐观、中性、悲观各种情况，模拟不同情境下的业绩表现，看看能不能达到对赌目标。还要规划好资金需求和来源，保证对赌期间有足够资金运营。就像有个互联网创业企业，评估后发现很难实现对赌目标，果断放弃签协议，避免了风险。

其次，和投资方谈对赌条款时，创业者要主动争取有利条件。合理设定回购条件，别定太高太苛刻的业绩目标和上市时间。可以提出多元化业绩考核指标，除了财务指标，把市场份额、用户增长、技术创新等也加进去，更

全面反映企业发展。回购价格争取合理定价方式，比如和企业业绩、市场估值相关的动态定价机制。关注回购主体确定，别让创始人个人承担全部责任，争取公司和创始人共同承担或按合理比例分担。有个创业企业谈判时提出多元化考核指标，采用基于未来三年平均估值的定价方式，降低了压力和成本。

最后，签对赌回购协议，找专业法律和财务顾问帮忙很重要。法律顾问能审查协议条款，识别法律风险和陷阱，保证协议合法，保护创业者权益。还能制定风险防范措施，明确双方权利义务，避免纠纷。财务顾问从财务角度评估企业，提供专业分析和建议，协助制订财务计划，优化财务结构，提高资金效率。谈判时还能帮创业者和投资方沟通财务数据，争取有利财务条款。很多创业企业请专业顾问，降低了法律风险，谈判更从容。

第 69 坑　骗融资

在创业融资时，本应是怀揣梦想的创业者们与金融机构携手共进的美好画面。然而，总有一些不和谐的音符，部分创业者为了获取资金，不惜耍起了骗融资的把戏，让整个创业融资市场蒙上了一层阴影。

一　创业融资骗贷的常见手段

1　虚假主体：玩的就是空壳游戏

一些不法创业者就像变戏法一样，用虚假的身份证明、地址证明等材料注册公司，然后以这个空壳公司的名义去申请贷款。拿到钱后，就像脱缰的野马，把资金转移或挥霍一空，让金融机构只能干瞪眼。还有人在注册公司时虚假出资、虚报注册资本，拿到贷款后就抽逃注册资金，让公司变成名副其实的空壳。更过分的是，有人还会假冒他人名义贷款，把别人的身份信息当成自己的提款钥匙，让被冒名者陷入无尽的困扰。

2　提供虚假资料：数据也能整容

为了让金融机构觉得自己有还款能力，创业者们开始对各种资料动手脚。他们篡改会计报表数据，把公司的资产、收入和利润夸得天花乱坠，把负债和亏损藏得严严实实，就像给公司化了个浓妆，让它看起来光鲜亮丽。还有人篡改审计报告文号，甚至和不法审计机构勾结编造虚假审计报告。另外，伪造企业的各种资质证明文件和经营证明文件也是他们常用的手段，用这些虚假的道具骗取金融机构的信任。

3 虚构贸易背景：无中生有的生意经

骗贷者们在贸易背景上也动起了歪脑筋。他们虚增交易数量、抬高交易价格，让企业的销售额和利润像吹气球一样膨胀起来。还会签订虚假合同，编造根本不存在的贸易业务，或者对真实合同进行篡改，把交易金额、交易时间等关键信息改得面目全非。更有甚者，和关联公司签订贸易合同，贷款到手后就把资金转回关联公司，用于其他非法目的。还有人用同一批货物或资产重复签订贸易合同，向不同金融机构申请贷款，就像一个贪心的小偷，总想多偷点钱。

4 提供虚假担保：担保也能造假

一些创业者在担保方面也不老实。他们虚拟保证人，伪造保证人的身份信息、收入证明、资产证明等材料，就像捏橡皮泥一样捏出一个担保人。还会夸大保证人的实力，让金融机构误以为这个保证人有足够的担保能力。另外，企业之间互相担保形成担保圈，一旦一家企业出问题，其他企业也会跟着遭殃，让金融机构的贷款风险大大增加。还有人重复使用抵押物，甚至虚构抵押物，以此骗取更多贷款。

5 虚假融资形态：玩的是障眼法

骗贷者们在贷款形态上也玩起了花样。贷款快到期时，他们就借新还旧，用新贷款还旧贷款，把贷款逾期的事实掩盖得严严实实，让金融机构以为一切都还正常。还会变换贷款主体，把贷款从一个企业或个人名下转移到另一个名下，逃避金融机构的监管和追讨。有人隐瞒贷款逾期的事实，甚至和金融机构内部人员勾结篡改贷款还款记录。更有甚者，虚构贷款用途，把贷款拿去做高风险投资、赌博等非法活动，让贷款面临巨大风险。

二 案例：两人合伙骗贷 30 万元

2014 年，陕西省安康市为了鼓励创业，推出了小额担保贷款惠民政策，就像给创业者们送了一份大礼包。个人贷款额度一般是 5 万元，合伙经营的贷款额度能达到 30 万元。詹某某和程某某这两个人就打起了坏主意。

詹某某熟悉申报创业贷款的政策和流程，他和程某某合谋骗贷。他们以程某某扩大经营原家装建材店为由，用程某某的名义申报创业贷款。为了提高贷款额度，他们伪造了多人合伙协议、租房协议等材料，骗取了担保人的审批和信任，成功获得了 30 万元的创业贷款。

贷款到账后，这两个人根本没把钱用于创业，而是像两个贪婪的守财奴，按事前约定把钱私分了。程某某拿了 10 万元，詹某某拿了 20 万元，全部用来偿还个人其他债务。2014 年下半年，程某某像人间蒸发一样，离开白河县外出务工，还两次更换手机号码，彻底失联。詹某某则像个骗子一样，隐瞒瓜分贷款的事实。

2016 年 7 月贷款到期后，银行工作人员像热锅上的蚂蚁，多次催收都没有结果。2017 年 8 月，担保人按照担保合同约定，向银行代为清偿了贷款本金 24 万元。担保人通过民事诉讼追偿也没有成功，于是在 2019 年 12 月向公安机关报案。公安机关在 2020 年 1 月立案，但因为程某某下落不明等原因，案件进展缓慢。直到 2021 年 5 月，白河县检察院主动提前介入侦查，提出了改变定性和侦查要点的检察意见书，才推动了案件的进展。2021 年 6 月，公安机关终于把程某某抓获归案。

在审查起诉期间，承办检察官像福尔摩斯一样，走访担保人和放贷银行，自行补充侦查，核实损失情况，积极追赃挽损，为受害方追回了经济损失近

40万元。法院经过审理认为，程某某、詹某某两个人以非法占有为目的，用伪造合伙协议等材料的手段，骗取创业贴息贷款审批和担保，然后逃匿或隐瞒真相，不偿还贷款，导致担保人遭受经济损失，数额巨大，他们的行为构成合同诈骗罪。不过，鉴于二被告人归案后如实供述罪行，认罪认罚，积极赔偿并获得被害人谅解，最终判处被告人程某某、詹某某有期徒刑三年，宣告缓刑，缓刑考验期三年六个月，并处罚金1万元。

总结：骗融资行为危害大，多方防范是关键

骗融资行为对企业自身是毁灭性的打击。企业信誉就像一面镜子，一旦被破坏就很难恢复，以后很难再获得金融支持，经营也会陷入困境，甚至破产倒闭。而且，骗融资行为还会像一颗毒瘤，扰乱金融市场秩序，增加金融风险，阻碍经济的健康发展。

为了避免创业骗融资行为的发生，创业者要树立正确的融资观念，就像在黑暗中找到一盏明灯，提高诚信意识和融资能力。金融机构要加强审核力度，完善风险评估体系，就像给贷款加上一把坚固的锁，还要加强员工培训，让员工练就一双火眼金睛。只有这样，才能有效防范骗贷风险，让创业融资市场充满阳光，健康发展。

第 70 坑　多套账

在企业经营的过程中,有一种不规范且风险巨大的现象正在悄悄蔓延,那就是多套账。相关调查显示,多套账在中小私营企业中相当普遍。这玩意儿就像一颗隐藏的定时炸弹,不仅搅乱了市场经济秩序,还会给企业和众多利益相关者带来不少潜在风险。

一　多套账的常见类型

多套账,简单来说,就是企业为了不同目的,在同一会计期间,对同一会计主体的经济业务进行不同处理,编制出好几套不一样的财务账目。这些账目呈现的财务状况和经营成果那是千差万别。

内账,也叫管理账,是企业内部用的。它就像一个大口袋,把企业所有经济业务都装进去,哪怕是那些拿不到合法票据的收支项目。

外账,主要是用来应付税务机关检查和纳税申报的,也叫税务账。它的会计凭证必须合法合规,记账时通常只记有发票的收支业务。

当企业想向银行贷款时,就会编制专门的银行账。为了让银行相信自己有还款能力,这套账目会把企业利润包装得很可观,显示出企业盈利能力和偿债能力都很强。

此外还有一些其他专项账。

二 多套账对企业自身的危害

1 法律风险：偷鸡不成蚀把米

多套账行为会给企业带来巨大的法律风险。《中华人民共和国税收征收管理法》规定，纳税人偷税会被税务机关追缴税款、滞纳金，并处以罚款，构成犯罪的还要追究刑事责任。有个房地产开发企业，在项目开发时设置多套账。税务账上少计销售收入，把部分售房款存入私人账户不申报纳税，还虚增开发成本。税务机关检查发现后，认定该企业偷税数千万元，不仅追缴了税款和滞纳金，还处以巨额罚款。因为情节严重，相关责任人被移送司法机关，法定代表人、财务负责人等被判有期徒刑并处罚金。这可真是偷鸡不成蚀把米，企业和责任人都吃了大亏。

2 内部管理混乱：一团乱麻理不清

多套账会让企业财务数据乱成一团，严重影响内部管理。有个制造企业为了满足不同目的设置多套账。内部管理用一套相对真实的账目，但为了应对外部机构又编了好几套不同版本的。这就导致财务数据不一致，管理层做决策时根本拿不到准确信息。制订生产计划时，不同账目中的库存数据、成本数据不一样，管理层没法准确判断企业实际生产能力和成本状况，生产计划要么过多造成库存积压，要么不足无法满足市场需求。资金管理方面，资金流向不清晰，没法有效进行资金预算和调配，企业可能出现资金闲置或短缺的情况。而且，多套账还会让企业内部财务管理流程混乱，部门之间信息沟通不畅，员工对企业管理产生怀疑，工作积极性和效率都降低了。时间一长，企业竞争力就削弱了，发展也会受到阻碍。

3 对会计人员的危害：引火烧身

会计人员参与多套账编制，要承担严重的法律责任。《中华人民共和国会计法》规定，私设会计账簿、伪造变造会计凭证和账簿、编制虚假财务会计报告等行为，会受到罚款、行政处分等处罚，构成犯罪的要追究刑事责任，会计人员还可能被吊销从业资格证书，五年内不能从事会计工作。有个企业的会计人员李某，受老板指使参与编制多套账，用于偷税和骗取银行贷款。后来被认定违反相关规定，不仅被罚款，还因逃税罪被判刑，会计从业资格证书也被吊销。这真是引火烧身，职业生涯都毁了。

总结：多套账行为危害巨大

多套账行为的危害可不止影响企业自身。它给融资机构带来决策风险和回收风险，可能导致融资机构遭受损失；让税务机构面临税收流失和监管成本增加的困境，损害国家税收利益；对企业来说，除了法律风险和内部管理混乱，还会让企业信誉受损，阻碍企业健康发展。会计人员参与其中，更是要面临法律责任和职业发展受阻的风险。多套账就像一颗毒瘤，扰乱了市场经济秩序，破坏了公平竞争的市场环境，是绝对不可取的违法行为。各方都应该重视起来，一起抵制这种行为，让市场环境更加健康、公平。

第 71 坑　招投标

招投标活动可是创业企业拿下项目、拓展业务的好途径。在公平竞争环境里，创业企业能展示实力，和大企业一较高下，实现业务增长、扩大市场份额。但围标串标这个毒瘤，却严重破坏市场公平竞争，让创业企业面临巨大风险。

一　围标串标花样多

围标串标就是在招投标中，投标人之间，或者投标人与招标人、招标代理机构用不正当手段串通，排挤对手、损害招标人利益来中标，严重破坏了市场秩序。它的表现形式可不少。

1　投标人之间串通

部分投标单位形成联盟，采取轮流坐庄、多家陪标的方式串通投标。例如，在某市政工程项目招投标中，A、B、C三家企业私下达成协议，在多次投标中轮流中标，其他两家则负责陪标，确保围标联盟内的企业能够按照约定获取项目。有的结成利益共同体，达成利益分配协议，约定由中标人给付陪标人一定比例的报酬。在一些货物采购招标中，参与围标的企业事先商定好报价策略，中标企业在项目完成后，按照约定比例向陪标企业支付好处费。还有的通过约定集中抬高或者压低投标报价，以控制评标均价，获取高分。

在某学校教学设备采购招标中，几家投标企业协商一致，将报价抬高，使得招标方不得不接受高价中标结果，损害了招标方的利益。

2 投标人与招标人串通

一些招标人设法将公开招标变为邀请招标，由内定的中标人，找几家投标人陪标，完成招标程序以套取中标。某政府部门的信息化建设项目，招标人通过各种手段将公开招标转为邀请招标，只邀请了与自己有利益关联的企业参与投标，并安排其他企业陪标，使得内定企业顺利中标。又如一些招标人在公开招标情况下，为使某一特定投标人中标，在资格预审文件、招标文件、评标办法中设置有利于内定中标人的资格条件，限制、排斥其他投标人。在某工业园区基础设施建设项目招标中，招标人在招标文件中设置了特定的技术标准和业绩要求，只有内定的企业能够满足这些条件，其他潜在投标人被排除在外。再如一些招标人向投标人泄露标底或共同商定标底，唆使投标人约定压低投标报价，中标后，在项目实施过程中利用设计变更、现场签证再给投标人额外补偿，为低价中标、高价结算留有空间。某房地产开发项目招标中，招标人将标底透露给特定投标人，并与其商定压低报价，中标后通过增加工程量、变更设计等方式，让该投标人获取高额利润。

3 投标人与招标代理机构串通

有的招标代理机构受招标人的授意，在招标人与投标人之间，协助招标人串通投标人投标。在某交通工程招标中，招标代理机构按照招标人的要求，为内定投标人提供其他竞争对手的投标信息，帮助其制定投标策略，确保其中标。一些不法招标代理机构为了非法经济利益，与投标人勾结，相互串通，出卖业主利益，从中谋取中标。某招标代理机构与一家投标企业勾结，在招标文件编制、评标过程中，为该企业提供便利，使其在众多投标人中脱颖而出，成功中标，招标代理机构则从该企业获取巨额回扣。

二 典型的串标案

1 某市市政道路工程项目围标串标案

2020年，某市5000万元的市政道路工程项目招标，10家企业参与。A公司是围标串标组织者，和B、C公司私下约定，若A公司中标，给B、C公司各50万元陪标费。三家公司让A公司做文件，B、C公司盖章。文件里商务标除报价外几乎一样，技术标施工方案也雷同。评标委员会发现异常上报，监管部门查实后，对A公司罚款50万元，B、C公司各罚款25万元，三家公司被列入不良记录名单，一年内不能参加该市政府采购活动。相关责任人还面临刑事处罚，A公司法定代表人被判有期徒刑一年、罚金10万元，B、C公司直接责任人员被判拘役六个月、罚金5万元。

2 某学校教学设备采购项目串标案

2021年，某学校800万元教学设备采购项目，D公司为中标，给负责招标的E公司负责人行贿50万元。E公司在文件编制时按D公司要求设置条件，排除其他对手，开标前还透露其他投标人文件内容。尽管D公司报价不是最低，但还是中标了。其他未中标企业质疑投诉，监管部门查实后，对D公司罚款8万元，没收违法所得，三年内禁止参加政府采购活动；对E公司罚款10万元，暂停业务六个月，相关人员受处分。D公司法定代表人被判有期徒刑二年、罚金20万元，E公司负责人被判有期徒刑一年六个月、罚金15万元。

3 案例共性与差异

这两个案例有很多共同点。目的都是通过不正当手段中标获利，破坏公平竞争。都用了串通手段，操纵投标文件和报价。涉事企业都受到行政处罚，相关责任人面临刑事处罚。

不过也有差异。案例一只是投标人之间串通，案例二则涉及投标人与招标代理机构勾结，主体更复杂。手段上，案例一主要是做相似文件、约定报价，案例二则通过设置倾向性条件、泄露信息，更隐蔽多样。差异原因和项目性质、行业有关，市政道路项目竞争激烈，投标人易结盟；教学设备采购项目专业性强，代理机构作用大，串标更容易发生。这说明围标串标在各类项目都可能出现，手段不断翻新，监管很难。创业企业参与招投标要提高警惕，别掉进陷阱。

总结：围标串标碰不得

围标串标行为是利益驱动、法律监管有漏洞、市场竞争压力大、行业自律缺失导致的。这对创业企业来说，会带来法律风险、经济损失，还损害声誉。对市场秩序冲击很大，阻碍行业创新发展，造成社会资源浪费和错配。

为了防范围标串标，创业企业要加强法律学习，规范内部管理，谨慎选择合作伙伴。行业和市场要建立诚信体系，加强监管。还可以利用大数据、区块链等技术，提高监管效率和招投标透明度。总之，围标串标绝对不能碰，创业企业得走正道，靠实力在招投标市场闯出一片天。

第 72 坑　口袋罪

口袋罪是悬在企业家头上的一把利剑!

在商业社会的浪潮中,企业家们既是时代的弄潮儿,也是法律风险的高危群体。尤其是在法律条文模糊、执法环境复杂的背景下,一些被称为口袋罪的罪名,常常让企业家们防不胜防。所谓口袋罪,指的是那些定义宽泛、适用范围广泛的罪名,因其条文表述的模糊性,容易被扩大解释甚至滥用。对于企业家而言,这些罪名就像隐藏在商业丛林中的陷阱,稍有不慎,便可能坠入其中。

一　非法经营罪

根据《刑法》第二百二十五条,非法经营罪是指违反国家规定,未经许可从事专营、专卖物品或其他限制买卖的业务,或者严重扰乱市场秩序的行为。

一些新兴行业,如互联网金融、共享经济等,在初期缺乏明确的法律规范,企业家的创新行为可能被认定为非法经营。

2015 年,某 P2P 平台创始人因涉嫌非法吸收公众存款和非法经营罪被查处。该平台原本旨在通过互联网技术解决中小企业融资难的问题,但由于相关法律法规尚未完善,最终被认定为非法经营,创始人被判刑。这一案例警示我们,创新虽好,但需谨慎。

企业家在进入新兴领域时,务必提前了解相关法律法规,避免触碰政策红线。如果行业尚未有明确规范，建议与监管部门保持沟通，争取合规经营的空间。

二 寻衅滋事罪

根据《刑法》第二百九十三条，寻衅滋事罪是指随意殴打他人、辱骂恐吓、强拿硬要等破坏社会秩序的行为。

在一些商业纠纷中，企业家要注意维权行为，不要上升到刑事层面。

2018年，某企业家因与合作伙伴发生经济纠纷，双方在公共场所发生争执。对方报警后，企业家被以"寻衅滋事罪"刑事拘留，尽管最终未被起诉，但企业声誉和经营受到了严重影响。

企业家在处理商业纠纷时，应尽量通过法律途径解决，避免在公共场所发生冲突。同时，保留相关证据，以防对方恶意指控。

三 非法吸收公众存款罪

根据《刑法》第一百七十六条，非法吸收公众存款罪是指未经批准向社会公众吸收资金，承诺还本付息的行为。

2016年，某民营企业因资金链断裂，无法偿还民间借贷。债权人报警后，企业负责人被以"非法吸收公众存款罪"起诉，最终被判刑。

企业家在融资时，应尽量选择正规渠道，如银行贷款、股权融资等。如果必须通过民间借贷，务必签订合法合同，并确保资金用途明确。

四 诈骗类犯罪

根据《刑法》第二百二十四条（合同诈骗）和第一百九十二条（集资诈骗），诈骗罪是指以非法占有为目的，虚构事实或隐瞒真相骗取财物的行为。

一些企业因市场变化无法履约，可能被债权人指控为"合同诈骗"。

2017年，某房地产企业因市场调控导致资金链断裂，无法按时交付房屋。购房者报警后，企业负责人被以"合同诈骗罪"起诉，尽管最终未被定罪，但企业声誉和经营受到了严重打击。

企业家在签订合同时，务必确保合同条款清晰明确，避免因市场变化导致无法履约。如果确实无法履约，应及时与对方沟通，争取达成和解。

五 行贿罪

根据《刑法》第三百八十九条（行贿罪）和第三百九十三条（单位行贿罪），行贿罪是指为谋取不正当利益给予国家工作人员财物的行为。

2014年，某知名企业家因涉嫌行贿被调查。尽管行贿金额不大，但由于涉及多名官员，最终被判处有期徒刑。

企业家应尽量避免通过行贿获取利益，建立合规的政商关系。如果确实需要与政府部门打交道，应通过合法途径，如公开招标、政策支持等。

六 逃避缴纳税款罪

根据《刑法》第二百零一条，逃避缴纳税款罪是指采取欺骗手段进行虚假纳税申报或不申报，逃避税款的行为。

2019年，某明星因涉嫌逃税被查处，其背后的企业也因此受到牵连。尽管企业声称是"合理避税"，但最终被认定为"逃税"，负责人被判刑。

企业家应加强税务合规管理，确保纳税申报真实准确。如果需要进行税务筹划，务必咨询专业税务顾问，避免触碰法律红线。

总结：合规经营是企业家最好的护身符

企业家面临的法律风险不仅来自明确的违法行为，也可能因法律条文的模糊性、执法环境变化而被动卷入口袋罪。理解这些风险并建立合规体系，是降低刑事指控概率的关键。

财富自由的路很长，但千万别因为踩了口袋罪的雷区，让自己半路翻车。合规经营不仅是企业的底线，也是企业家自我保护的最佳方式。

第73坑 私侵公

好多创业者在创业初期，公司规模小，管理也不规范，就把个人的事和公司的事搅和到一起公私不分。这种举措看着不起眼，可危害极大。

一 常见的公私不分行为

1 资金混用

资金混用是最常见的公私不分行为。有些老板那是随心所欲，把公司资金当成自己的小金库，想买啥就买啥。比如有个创业企业老板张某，公司正缺钱买原材料维持生产，他却直接转了50万元去买豪华轿车。这一搞，公司生产进度严重受影响，客户订单也没法按时交付，公司信誉受损不说，还得给客户赔钱，损失可大了。

还有些老板，个人资金和公司资金像一团乱麻似的，频繁又无规则地往来。像小型科技创业企业老板李某，把水电费、餐饮费这些个人开销都拿到公司报销，还把公司业务收入存到自己个人账户去搞投资。这让会计人员头疼死了，根本分不清哪些是公司支出，哪些是个人消费，财务报表全是错的。公司去贷款、找投资，人家一看这不靠谱的财务信息，直接就拒绝了，公司发展严重受限。

资金混用对公司财务影响很大。它会让公司资金时而紧张，时而闲置，使用效率低得可怜。账目混乱还让公司没法准确核算成本和利润，做财务决策就像盲人摸象，财务风险大大增加。要是公司遇到资金周转困难或者债务纠纷，股东还可能要承担连带责任。

2　资产混同

资产混同也是常见问题。有些老板用公司钱给自己买资产，比如贸易公司老板王某，以公司发展为名买了豪华别墅，结果自己住进去了。这别墅产权归属就成了大问题，虽然钱是公司出的，但名字写的是老板个人的，很容易引发内部矛盾和法律纠纷。

在税务方面也麻烦。用公司钱买个人资产，可能会被当成公司给股东的红利分配，得交个人所得税。要是公司没处理好，被税务机关查到，不仅要补税、交滞纳金，还可能被罚款，公司成本一下子就上去了。

还有些老板把个人资产给公司用，却不明确租赁关系，也不做财务处理。比如制造企业老板把自己厂房给公司用，既没签合同，也不核算价值。公司资产评估或者股权变更的时候，这厂房价值就没法确定，股东之间容易起纠纷，影响公司稳定。

资产混同还会让债权人搞不清公司资产范围，影响公司偿债能力和信用评级，也会干扰公司正常运营，降低资产运营效率。

3　业务公私交叉

业务公私交叉就是老板利用公司业务资源给自己捞好处，或者把个人业务和公司业务搅在一起。广告公司老板赵某，利用公司和大客户的合作关系，私下以个人名义接业务，钱都进了自己腰包。这不仅损害了公司利益，还破坏了公司和客户的信任，公司可能就会失去这个重要客户。

有些老板还在公司之外经营和公司类似的业务，还混用公司资源。电商创业企业老板就是这样，用公司采购渠道给自己网店进货，用公司物流和客服资源。这把公司业务搅得一团糟，员工工作安排混乱，运营效率下降，客户满意度也降低了。

业务公私交叉会严重影响公司业务开展，破坏内部管理秩序，造成资源浪费，还违背商业道德，损害公司声誉。

二　公私不分对创业的负面影响

1　法律风险

公私不分很容易让老板或者股东触犯法律，如职务侵占罪和挪用资金罪。某照明行业公司创始人，在 2012～2014 年期间，擅自用公司存款为自己控制的公司贷款做担保，贷款用于个人房地产项目，导致公司损失 5 亿多元。2014 年初，他还把公司废料款打进自己和前妻账户，销毁财务凭证。最后，他因为挪用资金罪和职务侵占罪被判了 10 年，还得退赔公司巨额损失。

某餐饮公司原董事长也是因为公私不分陷入法律困境。他把公司财物占为己有，挪用资金，还抽逃出资。2014 年，他因为职务侵占罪、挪用资金罪、抽逃出资罪被判处有期徒刑 14 年。

2　财务风险

公私不分在税务方面也会带来大麻烦。很多老板用公司钱买房，这里面税务风险可大了。如果房子登记在老板个人名下，要按"利息、股息和红利"税目交 20% 的个人所得税；要是登记在公司名下但给老板家人住，也有分红个税风险。泉州蔡老板从公司拿 350 万元买房，结果被税务局稽查，不仅要交 70 万元个人所得税，还得交 35 万元罚款。

老板个人消费开票到公司报销用来税前抵扣，这是偷逃税行为。青岛某公司法定代表人陶某，把个人买的家电、家装材料等开成办公用品到公司报销，被认定偷税 8.46 万元，公司被罚款 4.23 万元。

公私不分导致的税务问题还有很多，比如企业资金用于和生产经营无关的支出，或者老板从公司借钱不还又不用在公司经营上，都可能被计征个人所得税。这些税务风险会让企业有经济损失，还损害企业信誉，影响正常经营。

总结：避免公私不分

为了避免公私不分带来的麻烦，老板和股东得树立正确的公私观念，知道公私分明对公司发展有多重要，增强法律和财务意识。企业要建立健全财务制度，把资金管理、资产核算和财务审批流程都规范化。完善公司治理结构，明确股东权利义务，规范决策流程，建立监督机制。还要加强法律法规学习，定期组织学习，请法律顾问，保证企业依法纳税、依法经营。

公私分明可是创业成功和企业持续发展的关键，创业者们需要重视起来，别让公私不分坏了自己的创业大计！

第74坑　失信人

创业就像一场永不停歇的派对，各类合同和信用交易是这场派对的入场券。创业者作为派对中的活跃分子，免不了要和合作伙伴、客户、金融机构等签下各种契约。可一旦创业者不小心违约，搞不好就会变成人人避之不及的失信人。

一　创业违约：五花八门的坑

创业违约，简单说就是创业者在创业这场游戏里，没遵守和别人签的合同规则，坑了对方，害了自己。

1　拖欠资金

这就像借钱不还一样，创业者不按时付货款、租金、员工工资，或者还不上贷款。比如说有个创业企业，和供应商说好收到货30天内付款，结果以资金周转困难为借口，拖了好几个月。这可把供应商害惨了，资金流动不起来，生意都没法好好做。这不仅违反了合同，还把自己的商业信誉给搞砸了。

2　违反合同条款

签合同的时候说得好好的，到了执行的时候却掉链子。比如一家软件创业企业，答应客户按时交付功能完备的软件，结果交出来的软件全是漏洞，根本没法用。这让客户的业务开展不下去，还可能要找创业企业索赔，真是赔了夫人又折兵。

3　擅自变更合同内容

没经过对方同意，自己就把合同的重要条款改了。有个创业企业和房东签了3年的租房合同，说好按季度付租金，结果自己改成半年付一次。这可把房东气坏了，这种行为破坏了双方的信任，还可能惹上法律麻烦。

4　泄露商业机密

如果和合作伙伴签了保密协议，却把人家的商业机密、技术秘密透露给别人，那可就太不地道了。商业机密可是企业的命根子，一旦泄露，对方损失惨重，自己的信誉也毁了。有个创业企业，和大企业合作时拿到了核心机密，合作一结束就把这些秘密卖给竞争对手，结果双方闹上了法庭。

二　失信人：戴上金箍的后果

要是违约情况严重，创业者就可能被判定为失信人。根据规定，有能力履行义务却耍赖不做，或者用不正当手段逃避执行的，就会被列入失信名单，接受信用惩戒。一旦成了失信人，生活可就像被上了一道道枷锁。

1　金融限制

银行等金融机构一看到失信记录，就像看到了瘟神，要么直接拒绝给你贷款、办信用卡，要么提高贷款门槛和利率。这对创业者来说，就像断了资金的源头，企业发展没了钱，很可能就只能关门大吉。有个创业者因为之前拖欠贷款成了失信人，后来想再创业，找银行贷款，直接被拒之门外。

2　生活限制

失信人在生活中处处受限。不能坐高铁一等座、飞机，住不了星级酒店，去不了高档消费场所。连孩子想上高收费私立学校都不行。这就像把人关进了一个小圈子，生活质量大大下降，还可能影响孩子的未来。有个失信创业者原本计划带家人旅游，结果因为不能坐高铁和飞机，只能取消行程；孩子报考私立学校也因为他的失信身份泡了汤。

3　商业合作受限

在商业圈里，信誉就是通行证。失信人信誉扫地，合作伙伴和客户都躲得远远的。其他企业选合作伙伴时，肯定优先考虑信用好的，谁也不想和失信人合作惹一身麻烦。这就让失信创业者的业务拓展难上加难，市场份额越来越小。有个创业企业的老板因为失信，和别的企业谈合作时，对方一听就终止了谈判。

4　社会声誉受损

失信人的丑事会被公之于众，社会舆论就像一把利剑，会把他们批得体无完肤。在这个信用至上的时代，信用就是个人和企业的脸面。一旦被曝光，个人和企业形象都毁了，以后想再在事业上翻身可就难了。有个创业者成了失信人后，负面新闻传遍行业，同行都不信任他，新的商业机会也和他绝缘了。

三　J咽喉药品：从辉煌到陨落

J咽喉药品的创始人江某是个传奇人物。13岁辍学当学徒，凭借自己的努力一路当上厂长。在她的带领下，糖果厂曾经风光无限，生产出国内第一颗夹心糖、第一块酒心巧克力，市值做到全国第一。

可是到了1992年，糖果厂遇到了大麻烦。模仿者越来越多，原材料价格上涨，媒体还宣传多吃糖不利于健康，糖果销量一落千丈，眼看就要倒闭。就在这时，江某拿到了治疗慢性咽喉炎的配方，研发出了J喉片。靠着在央视打广告，迅速走红，成了家喻户晓的品牌，营收和产值一路飙升，还跻身全国百强制药企业。

2003年，江某策划了一场营销大事件。她花30万美元请某足球巨星吃饭，让他穿上印有J喉片的T恤拍照。足球巨星4年后才发现自己被代言，一气之下把J喉片告上法庭，江某赔了一大笔钱才平息风波。

2015年J喉片在港交所上市，市值最高达到60亿港元。但上市后问题也来了，J喉片太依赖广告营销，不重视产品创新，产品单一的毛病越来越明显。2016年，J喉片和某传媒公司合作投放广告，合同金额8000万元。节目播完后，J喉片却以合同没盖章、收视率不达标为理由，拒绝支付5167万元广告费。传媒公司把J喉片告上法庭，法院判决J喉片还钱，可J喉片就是不执行。结果江某成了失信被执行人，被限制高消费，连出境都不行。J喉片的股价也跟着暴跌，市值大幅缩水，最后在2021年退市。

总结：诚信是创业的护身符

创业违约成失信人，对创业者个人来说，经济、生活和声誉都受到严重打击，就像在人生道路上挖了一个大坑。而且，这也会破坏市场的信用体系，让市场经济这个大派对变得乱糟糟。所以，创业者自己得增强法律意识，签合同的时候多留个心眼，坚守诚信和商业道德，学会评估和应对风险。政府要完善政策法规，加强监管；金融机构要给创业者提供合理的支持和服务；社会也要营造诚信的氛围，建立健全信用体系。

第 75 坑 应收款

合理的应收账款管理能够保证企业资金的顺畅周转,助力企业开疆拓土,维持企业的正常运营;反之,若应收账款管理不善,过高的应收账款可能导致企业资金被大量占用,资金链断裂,甚至使企业陷入万劫不复之地。

一 应收账款管理不善,创业企业危机四伏

应收账款,简单来说,就是企业在卖东西、提供服务后,应该从买家那里拿到的钱。近年来,因为应收账款问题陷入困境的创业企业那是屡见不鲜。统计数据显示,中小企业倒闭案例中,68%都是因为应收款坏账导致现金流断裂。很多创业企业为了多卖点东西,盲目采用赊销策略,却完全没考虑到应收账款背后的巨大风险。一旦钱收不回来,企业不仅没钱花,还可能因为付不起供应商货款、员工工资等问题,引发一系列连锁反应,最终只能惨淡收场。

1 资金周转困难:被钱困住的企业

应收账款太多,企业的资金就会被大量占用,没办法及时回流,资金周转就会出大问题,企业也就陷入经营困境了。H 公司作为一家创立于 2008 年的美妆品牌,在创业初期凭借独特的市场定位和大胆的营销手段,迅速在竞争激烈的美妆市场崭露头角。在品牌发展历程中,H 公司极度依赖广告营

销来提升品牌知名度和市场份额。从 2009 年在某卫视投放数百万元广告，到 2011～2012 年豪掷 2 亿多元获得一些综艺冠名权，再到 2013 年以 2.25 亿元成为天某卫视等十家二线卫视的广告标王，H 公司在广告上的投入可谓不遗余力。

H 公司在广告投放中大量采用赊账和延期支付广告费用的策略。这种策略在短期内为 H 公司节省了大量资金，使其能够将更多资源投入品牌推广和市场拓展中，从而快速提升品牌知名度，产品销售额也随之大幅增长。然而，这种赊账模式也为 H 公司埋下了巨大的隐患。随着广告费用的不断累积，同时 H 公司的应收账款规模急剧膨胀。当市场环境发生变化，H 公司销售额下滑，资金回笼困难时，这些长期积累的应收账款成为沉重的负担。广告商纷纷追讨欠款，H 公司却无力偿还，导致公司陷入了严重的账款危机。这不仅对 H 公司的资金链造成了致命打击，还使其品牌形象受损，市场信誉严重下降，最终从曾经的国货美妆王者逐渐走向衰落。

2 虚增利润：纸面富贵的陷阱

在企业财务核算中，权责发生制是常用的会计基础。它不管现金实际有没有收到，只要权利和责任发生了，就确认收入和费用。这虽然能反映企业经营成果，但也容易让应收账款增加时，账面利润虚增，和实际收益对不上。

创业企业采用赊销方式卖东西或提供服务，货物发出去、服务提供了，按照权责发生制就能确认收入，账面利润就增加了。但实际上，钱根本没到企业手里。要是企业管理层只看账面利润做决策，盲目扩大生产、增加投资，等应收账款收不回来，企业就会没钱花，连供应商货款、员工工资都付不起，正常运营都会受影响。而且，虚增的利润还会让企业多交所得税，加重负担。所以，创业企业不能只盯着账面利润，得考虑应收账款回收风险，准确评估实际收益。

3　坏账风险：真金白银的损失

创业企业在经营中，市场环境复杂，客户信用状况也不一样，应收账款很可能收不回来，这就是坏账风险。一旦出现坏账，企业直接就有经济损失，这对资金本来就不多的创业企业来说，可能就是致命打击。

索菲亚是定制家具行业的领军企业，和恒大集团一直有业务合作。但2021年下半年，恒大集团出现债务危机，索菲亚好多应收账款都收不回来。2021年年报显示，索菲亚针对应收恒大集团款项计提了单项资产减值准备9.09亿元，其中应收账款期末账面余额4.62亿元，按80%比例计提坏账准备3.70亿元；应收票据账面余额3.41亿元，按80%比例计提坏账准备2.73亿元。这么大一笔坏账，让索菲亚当年净利润大幅下滑，经营业绩严重受影响。

4　增加管理成本：负担越来越重

应收账款越多，创业企业管理起来就得投入更多人力、物力和财力，管理成本和经营负担自然就增加了。企业得安排专人做客户信用调查、账款催收等工作，这不仅要付员工工资福利，还得花时间精力。催款的时候，电话催收、上门催收都得花钱。要是应收账款一直收不回来，企业还得走法律诉讼途径，这又得增加法律诉讼成本和时间成本。而且，大量应收账款还会分散企业管理层的注意力，让他们没法把精力都放在核心业务发展和战略规划上，影响企业运营效率和发展速度。

总结：应收账款管理刻不容缓

创业者在创业过程中，一定要重视应收账款管理，树立正确的风险意识。在业务选择上，要谨慎评估客户信用状况，别和信用不好的客户合作，尽量选择现金交易或者应收账款风险低的业务。同时，创业者要建立完善的应收账款管理制度，明确信用政策、赊销审批流程和账款催收机制，让应收账款管理工作规范、科学。

应收账款也是供应链金融融资的重要资产，也就是说应收账款也可以用来融资，这个融资的专业术语是保理，笔者是保理方面的专家，也是《商业保理》一书的作者。但要想用保理融资，需要专业的人员和机构来参与，因为保理也有很多融资方面的坑，切忌病急乱投医。

总之，创业企业要想在激烈的市场竞争中生存发展，就必须把应收账款管理好，别让赊账问题拖垮了自己的生意。

第76坑　高库存

在企业的运营中，过高的库存就像一个沉重的金箍，会给企业带来一连串的麻烦。

一　高库存对企业的危害

1　资金周转困境：企业的血液循环不畅

高库存最直接的影响就是让企业资金周转困难。大量资金被库存占用，就像人体血液循环受阻一样，企业各个运营环节都得不到充足的资金支持。库存成本也会像个无形的成本黑洞，不断吞噬企业利润。

以曾经风靡一时的电商企业F公司为例，在其发展的高峰期，由于对市场需求的过度乐观估计以及盲目扩张的战略决策，导致公司库存急剧增加。据相关报道，2011年F公司的库存金额高达19亿元。这些大量积压的库存使得公司的资金被大量冻结在存货上，无法及时回流用于其他关键业务环节。为了维持企业的运营，F公司不得不投入更多的资金用于库存管理，包括仓储费用、库存维护费用等，这进一步加剧了企业的资金压力。

资金周转困境使得F公司在面对市场变化和竞争挑战时，显得力不从心。一方面，由于缺乏足够的资金进行新产品研发和市场推广，公司无法及时推出符合市场需求的新产品，导致市场份额逐渐被竞争对手蚕食。另一方面，资金紧张也使F公司在供应链管理方面面临困境，无法按时支付供应商货款，导致供应链关系紧张，影响了产品的供应稳定性和质量。最终，F公司陷入了严重的财务危机，企业发展遭受重创，曾经的辉煌逐渐黯淡。

从F公司的案例可以看出，高库存引发的资金周转困境对企业的危害是多方面的，不仅会直接影响企业的日常运营和盈利能力，还可能导致企业错失发展机遇，在激烈的市场竞争中逐渐失去优势，甚至面临生存危机。因此，企业必须高度重视库存管理，合理控制库存水平，确保资金的顺畅周转，以维持企业的健康发展。

这充分说明，高库存引发的资金周转困境会让企业失去发展优势，甚至面临生存危机。

2　市场风险加剧：悬在头上的双刃剑

市场价格波动对高库存企业来说是巨大风险。市场需求、竞争对手策略、宏观经济形势变化等，都可能让产品价格大幅波动。价格下跌时，库存商品价值下降，但采购成本不变，企业利润空间被压缩，甚至可能亏损。

在科技飞速发展的今天，产品更新换代快，高库存企业面临产品过时风险。特别是电子行业，技术创新快，产品生命周期短。库存积压的产品很容易过时贬值，不仅带来经济损失，还影响企业竞争力。消费者喜欢新款产品，过时产品没人买，企业市场份额下降。处理过时库存还会占用企业时间和资源，影响正常运营和新产品推广。

二　固德威：海外高库存导致业绩变脸

1　公司业务与发展

固德威成立于2010年11月，致力于太阳能、储能等新能源电力电源设备的研发、生产和销售，并为家庭、工商业用户及地面电站提供智慧能源管理等整体解决方案。公司主营业务产品包括光伏并网逆变器、光伏储能逆变器、储能电池和户用系统等。2015～2018年，固德威在新三板短暂挂牌，2020年9月成功登陆科创板。

受益于国内外光伏市场政策和需求的支撑，2014年以来，固德威的经营业绩呈现出快速增长的态势。净利润从2014年的200多万元增至2023年的8.66亿元，光伏逆变器市场地位也随之提升，连续多年跻身全球前十强，2023年在全球光伏逆变器出货量排名中位居第六名。公司围绕分布式光储市场进行多元化布局，在光伏并网逆变器和储能逆变器产品基础上，拓展了储能电池、户用光伏系统、光电建材等多个业务，为公司的发展提供了新的增长点。

2 业绩下滑与库存关联

2023年第四季度和2024年上半年，固德威的业绩出现了大幅下滑，甚至出现了半年度亏损。2023年第四季度，固德威营业利润亏损1600万元，利润总额亏损1800万元，扣非净利润亏损了近8000万元，这也是其上市后首次亏损。2024年上半年，固德威归母净利润为负0.24亿元，已经连续第三个季度出现亏损。

业绩下滑与海外高库存密切相关。固德威的主要收入来自高毛利的海外市场，2023年，其逆变器、储能电池产品仅欧洲地区便贡献了超45%的收入。2022年，受俄乌冲突影响，欧洲对于光伏和储能的需求增加，使得对欧洲产品出口量大增，但这种不可持续的需求也导致欧洲市场逆变器和电池产品库存高企。2023年下半年以来，在欧洲市场重点布局的企业业绩增长承压，固德威也未能幸免。境外较高毛利率的逆变器及电池销售收入的下降金额，多于境内较低毛利率的户用光伏系统销售收入的增加金额，导致总体销售毛利减少。加之公司研发持续投入、市场开拓力度加强、规模效应下降等综合因素影响，使得成本费用率较上年有所上升，进一步压缩了利润空间。

3　库存困境成因

市场需求变化是导致固德威库存困境的重要原因之一。2022年欧洲市场的爆发性需求是受特殊事件影响，具有不可持续性。当市场需求回归正常后，前期大量涌入的产能使得市场供过于求，欧洲市场逆变器和电池产品库存积压严重，导致固德威的订单需求减少，产品销售受阻，库存积压。

产能扩张也是一个关键因素。在市场需求旺盛时，固德威为了满足市场需求，扩大了产能。然而，市场需求的突然变化使得产能过剩，生产出来的产品无法及时销售出去，进而造成库存积压。

供应链方面也存在一定问题。固德威的供应链管理在应对市场变化时不够灵活，无法及时调整生产和配送计划，导致产品供应与市场需求不匹配，加剧了库存困境。

总结：降库存是企业的救命法宝

企业要避免高库存风险，得采取有效策略。首先要提升库存管理的战略地位，建立完善的管理体系，让全体员工都有库存管理意识。其次，优化需求预测和采购策略，用科学方法预测需求，灵活采购。还要加强供应链协同合作，和供应商紧密合作，促进企业内部部门协同。最后，提升产品创新和市场适应能力，加强研发创新，快速响应市场变化。只有这样，企业才能健康、可持续发展。

第 77 坑 低周转

资金周转率默默影响着企业的生死存亡。它代表着企业在一定时间内资金周转的次数，体现了资金的使用效率和流动性。高资金周转率的企业就像灵活的剑客，能快速将资金转化为收益；而低资金周转率的企业则像背着沉重包袱的行者，随时可能陷入困境。

一　影响资金周转率的神秘力量

1　企业内部的小怪兽

企业内部管理对资金周转率的影响就像一场看不见的战斗。库存管理当仁不让，合理的库存管理就像一个精准的指挥官，能让企业在满足市场需求的同时，避免库存积压和缺货现象。要是库存积压过多，大量资金就像被关进了小黑屋，无法参与资金的快速循环，资金周转率自然就降低了；缺货则会影响销售，减少收入，同样不利于资金周转。比如一家电子产品制造企业，要是不能准确预测市场需求，盲目生产，大量产品积压在仓库，不仅占了资金，还可能因产品更新换代快而贬值，资金周转率就像坐了滑梯一样下降。

应收账款管理也是个关键角色。企业应收账款回收速度就像一场和时间的赛跑，直接关系到资金的回笼效率。如果应收账款周转率过低，说明企业在收款这场比赛中落后了，大量资金被客户占用，影响企业的资金流动性和资金周转率。企业得建立有效的应收账款管理制度，加强对客户信用的评估，及时催收账款，缩短应收账款周转天数，才能在这场比赛中获胜。

2　市场环境的大风暴

宏观经济形势就像天气一样变幻莫测，对企业资金周转率有着显著影响。在经济扩张期，市场需求旺盛，企业销售增长，存货周转加快，资金周转率就像坐上了火箭一样提高；而在经济衰退期，需求萎缩，销售放缓，存货积压，资金周转率就像掉进了冰窟窿一样下降。比如在经济繁荣时期，消费者购买力强，企业产品能快速卖出去，资金回笼快；经济不景气时，消费者消费意愿降低，企业产品滞销，资金周转困难。

行业竞争状况也会给资金周转率使绊子。在竞争激烈的行业里，企业为了吸引客户，可能会采取延长账期、降低价格等策略，这会增加应收账款的回收难度和成本，降低资金周转率。

供应链方面，上下游企业的合作关系对资金周转率至关重要。如果供应链上下游企业之间信息沟通不畅，协同效率低下，就像一群没配合好的队友，会导致生产计划不合理、采购周期延长、交货延迟等问题，影响企业的生产和销售，进而降低资金周转率。另外，物流配送效率也会对资金周转率产生影响，高效的物流配送能让产品及时送到客户手中，加快资金回笼，提高资金周转率；反之，物流配送延迟会影响销售，增加库存成本，降低资金周转率。

二　低资金周转率成为创业路上的绊脚石

1　资金链断裂：企业的生死危机

资金链就像企业的生命线，低资金周转率业务会让这条生命线变得脆弱不堪。当企业涉足资金周转率过低的业务时，资金回笼速度就像蜗牛一样慢，而在业务运营过程中，又需要持续投入大量资金用于原材料采购、设备维护、员工薪酬支付等各项开支。这样一来，企业可能在某一时刻面临资金入不敷出的困境，导致资金链紧张。比如 A 企业在创业初期选择了投资大型机械设备制造业务，生产周期长，销售回款迟迟不能到位，资金缺口越来越大，最终因无法偿还到期债务，资金链断裂，只能宣布破产。资金链断裂不仅会让企业的生产经营活动戛然而止，还会对企业的信誉造成严重损害，让企业在未来的市场竞争中难以立足。

2　盈利能力下降：企业的利润黑洞

低资金周转率业务就像一个利润黑洞，会严重侵蚀企业的盈利能力。一方面，由于资金周转缓慢，大量资金被长期占用在生产经营的各个环节，无法及时投入新的业务中获取收益。另一方面，为了维持业务的正常运转，企业在资金周转困难时，可能不得不寻求外部融资，这会增加企业的财务费用，进一步压缩利润空间。比如 B 企业是一家传统的服装制造企业，由于存货积压严重，资金周转率极低，为了维持运营不得不向银行贷款，支付高额利息，同时产品滞销，只能降价销售，毛利率大幅下降，最终从盈利转为亏损。

3　增加企业运营成本：企业的负担枷锁

低资金周转率业务会像给企业套上一副沉重的枷锁，显著增加企业的运营成本。存货积压会导致仓储成本大幅上升，企业需要租赁更大的仓库来存放积压的存货，同时还需要投入人力和物力对存货进行管理和维护。应收账款回收缓慢会增加企业的收账成本，企业需要投入更多的人力和时间进行账款催收，甚至可能需要通过法律手段来追讨欠款，这会产生额外的法律费用和时间成本。为了弥补资金周转的不足，企业可能会寻求外部融资，而融资过程中会产生各种手续费、利息等融资成本。比如 C 企业是一家建筑材料生产企业，由于应收账款回收周期长，为了维持运营不得不向银行贷款，每年支付高额利息，同时存货积压也增加了仓储成本，这些额外的运营成本严重削弱了企业的盈利能力和市场竞争力。

总结：资金周转率是创业的通关秘籍

在创业前期，创业者要像一个精明的侦探一样，充分做好市场调研与分析，深入了解市场需求、竞争态势和行业趋势，避免盲目进入那些可能导致资金周转困难的业务领域。还要合理规划财务预算，精确估算各项成本，预留应急资金，并优化资金的流入和流出安排，确保资金的高效利用。

在创业过程中，创业者要不断优化业务模式和流程，采用轻资产运营模式，简化业务流程，加强供应链管理和库存管理，提高运营效率，加快资金周转速度。同时，创业者还应建立完善的风险预警机制，设定与资金周转率相关的风险预警指标，实时监控资金状况，一旦发现风险信号，及时采取有效的应对措施。

总之，资金周转率就是创业这座大舞台上的一个关键音符，创业者只有高度关注它，才能奏出一曲成功的乐章。

第78坑　应付款

应付账款管理可是企业财务管理的核心，就像人体的血液，关系着企业资金链的稳定与健康。要是企业在应付账款管理上出了岔子，应付账款过大或者过度压榨上下游账款，那资金链就可能断流，企业也就陷入经营困境了。

一　应付账款：利弊并存的双刃剑

1　积极影响：资金周转的小帮手

合理的应付账款规模和账期，能给企业提供资金周转的空间，让企业把钱用在更能赚钱的投资或运营活动上，提高资金使用效率。打个比方，企业可以趁着应付账款的账期，把钱投入新产品研发或者市场拓展，增强自身竞争力。有研究表明，制造业企业要是能合理延长应付账款账期30天，资金周转率能提高约15%，效果相当显著。

2　消极影响：潜在风险的导火索

但要是应付账款规模太大或者账期太长，麻烦就来了。一方面，会让企业和供应商的关系变得紧张，影响供应链的稳定性。供应商可能因为企业长期拖欠账款，减少供货量、降低供货质量，甚至直接中断合作，这对企业的正常生产经营影响可就大了。另一方面，过大的应付账款规模可能意味着企业资金链紧张，偿债能力下降，从而影响企业的信用评级，以后融资就更难，成本也更高。就像某服装制造企业，过度依赖应付账款周转，应付账款越来越多，账期也越来越长，结果供应商不信任它了，纷纷要求提前付款或者减少供货量，企业生产计划受阻，订单交付延迟，还因为信用评级下降申请不到银行贷款，经营陷入困境。

二 压上下游账款业务模式：权力游戏背后的隐患

1 模式解析：占尽便宜的玩法

压上下游账款业务模式，就是企业凭借在供应链中的优势地位，通过延长付款周期、增加应付账款规模等办法，占用上下游企业资金。在采购环节，企业会对上游供应商延迟付款；在销售环节，又要求下游客户提前付款或者缩短收款周期。常见的手段有在采购合同里设置很长的付款期限，让供应商提供预付款，在销售合同里给客户提前付款的折扣优惠，对逾期付款收取高额违约金等。比如某大型连锁超市，跟上游供应商约定的付款期限一般是60～90天，而对下游消费者采用即时支付方式，每年能占用供应商数亿元资金来扩张门店、支付运营费用。

2 权力关系：强者的游戏

这种压款模式体现了供应链中的权力关系。像苹果公司这样的巨头，在供应链中处于核心地位，品牌影响力大、市场份额高，有很强的话语权和议价能力，能在采购时获得很长的付款账期，销售时又能让客户提前付款，在账款管理上占尽优势。但中小企业就惨了，在供应链中地位弱，跟上下游企业谈判没什么筹码，不仅很难拿到长账期，还可能被下游客户压价、拖延付款，资金链紧张，经营风险大增。

三 应付账款过大与压款模式的危害：企业的噩梦

1 财务风险：资金链断裂的危机

应付账款过大可能导致企业资金缺口越来越大，引发资金链断裂风险。当应付账款超出企业承受范围，短期内要支付大量资金，可企业资金储备不足、回笼不畅，就会出现资金短缺。比如某创业企业扩张业务时过度依赖应付账款，应付账款急剧增加，账期拉长。到期应付款增多，销售回款又困难，资金缺口越来越大，最后一笔大额应付账款到期时，企业没钱支付，供应商催款，资金链断裂，只能停产甚至破产。

资金链断裂还会引发一系列连锁反应。企业不能按时付货款，供应商可能停止供货，生产中断，影响收入和信誉；还会还不上银行贷款和其他债务，信用受损，融资更难、成本更高；甚至会拖欠员工工资、合作伙伴撤资，让企业陷入全面危机。

应付账款逾期付款会产生高额利息和罚款，增加企业财务成本。没按时付款，按合同要付逾期利息，逾期越久利息越高，有些供应商还会收罚款。比如某制造企业逾期支付 100 万元货款 30 天，光逾期利息就 3 万元，再加 5 万元违约金，财务成本一下增加 8 万元。

为了还应付账款，企业可能要外部融资，这又带来额外成本。银行贷款要付利息，发行债券要付利息和发行费用。企业财务状况不好、应付账款过大时，银行和投资者会提高利率，进一步增加融资成本，侵蚀企业利润。比如某企业应付账款过高，信用评级下降，银行把贷款利率从 5% 提到 8%，贷款 1000 万元每年多付 30 万元利息，严重影响盈利能力。

2 供应链关系：合作破裂的危机

长期拖欠供应商货款会影响供应商资金周转，让他们资金链紧张、经营困难。供应商可能采购原材料困难、更新设备受阻、支付员工工资压力大，影响正常生产。比如某小型零部件供应商给大型汽车制造企业供货，企业经常拖欠货款，账期超 90 天，供应商资金周转困难，生产中断，无法按时供货。

供应商为了应对资金压力，会减少供货量甚至停止供货，让欠款企业生产计划无法执行，面临停工停产风险。他们还可能重新评估合作关系，降低合作意愿甚至终止合作。欠款企业要重新找供应商，费时费力，还可能遇到新供应商产品质量不稳定、价格上涨等问题。比如 2019 年某手机制造企业拖欠屏幕供应商货款，供应商停止供货，企业因屏幕短缺无法按时生产手机，订单交付延迟，客户满意度下降，市场份额受冲击。

拖延下游账款也会影响企业和客户的关系，降低客户满意度和忠诚度。客户交易时希望按合同结算账款，企业拖延会影响客户资金周转，增加财务成本和经营风险。比如某建筑材料供应商和建筑施工企业合作，企业拖延付款，供应商资金周转困难，可能质疑企业信用，降低合作意愿，减少供货量或提高价格。

客户信任受损还会导致企业市场份额下降。市场竞争激烈，客户选择多，企业因账款问题失去客户信任，客户就会转向竞争对手，企业销售额下降，市场份额被抢占。比如某电商平台拖延商家账款结算，商家不满，减少商品投放甚至退出平台，平台商品种类和数量减少，用户体验下降，用户流失，市场份额被超越。

总结：充分认识应付款过大和压款的危害

应付账款过大和压上下游账款的业务模式均不能用，它会给企业带来财务风险、破坏供应链关系。创业企业要充分认识这些危害，加强应付账款管理，合理控制应付账款规模，维护好供应链关系，这样才能实现可持续发展。

第79坑　轻财管

在创业这条充满挑战的道路上，企业会遭遇各种各样的陷阱，其中财务人员不完备和财务制度不完善这两大问题，就像两颗隐藏的地雷，随时可能让企业元气大伤。

一　财务问题综合的影响

1　增加企业财务风险

财务人员和制度方面的问题，就像给企业的财务安全埋下了一颗定时炸弹，会显著增加创业企业的财务风险。在资金管理上，由于没有专业的财务人员和有效的制度，企业就像无头苍蝇，可能会把资金闲置着浪费，或者过度使用导致资金链断裂。比如说，有的创业企业不管自己兜里有多少钱，也不看市场需求怎么样，就盲目投资扩张，最后资金周转不过来，连供应商货款和员工工资都付不起，只能面临倒闭的风险。债务风险也会因为这些财务问题直线上升。财务人员不给力，可能连债务的到期时间、利率这些关键信息都搞不清楚，结果错过还款期限，还得支付高额利息。不完善的财务制度又没办法对债务风险进行有效监控和预警，企业债务规模一大或者经营状况不好，就容易出现债务违约，信用声誉受损，融资也会变得难上加难。

更可怕的是，财务人员和制度的漏洞还可能引发资金流失和资产损失。要是没有专业财务人员监督，企业内部就可能有人搞贪污、挪用公款这些违法的事儿。不完善的财务制度也没法对资金流向进行有效监控，让不法分子有了可乘之机。中百仓储超市有限公司的财务人员邵某某，就利用公司系统漏洞，侵占了高达 2.19 亿元的资金，这给企业带来了巨大的经济损失。

2　阻碍企业融资与发展

财务人员不完备和财务制度不完善，就像给企业的发展套上了一副枷锁，严重阻碍企业的融资和发展。在融资方面，投资者和金融机构在评估企业时，最看重的就是财务状况和管理水平。要是企业财务人员专业能力不行，拿不出准确规范的财务报表和分析报告，投资者和金融机构就会对企业的价值和风险心里没底，自然就不愿意投资。就像 A 公司，因为财务人员不专业，财务报表错误百出，和投资机构谈融资的时候，根本没法把公司的情况说清楚，结果多次融资失败，发展严重受限。

不完善的财务制度也会让企业在融资过程中困难重重。没有科学合理的预算和资金监管制度，企业资金使用效率低下，财务风险大增，投资者和金融机构会担心企业还不上钱，自然就不愿意提供融资支持。从企业发展的角度看，财务问题还会阻碍企业的扩张计划和市场拓展。企业想扩大规模、开拓新市场的时候，需要准确的财务信息做决策依据，可要是财务人员和制度有问题，提供不了可靠信息，管理层就可能做出错误决策，导致扩张计划失败。

3　影响企业决策的科学性

准确的财务信息就像企业决策的指南针，而财务人员和制度的问题会让这指南针失灵，导致财务信息不准确、不完整，从而误导企业的战略和投资决策。在战略决策方面，企业制定战略规划需要准确分析自身财务状况和市场趋势。要是财务人员提供的财务数据不靠谱，管理层就可能对企业实力和发展潜力判断失误，制定出不切实际的战略规划。一些创业企业就是在虚假财务数据的误导下盲目扩张，最后陷入困境。

投资决策也会受到严重影响。企业评估投资项目时，需要财务人员对成本、收益、风险等进行详细分析。不完善的财务制度又没法对投资项目进行有效监督管理，企业在投资过程中就会面临很多风险。有的创业企业投资新项目时，财务人员没能力准确评估风险和收益，财务制度也约束不了投资决策，管理层仅凭主观判断就投资，结果项目失败，企业损失惨重。而且，财务人员和制度问题还会影响企业对市场变化的反应速度和决策效率。在竞争激烈的市场环境下，企业需要根据市场变化及时调整策略，但如果财务信息不准确、不及时，管理层就没办法迅速了解企业财务状况和市场动态，也就难以做出及时有效的决策，很多创业企业就因为这个错失了发展机会。

二　财务问题的案例

A公司是一家2018年成立的互联网创业企业，做的是面向中小企业的在线办公软件。凭借独特功能和便捷体验，业务发展得挺快。但在公司发展初期，因为不重视财务管理，财务人员配备有严重缺陷。

公司创立时资金紧张，只请了一个没会计从业资格证的行政人员兼任财务工作。业务规模扩大后，财务工作越来越复杂，工作量也越来越大，但公司还是没补充专业财务人员，导致财务工作一团糟。

这个行政人员虽然有点工作经验，但没有系统的财务知识和专业培训，像财务报表编制、财务分析、税务筹划这些专业工作，根本干不了。比如编制资产负债表时，科目分类错误、数据计算不准确是常有的事，报表根本反映不了公司真实财务状况。

这行政人员还身兼多职，既要处理财务报销、资金收付，又要管行政事务，精力分散，财务工作效率和质量都很差，报销处理不及时、账目记录混乱经常发生。有一次公司一笔重要业务款项到账，该人员忙着行政事务，没及时处理账务，差点让公司错过重要投资项目。

另外，A公司财务人员专业能力不足，对税收政策理解不准确，税务申报经常漏报、错报。申报企业所得税时，因为不了解税收优惠政策，多交了税款，增加了运营成本。

这些问题给A公司带来了很多不良影响。首先是财务核算混乱，成本核算不准确，分不清各项成本费用归属，影响产品定价和市场竞争力。有一次产品定价决策，就因为成本核算错误，产品定价过高，销量大幅下降，公司损失惨重。

融资也成了大难题。A公司想融资扩大业务规模，但财务人员提供不了准确规范的财务报表和分析报告，投资者对公司财务状况没信心，和多家投资机构谈融资都被拒绝，严重制约了公司发展。

财务风险也大大增加。公司对财务风险识别和评估能力不足，资金管理、债务偿还都有隐患。短期投资时盲目跟风，资金被套牢，资金链紧张，差点就断了，影响公司正常运营。

总结：解决财务问题，为创业企业保驾护航

创业企业要想解决这些财务问题，就得从以下几个方面入手。首先要合理配备财务人员，根据企业发展阶段明确财务岗位需求，招聘有专业资质和经验的财务人员，还要加强培训学习，提升他们的专业素养。

其次，要建立健全财务制度，制定科学合理的预算制度，规范审批流程，加强资金监管，让企业财务活动规范有序。

最后，要加强财务风险管理与监督，建立财务风险预警机制，强化内部审计，及时发现和防范财务风险。只有这样，创业企业才能在财务方面稳扎稳打，在创业的道路上走得更远。

第80坑　不融资

创业资金短缺是众多创业企业遇到的头号难题。资金对于创业企业来说，就像血液对于人体一样，从企业筹备期的场地租赁、设备采购、人员招聘，到后续的研发、推广、运营，每一步都离不开它。所以，融资决策成了创业企业发展中的关键战略。不过，有些创业企业因为对融资了解不够，或者受经营理念、控制权担忧等因素影响，选择不融资，以为只要融资就会为企业带来不好的影响，这其实是非常错误的观念，因为这些创业者不了解负债也可以增加公司价值，适度的财务杠杆对公司发展有利无弊。

一　不融资的风险与挑战

1　资金短缺限制发展规模

资金是企业扩张的燃料。创业企业要是缺钱，扩张能力就会受限，在市场竞争中容易错失机会。比如共享出行行业的小蓝单车，一开始凭借时尚设计和良好骑行体验吸引了不少用户。但后来摩拜、ofo通过融资大量投放车辆，扩大市场覆盖。小蓝单车因为没钱，车辆投放少，用户获取难，最终资金链断裂倒闭。

研发投入也是企业保持竞争力的关键。锤子科技曾是智能手机行业的新星，但融资困难导致资金短缺，研发投入受限。在技术快速迭代的时代，锤子科技无法像苹果、华为那样投入大量资金搞研发，产品竞争力下降，最终陷入经营困境。

2　人才吸引与留存困境

在人才市场，薪酬福利是吸引人才的重要因素。成功融资的企业资金充裕，能给员工提供有竞争力的薪酬和福利。比如字节跳动，靠多轮融资能给算法工程师开出高薪，还有丰富福利。而未融资的创业企业资金有限，薪酬福利差，像一些在线教育未融资企业，招聘教师时薪资低、福利少，很难吸引和留住优秀人才。

职业发展空间也是人才考虑的重点。融资企业拿到钱后会快速扩张业务，为员工提供更多项目和晋升机会，像小米融资后涉足多个领域，员工职业成长快。未融资企业发展慢，员工职业发展受限，优秀人才就会离开，影响企业创新和发展。

3　市场竞争中的弱势地位

品牌推广需要大量资金，未融资的创业企业资金匮乏，品牌推广往往做得不好，知名度低、影响力有限。瑞幸咖啡通过融资在品牌推广上投入重金，短时间内就成了知名品牌。而一些小型餐饮创业企业只能靠低成本的口碑传播，很难和连锁品牌竞争。

在市场份额争夺中，融资企业资金充足，能在价格、服务、产品创新上有优势。京东融资后建立强大物流体系，提升服务质量，扩大市场份额。未融资企业则因资金短缺，在各方面都难以和融资企业竞争，像在线教育的学霸君，融资困难导致在师资、课程、技术等方面投入不足，市场份额被蚕食。

二 小蓝单车：共享出行领域的折戟

1 企业发展历程回顾

小蓝单车于 2016 年 11 月创立，作为共享单车领域的后起之秀，在创立初期便凭借独特的产品设计和市场定位崭露头角。小蓝单车以"轻便、舒适、时尚"为产品理念，采用了独特的蓝色外观设计，搭配铝合金车身和舒适的座椅，骑行体验良好，吸引了大量用户的关注。在市场推广方面，小蓝单车初期主要聚焦于一、二线城市的高校和商圈周边，通过与高校、商家合作，举办各种骑行活动，迅速积累了一批用户，在共享单车市场中占据了一席之地。

2 不融资决策的背景与原因

小蓝单车在发展过程中，创始人对公司的盈利能力过于自信，认为通过合理的运营和商业模式创新，公司能够实现自我造血，无须依赖外部融资。小蓝单车采用了相对较低的运营成本策略，例如在车辆采购上选择与一些成本较低的供应商合作，以降低车辆投放成本；在运营管理方面，通过优化调度系统，提高车辆的使用效率，减少运营人力成本。这种低成本运营策略让李刚坚信公司可以在不融资的情况下实现盈利和发展。

此外，小蓝单车对市场竞争形势估计不足。在共享单车市场初期，竞争相对缓和，小蓝单车凭借自身优势能够快速发展。然而，随着摩拜、ofo 等竞争对手的迅速崛起，市场竞争日益激烈，小蓝单车未能及时意识到竞争态势的变化，仍然坚持不融资的决策。

3 因不融资导致的发展困境及失败结局

随着市场竞争的加剧，摩拜和 ofo 通过大规模融资，获得了巨额资金，迅速扩大市场份额。它们大量投放车辆，覆盖更多城市和区域，同时开展各种补贴活动吸引用户。公开数据显示，摩拜和 ofo 在 2017 年分别进行了多轮巨额融资，融资金额高达数亿美元，得以投放数百万辆单车，迅速占据了大部分市场份额。

相比之下，小蓝单车由于不融资，资金短缺问题日益严重。在车辆投放方面，无法像竞争对手那样大规模投放车辆，导致市场覆盖率低，用户获取难度增大；在市场推广方面，缺乏资金进行大规模的广告宣传和补贴活动，难以吸引新用户和留住老用户。例如，在 2017 年共享单车市场的补贴大战中，摩拜和 ofo 投入大量资金进行用户补贴，新用户注册即可获得免费骑行次数，老用户骑行也能享受高额折扣。而小蓝单车因资金不足，无法参与这场补贴大战，用户流失严重。

资金短缺还导致小蓝单车在运营维护方面投入不足，车辆损坏后无法及时维修和更换，进一步影响了用户体验。最终，小蓝单车因资金链断裂，无法维持正常运营，于 2017 年 11 月宣布停止运营，创始人也陷入了债务纠纷。

总结：融资是企业绕不开的必修课

创业企业得充分认识到融资的重要性，别抱着不融资的想法。融资能为企业带来资金和各种资源，助力企业发展。在融资时机上，企业要关注市场环境、行业发展阶段和自身情况。当市场需求旺、行业上升、企业商业模式成熟、盈利前景好、现金流稳定时，就是融资的好时机。总之，融资是创业企业发展绕不开的必修课，只有做好融资决策，企业才能在市场竞争中脱颖而出。

第 81 坑　投降派

在商业的浪潮中,有顺风顺水的机遇,也有荆棘满布的绝境。2023 年,北京中关村那家倒闭咖啡厅墙上"本想躺平等死,奈何地板太凉"的戏谑涂鸦,道尽了中国创业者的无奈与挣扎。躺平对于他们而言是一种奢望,而在困境中不断挣扎则成了本能。在这充满挑战的商业世界里,一批批躺不平的狠人们正进行着一场又一场的暗夜突围。

一　暗夜突围:绝境中的坚韧抗争

1　新东方的"断刀记"

在众多同行选择卷款跑路时,俞敏洪做出了三件令人敬佩的"蠢事"。他捐出 8 万套课桌椅,为乡村教室送去了最后一份体面,这不仅是物质的捐赠,更是一种教育情怀的传递。他把黑板变成货架,带领老师转型直播卖菜,在绝望中首创知识带货,让"董宇辉们"用诗词换流量。俞敏洪的坚持体现了他"跪着挣钱不丢人,丢人的是忘了为什么出发"的信念,这一信念支撑着新东方在绝境中寻得新的生机。

2　罗永浩的"真还传"

身背 6 亿元债务的罗永浩,自嘲连呼吸都在还债,但他坚决不申请破产清算。他用三年时间在抖音卖货,把每个差评都当作"债务分期付款单"。

他凭借着顽强的毅力，最终上演了"真还传"，将耻辱柱刻成了英雄碑。网友的辣评"他让我们相信，不要脸地坚持也是一种尊严"，恰如其分地诠释了罗永浩在困境中不屈不挠的精神。

二 跪不下去的中国人：五千年淬炼的"硬骨头"基因

1 褚时健的"哀牢山脊梁"

74岁保外就医的褚时健，蹲在云南荒山种橙子。面对债主的谩骂，他霸气回应"等我橙子甜了，连本带息还你"。十年后，"褚橙"年销过亿元，他用满山橙树书写了"人不是为失败活的，只要不咽气，就能翻盘"的传奇。褚时健的故事体现了一位老者在困境中不屈不挠、东山再起的精神。

2 华为的"备胎骨气"

2019年芯片断供，全世界都在等着华为跪下。然而，任正非翻开了压箱底的"备胎计划"，7万研发人员用通宵灯火回应挑战。"烧不死的鸟，才是凤凰"，华为凭借着坚定的信念和强大的技术实力，在困境中坚守，展现了中国科技企业的骨气。

3 蜜雪冰城的"钢牙哲学"

面对新消费泡沫破灭，张红甫在内部信中表明"别学他们喝咖啡谈融资，我们就是卖糖水的命，但要把这糖水卖到南极去，卖给企鹅都要加冰"。如今蜜雪冰城2万家门店横扫全球，证明了"土到极致是杀气"，这种脚踏实地、勇于拼搏的精神正是中国创业者硬骨头基因的体现。

三　跪着求饶，不如站着找死

1　蔚来李斌的"悬崖芭蕾"

2019年蔚来股价跌至1.19美元，李斌没有选择跑路或裁员，而是做出了两件看似疯狂的事：把用户请到纽交所敲钟，在西藏高原建换电站。他"当全世界觉得你该跳崖时，不如在悬崖边跳支舞"的理念，体现了他在绝境中敢于创新、勇于突破的勇气。

2　老乡鸡束从轩的"土味战书"

2020年，束从轩手撕员工联名信，承诺"卖房卖车也要保你们吃饭"。他转头在村口土灶拍宣传片，放话"洋快餐越高级，我们越要土得掉渣"。束从轩的土味战书展现了他对品牌的坚定信心和在困境中坚守自我的决心。

四　向死而生者说：中国人骨子里的"三不跪"

1　不向时代跪

张一鸣在BAT的阴影下，凭借创新和拼搏撕出了字节跳动的一片天地；黄峥用"砍一刀"的独特模式劈开了电商铁幕；王兴在干团大战中杀出血路。他们不被时代的巨头所束缚，敢于挑战，勇于创新，展现了不向时代跪的勇气和决心。

2　不向命运跪

曹德旺经历九死一生成为玻璃大王；董明珠36岁丧夫带娃闯珠海，凭借坚韧的毅力成就了一番事业。他们在命运的挑战面前，不屈不挠，用自己的努力改写了命运。

3　不向自己跪

雷军40岁再创业，"赌命"造小米；俞敏洪60岁从顶流教师变带货顶流。他们不满足于现状，不断挑战自我，突破自我，展现了不向自己跪的精神。

总结：站着死是种福报

在北京望京的深夜，倒闭公司的家具正在被清仓。一位"90后"创始人蹲在马路牙子上抽烟后，毅然决定："去他的！老子明天就去义乌摆摊，卖不成就当街演小品，我就不信，活人能让尿憋死。"这就是中国创业者的骨气，躺平是弱者的墓志铭，挣扎是强者的通行证。所有跪不下去的膝盖，终将踏出向上的台阶。你可以杀死他们的公司，但杀不死他们的骨气。

中国创业者们以他们的坚韧、勇气和创新精神，诠释了在商业世界中永不言败的硬骨头精神。他们的故事激励着我们，无论面对多大的困境，都要挺直脊梁，勇敢前行。因为，你的骨头越硬，时代越会为你弯腰。

结语　纵使遍体鳞伤，我们仍能笑着与命运对饮

二十余年创业路，跌过 81 个坑，一坑比一坑难，一坑比一坑惨，极端的时候想过轻生，想过跑路，也多次想过摆烂。见过不少深夜痛哭的同行者，也见过绝处逢生的破局人。笔者曾以为写下这些坑是为了避坑，如今才懂：真正的价值，不在于教人绕开黑暗，而在于让后来者相信——黑暗的尽头必有光明。这篇总结，不仅是对前 81 篇的收束，更是一份给所有创业者的"光明契约"：纵使遍体鳞伤，我们仍能笑着与命运对饮。

一　大难大成：创业者的反脆弱修炼

东南亚渔民谚语有云："台风过境时，茅草屋会被连根拔起，而红杉树却因根系深入岩缝长得更高。"

一位做跨境电商的朋友曾向我诉苦：2018 年贸易战关税暴涨，他库存积压、资金链断裂，被迫抵押房产。所有人都劝他止损，他却咬牙做了一件事——把危机写成公开信发给所有客户，承诺"宁可破产也不涨价"。结果，3000 封客户回信中，有人提前支付货款，有人帮他对接海外仓，甚至竞争对手都伸出援手。三年后，他的品牌成了诚信代名词，利润反超危机前。

这就是大难大成的底层逻辑：灾难会撕开认知的天花板，逼迫你突破常规路径。

当你在坑底做这三件事，苦难会转化为战略势能：

清点残局中的火种：哪些资源、关系、认知是烧不掉的？（如案例中的客户信任）

用极端压力测试商业模式：砍掉所有伪需求，找到生存最低阈值。

建立反脆弱联盟：向客户、员工甚至对手坦诚困境，往往收获超预期支援。

反脆弱的行动指南：

每周用"灾难演习法"思考：如果明天公司只剩10%现金流，第一刀砍向哪里？

在顺境时储备"抗险资源"：如培养跨界人脉、测试轻资产模式、建立客户互助社群。

二 与不确定性共舞：把创业当探戈而非军令状

硅谷投资人纳瓦尔说："创业就像在暴风雪中跳探戈，你可以预设舞步，但必须随时准备被风吹着走。"笔者曾见证太多创业者死于"完美计划强迫症"——一位连续创业者因执着于按BP融资，错过用户自发传播的转型机会，最终被更灵活的对手取代。

真正的破局者，都掌握着动态平衡的艺术：

战略上，像冲浪者一样，抓住浪的节奏而非控制海浪。

战术上，用小步快跑代替大跨步，把试错成本切成可承受的碎片。

心态上，把焦虑转化为兴奋阈值，如程序员挑战BUG般享受解题快感。

给创业者的不确定性驯服术：

设置"疯狂实验日"：每月用 1 天尝试看似荒诞的想法（如卖咖啡的健身房、带剧本杀的招聘会）。

绘制"机会风暴图"：把突发危机标注为潜在转折点。

培养"乐观肌肉"：每天记录 3 个"不确定性的馈赠"。

三　创业与生活的柏林墙：建立不崩塌的边界

一位融资过亿元的 CEO 在庆功宴上接到女儿电话："爸爸，我考了第一名，但你说过考好了就带我去迪士尼，这次能兑现吗？"他瞬间泪崩。

这种故事每天都在发生：创业者往往带着殉道者心态，把家庭当作事业的祭品，最终赢了事业，输了人生。

建立防火墙的三大铁律：

物理隔离：在家中设"绝对禁区"（如书房挂免扰牌、周末禁用工作手机）。

时间契约：与家人签署"神圣时间协议"（如每周三晚餐、女儿生日全天离线）。

情绪净化：进门前三分钟做"身份切换仪式"（如换家居服、听特定音乐、冲澡）。

我曾访谈过一位上市公司创始人，他在办公桌摆着"三不原则"木牌：

不在饭桌谈股权；

不在睡前看财报；

不在孩子面前接裁员电话。

他说:"创业是为了让所爱之人活得更好,而不是让他们成为代价。"

四 苦难的馈赠:当你穿越地狱时,地狱也在穿越你

日本经营之神稻盛和夫在创办第二家世界 500 强企业 KDDI 时,曾因技术路线错误被专家集体嘲讽。他把自己关在寺院三天,悟出"作为人,何谓正确"的决策准则,最终逆风翻盘。这个故事揭示了一个真相:至暗时刻的思考密度,是平常的 100 倍。

一位做老年旅游的创业者告诉我,她在遭遇合伙人卷款跑路后,发现独居老人更需情感陪伴,于是转型做老人旅行社交平台,反而开辟了新蓝海。

"没有那个坑,我永远困在价格战里。"她说。

创业者如何将坑炼成垫脚石?

认知层面:建立"失败错题本",按"技术性错误"和"原则性错误"分类复盘。

资源层面:把踩坑过程变成"信任货币"(如公开分享教训吸引同道者)。

精神层面:给每个大坑起个幽默代号(如"2016现金流惊魂夜"变成"年度压力测试庆典")。

五 终极光明法则:创业是戴着镣铐起舞的诗意

最后,我想分享一个真实场景:2020 年,某生鲜电商创始人每天睡在仓库,凌晨三点核对订单时,突然看到窗外有环卫工人在路灯下跳舞。他拍下视频发到团队群:"兄弟们,就算为了这些在苦难中起舞的人,我们也得

挺住。"这段视频让濒临崩溃的团队重燃斗志。

这就是创业最深的浪漫——我们注定要踩坑,但也注定要比坑更强悍。

当你经历 81 个坑时,请记住:

所有伟大都诞生于失控边缘:Uber 诞生于雪天打不到车的愤怒,Airbnb 始于付不起房租的绝望。

真正的护城河是"复活能力":比对手多爬起来一次,你就赢了。

光明的本质是信:信自己,信团队,信人间值得。

给创业者的"光明工具箱":

每周光明仪式:团队轮流分享"本周最温暖的坑"(如"客服被骂哭后收到用户道歉信")。

个人能量银行:设立"成就硬币罐",每跨一坑投一枚纪念币,年底熔铸成纪念品。

黑暗逃生口诀:遇到绝境时默念"此事若不能毁了我,必会让我更荒谬地强大"。

创业者的宿命,不是避开所有坑,而是跌下去时能抓一把土,爬上来时已筑成山。愿这 81 个坑,最终成为你王冠上的 81 颗钻石。前方路远,但请记得:坑的尽头,必有光等你。而那道光,正是穿越黑暗的你自己。

总结:81 坑的终极馈赠

2023 年诺贝尔经济学奖得主的研究表明:经历过 3～5 次重大危机仍

存活的企业，长期竞争力是顺境企业的 2.3 倍。

给后来者的六件坑底遗产：

触底反弹：坑的深度决定反弹高度（苹果公司距离破产曾一步之遥）。

坑洞标尺：每道坑的深度标记你的成长刻度（特斯拉距破产仅 72 小时）。

逆风翻盘：躺平是自由落体，站着才有逆风权（任正非 44 岁被骗 200 万元，仍创华为）。

黑暗视力：在至暗时刻淬炼出的行业洞察力（华为海思的"备胎计划"）。

不死者联盟：81 坑自然筛选出的终身战友（马化腾曾向张小龙借款）。

墓志铭：创业者的墓碑，最终都会成为里程碑。

合上这本书时，愿你已获得两种视角：

俯视深渊时，能看见其中闪烁的星斗；

仰望星空时，能认出那些星斗正是他人眼中的深渊。

不败的真谛，不是避开所有坑，

而是把自己活成一座桥——

让后来者踩着你的脊梁，

看清远方的光。

不败的真谛，不是避开所有坑，

而是每次跌落时，都能从骨血里榨出光。

愿你的第八十二坑，盛满星辰。

让我们一起向阳而生，逐光而行。

[全文完]

不败：避开创业路上的 81 个坑

作者 _ 李书文

编辑 _ 聂文　　装帧设计 _ 朱大锤　　主管 _ 周延
技术编辑 _ 丁占旭　　责任印制 _ 杨景依　　出品人 _ 曹俊然

果麦
www.goldmye.com

以 微 小 的 力 量 推 动 文 明

图书在版编目（CIP）数据

不败：避开创业路上的81个坑 / 李书文著.
南京：江苏凤凰文艺出版社，2025.5. -- ISBN 978-7
-5594-3690-0
Ⅰ. F272.2
中国国家版本馆CIP数据核字第2025PQ3568号

不败：避开创业路上的81个坑

李书文 著

出 版 人	张在健
责任编辑	白　涵
特约编辑	聂　文
出版发行	江苏凤凰文艺出版社
	南京市中央路165号，邮编：210009
网　　址	http://www.jswenyi.com
印　　刷	河北尚唐印刷包装有限公司
开　　本	710毫米×1000毫米 1/16
印　　张	21.75
字　　数	299千字
版　　次	2025年5月第1版
印　　次	2025年5月第1次印刷
印　　数	1—5,000
书　　号	ISBN 978-7-5594-3690-0
定　　价	59.80元

江苏凤凰文艺版图书凡印刷、装订错误，可向出版社调换，联系电话：025-83280257